Alter Orient und Altes Testament
Veröffentlichungen zur Kultur und Geschichte
des Alten Orients und des Alten Testaments

Band 220
Ad bene et fideliter seminandum

Alter Orient und Altes Testament

Veröffentlichungen zur Kultur und Geschichte des Alten Orients
und des Alten Testaments

Herausgeber

Kurt Bergerhof · Manfried Dietrich · Oswald Loretz

1988

Verlag Butzon & Bercker Kevelaer

Neukirchener Verlag Neukirchen-Vluyn

Ad bene et fideliter seminandum

Festgabe für Karlheinz Deller zum 21. Februar 1987

Herausgegeben von
Gerlinde Mauer und Ursula Magen

1988

Verlag Butzon & Bercker Kevelaer

Neukirchener Verlag Neukirchen-Vluyn

CIP-Titelaufnahme der Deutschen Bibliothek

Ad bene et fideliter seminandum: Festgabe für Karlheinz Deller zum. 21. Februar 1987 / hrsg. von Gerlinde Mauer u. Ursula Magen. – Kevelaer: Butzon u. Bercker; Neukirchen-Vluyn: Neukirchener Verl., 1988
(Alter Orient und Altes Testament; Bd. 217)
ISBN 3-7887-1280-5 (Neukirchener Verl.) Gewebe
ISBN 3-7666-9483-9 (Butzon u. Bercker) Gewebe
NE: Mauer, Gerlinde [Hrsg.]; Deller, Karlheinz: Festschrift; GT

Herstellung: Breklumer Druckerei Manfred Siegel
Printed in Germany
ISBN 3-7887-1280-5 Neukirchener Verlag
ISBN 3-7666-9483-9 Verlag Butzon & Bercker
ISSN 0931-4296

Karlheinz Deller

V o r w o r t

Semper bene et fideliter seminandum

Mit diesen Worten wollte Ignatius von Loyola zum Tun - dem wissenschaftlichen Tun - führen. Eben das vermittelte Karlheinz Deller Freunden, Kollegen und Schülern durch seine *familiaritas cum assyriologia*.

G. Mauer U. Magen

Inhaltsverzeichnis

S C H R I F T E N V E R Z E I C H N I S

Karlheinz Deller

Stand: Februar 1988

1. A 1957 Zur sprachlichen Einordnung der Inschriften Aššurnaṣirpals II. (883-859): OrNS 26,144-156.

2. A 1957 Assyrisches Sprachgut bei Tukulti-Ninurta II. (888-884): OrNS 26,268-272.

3. BA 1958 Zu einer neuen Veröffentlichung altassyrischer Texte (BA von S.Smith/D.J.Wiseman, Cuneiform Texts from Cappadocian Tablets, vol.V. London 1956): OrNS 27,59-65.

4. I 1958 Indices zu CCT V [d.i. des als 3. besprochenen Buches: Personennamen - Ortsnamen - Gentilizia - Götternamen - *hamuštum* - *limmum* - Monatsnamen - Behörden, Beamte, Handwerker - Unsicheres]: OrNS 27 (1958) 184-198.

5. B 1958 (mit A.Pohl)
B von The Assyrian Dictionary of the University of Chicago, vol. Ḫ (Chicago/Glückstadt 1956):
OrNS 27,119-122.

6. B 1958 B von The Assyrian Dictionary of the University of Chicago, vol. G (Chicago/Glückstadt 1956):
OrNS 27,206-208.

7. B 1958 B von A.Salonen, Hippologica Accadica (Helsinki 1956):
OrNS 27,311-314.

8. D 1959 Lautlehre des Neuassyrischen. Dissertation zur Erlangung des Doktorgrades an der Philosophischen Fakultät der Universität Wien. xxix-260 S. maschinenschriftlich. Wien 1959.

9. B 1959 B von A.Finet, L'Accadien des lettres de Mari (Bruxelles 1956):
WZKM 55,161-163.

10. A 1961 ^{LÚ}LUL = ^{LÚ}*parriṣu* und ^{LÚ}*sarru*:
OrNS 30,249-257.

11. A 1961 Die Verdrängung des Grundstamms von *ezēbu* durch *rammû* im Neuassyrischen:
OrNS 30,345-354.

12. A 1961 Zur Terminologie neuassyrischer Urkunden (1. *baʾû* 2. *batāqu* 3. *eṣāb/pu* 4. *marāqu* 5. *putuḫḫu našû* 6. *riāḫu*):
WZKM 57,29-42.

13. A 1962 Zweisilbige Lautwerte des Typs KVKV im Neuassyrischen:
OrNS 31,7-26.

14. A 1962 Studien zur neuassyrischen Orthographie (1. Lautwerte des Typs VKV 2. Schreibungen VK statt KV 3. Schreibungen KV statt VK 4. Schreibungen V+KV statt VK 5. Schreibungen KVK statt der Lautverbindung KKV 6. Diskussion der aufgeworfenen Probleme):
OrNS 31,186-196.

15. BA 1962 Zur Syntax des Infinitivs im Neuassyrischen (BA von J.Aro, Die akkadischen Infinitivkonstruktionen. Helsinki 1961):
OrNS 31,225-235.

16. B 1962 B von The Assyrian Dictionary of the University of Chicago, vol. Z (Chicago/Glückstadt 1961):
OrNS 31,459-462.

17. B 1963 B von B.Kienast, Die altassyrischen Texte des Orientalischen Seminars der Universität Heidelberg und der Sammlung Erlenmeyer-Basel (Berlin 1960):
OrNS 32,473-476.

18. B 1963 B von W.G.Lambert, Babylonian Wisdom Literature (Oxford 1960):
AfO 20,166-167.

19. KB 1963 Keilschriftbibliographie. 24. 1.I.1962-31.III. 1963 (mit Nachträgen 1957-1961):
OrNS 32,1*-82*.

20. A 1964 Getreidekursangaben in neuassyrischen Rechtsurkunden:
OrNS 33,257-261.

21. K 1964 XIIIe Rencontre Assyriologique Internationale:
OrNS 33,494-496.

22. B 1964 B von The Assyrian Dictionary of the University of Chicago, vol. S (Chicago/Glückstadt 1962):
OrNS 33,89-105.

23. B 1964 B von E.Leichty, A Bibliography of Cuneiform Tablets of the Kuyunjik Collection in the British Museum (London 1964):
OrNS 33,476-478.

24. B 1964 B von A.Salonen, Die Möbel des alten Mesopotamien (Helsinki 1963):
OrNS 33,99-103.

25. B 1964 B von Berliner Jahrbuch für Ur- und Frühgeschichte, Band 1.2.3 (Berlin 1961.1962.1963):
OrNS 33,286-291.

26. B 1964 B von Trudy dvadcat' pjatogo meždunarodnogo kongressa vostokovedov (Moskva 1962):
OrNS 33,291-299.

27. B 1964 B von Hungarian Publications on Africa and Asia 1950-1962 (Budapest 1963):
OrNS 33,484-485.

28. KC 1964 Keilschriftchronik. 1:
OrNS 33,171-177.

29. KC 1964 Keilschriftchronik. 2:
OrNS 33,497-499.

30. KB 1964 (mit H.Klengel)
Keilschriftbibliographie. *25.* 1.IV.1963-15.X.1963 (mit Nachträgen 1958-1962):
OrNS 33,1*-78*.

31. A 1965 *šmn bll* (Hosea 12,2). Additional Evidence:
Biblica 46,349-352.

32. K 1965 Marginalien zu den Rechtsurkunden aus Balawat: OrNS 34,169.

33. BA 1965 Neuassyrisches aus Sultantepe (BA von O.R.Gurney/ J.J.Finkelstein, The Sultantepe Tablets, I. London 1957, und O.R.Gurney/P.Hulin, The Sultantepe Tablets, II. London 1964):
OrNS 34,457-477.

34. BA 1965 (mit M.Dahood und R. Köbert)
Comparative Semitics. Some Remarks on a Recent Publication (BA von S.Moscati, ed., An Introduction to the Comparative Grammar of the Semitic Languages. Phonology and Morphology. Wiesbaden 1964):
OrNS 34,35-44.

35. B 1965 B von The Assyrian Dictionary of the University of Chicago, vol. A/1 (Chicago/Glückstadt 1964):
OrNS 34,259-274.

36. B 1965 B von From the Workshop of the Chicago Assyrian Dictionary. Studies Presented to A.Leo Oppenheim (Chicago 1964):
OrNS 34,73-77.

37. B 1965 B von V.Korošec, Keilschriftrecht (Leiden 1964):
OrNS 34,277-280.

38. B 1965 B von R.de Vaux, Les sacrifices de l'Ancien Testament (Paris 1964):
OrNS 34,382-386.

39. B 1965 B von A.Salonen, Die Türen des alten Mesopotamien (Helsinki 1961):
OLZ 60,Sp.248-250.

40. B 1965 B von A.Ungnad, Grammatik des Akkadischen. Völlig neu bearbeitet von L.Matouš (München 1964):
OrNS 34,77-79.

41. B 1965 B von L.A.Lipin, Akkadskij jazyk (Moskva 1964):
OrNS 34,79-80.

42. B 1965 B von J.Scharbert, Heilsmittler im Alten Testament und im Alten Orient (Freiburg/Basel/Wien 1964):
OrNS 34,81-82.

43. B 1965 B von P.Calmeyer, Altiranische Bronzen der Sammlung Bröckelschen (Berlin 1964):
OrNS 34,99.

44. B 1965 B von A.Rainey, Syllabus for the Study of Codex Hammurapi (Tel-Aviv 1963):
OrNS 34,282.

45. B 1965 B von C.J.Gadd, Babylonia c.2120-1800 B.C. (Cambridge 1965):
OrNS 34,282-283.

46. B 1965 B von Assiriologija i Jegiptologija. Sbornik stat'ej Akademiku V.V.Struve (Leningrad 1964):
OrNS 34,284.

47. B 1965 B von W.Hinz, Das Reich Elam (Stuttgart 1964):
OrNS 34,386-388.

48. KC 1965 Keilschriftchronik. 3:
OrNS 34,233-240.

49. KC 1965 Keilschriftchronik. 4:
OrNS 34,340-343.

50. KC 1965 Keilschriftchronik. 5:
OrNS 34,446-449.

51. KB 1965 (mit H.Klengel)
Keilschriftbibliographie. *26.* 15.X.1963-15.X.1964 (mit Nachträgen aus früheren Jahren):
OrNS 34,1*-214*.

52. A 1966 (mit S.Parpola)
Die Schreibungen des Wortes *etinnu* "Baumeister" im Neuassyrischen:
RA 60,59-70.

53. K 1966 **iḫḫaṣ* = *imḫaṣ* auch altbabylonisch?
OrNS 35,33-35.

54. K 1966 (mit S.Parpola)
Neuassyrisch "unser Herr" = *bēlīni*, nicht **bēlni*:
OrNS 35,121-122.

55. N 1966 Giuseppe Furlani (1885-1962):
AfO 21,264-265.

56. K 1966 (mit R.I.Caplice)
XVe Rencontre Assyriologique Internationale:
OrNS 35,434-435.

57. BA 1966 The Neo-Assyrian Epigraphical Remains of Nimrud (BA von M.E.L.Mallowan, Nimrud and Its Remains. London 1966):
OrNS 35,179-194.

58. B 1966 B von The Assyrian Dictionary of the University of Chicago, vol. B (Chicago/Glückstadt 1965):
OrNS 35,304-318.

59. B 1966 B von A.Salonen, Die Hausgeräte der alten Mesopotamier. Teil I (Helsinki 1965):
OrNS 35,207-209.

60. B 1966 B von H.Otten/Vl.Souček, Das Gelübde der Königin Puduḫepa an die Götting Lelwani (Wiesbaden 1965):
OrNS 35,205-207.

61. B 1966 B von G.R.Castellino, Sapienza babilonese (Torino 1962):
AfO 21,117-118.

62. B 1966 B von N.Özgüç, The Anatolian Group of Cylinder Seal Impressions from Kültepe (Ankara 1965):
OrNS 35,339-340.

63. B 1966 B von R.Meyer, Hebräische Grammatik. I.Einleitung. Schrift- und Lautlehre (Berlin 1966):
OrNS 35,340.

64. B 1966 B von Orientalistický Sborník (Bratislava 1963):
OrNS 35,220-221.

65. KC 1966 Keilschriftchronik. 6:
OrNS 35,36-44.

66. KC 1966 Keilschriftchronik. 7:
OrNS 35,281-285.

67. KC 1966 Keilschriftchronik. 8:
OrNS 35,431-433.

68. KB 1966 (mit H.Klengel)
Keilschriftbibliographie. *27*. 15.X.1964-15.X.1965 (mit Nachträgen aus früheren Jahren):
OrNS 35,1*-138*.

69. K 1967 (mit S.Parpola)
Progressive Vokalassimilation im Neuassyrischen:
OrNS 36,337-338.

70. K 1967 (Note brève:) ABL 2 r.1-3:
RA 61,189.

71. KC 1967 Keilschriftchronik. 9:
OrNS 36,83-86.

72. KC 1967 Keilschriftchronik. 10:
OrNS 36,228-229.

73. I 1967 Index der Chroniken 1-10:
OrNS 36,230-234.

74. KC 1967 Keilschriftchronik. 11:
OrNS 36,349-350.

75. KB 1967 (mit H.Klengel und R.I.Caplice)
Keilschriftbibliographie. *28.* 15.X.1965-1.X.1966
(mit Nachträgen aus früheren Jahren):
OrNS 36,1*-155*.

76. A 1968 (mit S.Parpola)
Ein Vertrag Assurbanipals mit dem arabischen Stamm Qedar:
OrNS 37,464-466.

77. B 1968 B von K.Hecker, Die Keilschrifttexte der Universitätsbibliothek Gießen (Gießen 1966): OrNS 37,471-476.

78. KC 1968 Keilschriftchronik. 12: OrNS 37,141-142.

79. KB 1968 (mit H.Klengel und R.I.Caplice) Keilschriftbibliographie. *29.* 1.X.1966-1.X.1967 (mit Nachträgen aus früheren Jahren): OrNS 37,1*-209*.

80. A 1969 Die Briefe des Adad-šumu-uṣur in: *lišān mitḫurti.* Festschrift Wolfram Freiherrn von Soden zum 19.VI.1968 gewidmet von Schülern und Mitarbeitern. Unter Mitwirkung von M.Dietrich herausgegeben von W.Röllig (Kevelaer 1969), S.45-64.

81. KB 1969 (mit H.Klengel und R.I.Caplice) Keilschriftbibliographie. *30.* 1.X.1967-15.VI.1969 (mit Nachträgen aus früheren Jahren): OrNS 38,1*-102*.

82. A 1970 (mit Cl.Saporetti) Documenti medio-assiri redatti per annullare un precedente contratto: OA 9,29-59.

83. A 1970 (mit Cl.Saporetti)
Documenti medio-assiri redatti a titolo di ricevuta dietro parziale adempimento di un debito:
OA 9,285-314.

84. KB 1970 (mit H.Klengel und R.I.Caplice)
Keilschriftbibliographie. *31.* 15.VI.1969-15.III. 1970 (mit Nachträgen aus früheren Jahren):
OrNS 39,1*-104*.

85. A 1971 Die Rolle des Richters im neuassyrischen Prozeßrecht
in: Studi in onore di Edoardo Volterra, vol.VI (Milano 1971), S.639-653.

86. A 1972 (mit A.Fadhil)
NIN.DINGIR.RA / *ēntu* in Texten aus Nuzi und Kurruḫanni:
Mesopotamia 7 (Torino 1972) 193-213, Abb.14-18.

87. K 1972 (note brève): RA 65,85:
RA 66,94.

88. A 1976 Materialien zu den Lokalpanthea des Königreichs Arrapḫe:
OrNS 45,33-45.

89. B 1978 B von B.L.Eichler, Indenture at Nuzi (New Haven, Conn./London 1973):
WdO 9,297-305.

90. A 1979 (mit Cl.Saporetti)
MARV 8 ed il tasso di interesse nell'epoca medio-assira
in: Studia Mediterranea Piero Meriggi dicata (O.Carruba, ed. Pavia 1979 S.105-108.

91. A 1980 (mit Kazuko Watanabe)
šukkulu(m), šakkulu "abwischen, auswischen": ZA 70,198-226.

92. A 1981 Die Hausgötter der Familie Šukrija S.Ḫuja
in: Studies on the Civilization and Culture of Nuzi and the Hurrians in Honor of Ernest R.Lacheman on his 75th Birthday. Edited by M.A.Morrison and D.I.Owen. Winona Lake, Indiana, 1981. S.47-76.

93. A 1981 (mit Gudrun Dosch)
Die Familie Kizzuk: Sieben Kassitengenerationen in Temtena und Šuriniwe
in: Studies on the Civilization and Culture of Nuzi and the Hurrians in Honor of Ernest R.Lacheman on his 75th Birthday. Edited by M.A.Morrison and D.I.Owen. Winona Lake, Indiana, 1981. S.91-113.

94. I 1981 Indexes to Part II (Personal Names - Geographical Names - Professions and Titles, Month Names and Festivals)
in: Studies on the Civilization and Culture of Nuzi and the Hurrians in Honor of Ernest R.Lacheman on his 75th Birthday. Edited by M.A.Morrison and D.I.Owen. Winona Lake, Indiana, 1981. S.469-496

95. A 1982 Das Siegel des Schreibers Aššur-šumī-aṣbat, Sohn des Rībāte:
BaM 13,143-154, Taf.10(b).

96. A 1983 STT 366. Deutungsversuch 1982:
Assur 3,139-153.

97. A 1983 Gab es einen König von Arrapḫe names Muš-teja?
Assur 3,154-163.

98. K 1983 Ḫurr. *kaniniwe* (CAD K 152a) - ein ghost word:
Assur 3,163.

99. K 1983 Die Affen des Schwarzen Obelisken:
Assur 3,167-168.

100. A 1983 *midlu* "Pökelfleisch"
Assur 3,169-175.

101. A 1983 Zum *ana balāṭ*-Formular einiger assyrischer Votivinschriften:
OA 22,13-24.

102. A 1984 Drei wiederentdeckte neuassyrische Rechtsurkunden aus Aššur:
BaM 15,225-251, Taf.24-25.

103. A 1984 (mit I.L.Finkel)
A Neo-Assyrian Inventory Tablet of Unknown Provenance:
ZA 74,76-91, Taf.I-IV.

104. A 1984 Assyrisch *um/nzarḫu* und Hebräisch *ʾäzraḥ*:
ZA 74,235-239.

105. A 1984 Ausgewählte neuassyrische Briefe betreffend Urarṭu zur Zeit Sargons II.
in: P.E.Pecorella/M.Salvini (edd.), Tra lo Zagros e l'Urmia. Ricerche storiche ed archeologiche nell'Azerbaigian iraniano (= Incunabula Graeca, vol.78. Roma 1984). S.96-124.

106. BA 1984 (mit W.R.Mayer)
Akkadische Lexikographie: *CAD* M (BA von The Assyrian Dictionary of the Oriental Institute of the University of Chicago, vol.M/I and M/II. Chicago/Glückstadt 1977):
OrNS 53,72-124.

107. A 1985 (mit A.Tsukimoto)
Ein mittelassyrisches Protokoll über eine Rinder- und Eselmusterung:
BaM 16,317-326, Taf.29.

108. A 1985 SAG.DU UR.MAḪ, "Löwenkopfsitula, Löwenkopfbecher":
BaM 16,327-346, Taf.30.

109. A 1985 Köche und Küche des Aššur-Tempels:
BaM 16,347-376, Taf.31-32.

110. K 1985 *kurru* "Mehlbrei"
OrNS 54,327-330.

111. A 1986 (mit A.R.Millard)
Zwei Rechtsurkunden aus Assur im British Museum [BM 103389 und 122698]:
AfO 32,38-52.

112. BA 1986 (mit J.N.Postgate)
Nachträge und Verbesserungen zu RGTC 5. Mittelassyrischer Teil:
AfO 32,68-76.

113. A 1986 Ein Assyrer tilgt Schulden [Neubearbeitung von BM 103390]:
OA 25,21-27.

114. A 1987 Ḫanigalbatäische Personennamen (Juni 1987): N.A.B.U. 2,29,no. 53.

115. A 1987 *Ilabrat* und *Ilabra* (Juni 1987): N.A.B.U. 2,29,no. 54.

116. BA 1987 (mit W.R.Mayer und W.Sommerfeld) Akkadische Lexikographie: *CAD* N (BA von The Assyrian Dictionary of the Oriental Institute of the University of Chicago, vol.N/I and N/II. Chicago/Glückstadt 1987): OrNS 56,176-218.

117. A 1987 Neo-Babylonian "Practical" Lu-Lists (September 1987): N.A.B.U. 3,39,no.72.

118. A 1987 Old Assyrian *Kanwarta*, Middle Assyrian *Kalmarte*, and Neo-Assyrian *Garmarte* (1985-1986, Leiden 1987) JEOL 29,43-49.

119. KB 1987 (mit H.Klengel) Keilschriftbibliographie. *48*. 1986 (mit Nachträgen aus früheren Jahren): OrNS 56 (1987)

120. A 1987 SAG.DU UR.MAḪ. Eine Nachlese: BaM 18,219-220.

121. A 1987 (mit V.Donbaz)
Sanheribs Zababa-Tempel in Aššur:
BaM 18,221-228.

122. A 1987 Assurbanipal in der Gartenlaube:
BaM 18,229-238.

123. A 1987 *tamkāru*-Kredite in neuassyrischer Zeit:
JESHO 30,1-29

124. A 1987 Assyrische Königsinschriften auf "Perlen":
N.A.B.U. 1987/101

125. KB 1988 (mit H.Klengel)
Keilschriftbibliographie *49*. 1987
(Mit Nachträgen aus früheren Jahren):
OrNS 57 (1988)

VERÖFFENTLICHTE DISSERTATIONEN SEINER SCHÜLER:

Saporetti,Claudio, Onomastica medio-assira. Vol.I: I nomi di persona. Vol.II: Studi, vocabolari ed elenchi (Studia Pohl. Dissertationes scientificae de rebus Orientis antiqui. 6/ I.II. Roma 1970. Biblical Institute Press).

Menzel,Brigitte, Assyrische Tempel. Band I: Untersuchungen zu Kult, Administration und Personal. Band II: Anmerkungen, Textbuch, Tabellen und Indices (Studia Pohl. Series Maior. 10/I.II. Rome 1981. Biblical Institute Press).

Fadhil, Abdulillah, Studien zur Topographie und Prosopographie der Provinzstädte des Königreichs Arrapḫe (Deutsches Archäologisches Institut, Abt. Baghdad. Baghdader Forschungen, Band 6. Mainz 1983. Verlag Philipp von Zabern).

Watanabe, Kazuko, Die *adê*-Vereidigung anläßlich der Thronfolgeregelung Asarhaddons (Deutsches Archäologisches Institut, Abt. Baghdad. Baghdader Mitteilungen. Beiheft 3. Berlin 1987. Gebr. Mann Verlag).

Engel, Burkhard, J., Darstellungen von Dämonen und Tieren in assyrischen Palästen und Tempeln nach den schriftlichen Quellen. (Mönchengladbach 1987, Günter Hackbarth Verlag).

BERATENDE MITARBEIT AN TEXTEDITIONEN:

J.N.Postgate, The Governor's Palace Archive (Cuneiform Texts from Nimrud, II. London 1973. British School of Archaeology in Iraq).

S.Parpola, Neo-Assyrian Letters from the Kuyunjik Collection (Cuneiform Texts from Babylonian Tablets in the British Museum. Part 53. London 1979. British Museum Publications Ltd.).

M.A.Morrison/D.I.Owen (Eds.), Studies on the Civilization and Culture of Nuzi and the Hurrians in Honor of Ernest R.Lacheman. Part II: Cuneiform Texts from Arrapḫa, Kurruḫanni and Nuzi (Winona Lake, Indiana, 1981. Eisenbrauns).

S.M.Dalley/J.N.Postgate, The Tablets from Fort Shalmaneser (Cuneiform Texts from Nimrud, III. London 1984. British School of Archaeology in Iraq).

MITHERAUSGEBERTÄTIGKEIT AN ZEITSCHRIFTEN:

Orientalia. Nova Series. Commentarii trimestres a Facultate Studiorum Orientis Antiqui Pontificii Instituti Biblici in lucem editi in Urbe.
Assistens Moderator 1963-1967 (vol.32-36).

Assur (in: Monographic Journals of the Near East. General Editor: G.Buccellati).
Editor (zusammen mit P.Garelli, E.Porada, Cl.Saporetti), ab vol.1 (1974).
Undena Publications. Malibu, California.

Keilschriftbibliographie: vgl. oben Nrn. 19. 30. 51. 68. 75. 79. 81. 84 (Folgen *24-31*). 120. 126.

Keilschriftchronik: vgl. oben Nrn. 28-29. 48-50. 65-67. 71-74. 78 (Folgen 1-12).

MITARBEIT AN FORSCHUNGSPROJEKTEN:

Corpus of Neo-Assyrian Texts. University of Helsinki under the auspices of the Finnish Academy of Sciences, Helsinki.
Ab 1. Januar 1986 (vorgesehene Laufzeit: sechs Jahre).

PRO TEXT. Universität Heidelberg. Förderprogramm der DFG.
Ab. 1. Januar 1986 (vorgesehene Laufzeit: zwei Jahre).

Auflösung der Abkürzungen

a) zur Charakterisierung der Veröffentlichungen (Spalte 2):

A	Aufsatz, Artikel
B	Buchbesprechung
BA	Besprechungsartikel
D	Dissertation
I	Indices
K	Kurzbeitrag
KB	Keilschriftbibliographie
KC	Keilschriftchronik
N	Nachruf

b) von Zeitschriftentiteln (Spalte 4):

AfO	Archiv für Orientforschung (Wien)
Assur	Assur (innerhalb von Monographic Journals of the Near East, Malibu, CA)
BaM	Baghdader Mitteilungen (Berlin)
Biblica	Biblica (Roma)
JESHO	Journal of the Economic and Social History of the Orient (Leiden)

N.A.B.U.	Nouvelles assyriologiques brèves et utilitaires (Paris seit 1987)
OA	Oriens Antiquus (Roma)
OLZ	Orientalistische Literaturzeitung (Berlin)
OrNS	Orientalia. Nova Series (Roma)
RA	Revue d'Assyriologie (Paris)
WdO	Die Welt des Orients (Göttingen)
WZKM	Wiener Zeitschrift für die Kunde des Morgenlandes (Wien)
ZA	Zeitschrift für Assyriologie (Berlin)

Ludlul bēl nēmeqi - eine Lehrdichtung zur Ausbreitung und Vertiefung der persönlichen Mardukfrömmigkeit

R.Albertz / Siegen

Im Jahr 1970 hatte ich die Freude, gemeinsam mit dem Jubilar ein Seminar am Wissenschaftlich-theologischen Seminar in Heidelberg durchzuführen, das unter dem Thema "Weisheit in Israel und Babylon" die unter der Rubrik "Leidender Gerechter" laufenden mesopotamischen Texte[1] mit dem biblischen Hiobbuch in Beziehung setzen sollte. Darunter befand sich - aus damaliger Sicht - natürlich auch die Dichtung *Ludlul bēl nēmeqi*, und ich erinnere mich noch lebhaft daran, mit welch großem Einsatz K.Deller ihren Text mit ihm eigenen Akkuratesse für die Theologiestudenten philologisch aufbereitet hatte und mit welcher Begeisterungsfähigkeit er sie mit seinen Interpretationen der Dichtung in Bann zog. Nachdem ich eine frühe Frucht dieser Zusammenarbeit schon vor Jahren veröffentlicht habe[2], möchte ich diese Festgabe zum Anlaß nehmen, mit

[1] Vgl.den sog. "sumerischen Hiob", S.N.Kramer, 'Man and His God'. A Sumerian Variation on the 'Job'-Motif, VT.S 3,1955,170-182 und bei J.B.Pritchard, ANET³,1969,589-591; die aB Tafel AO 4462, J.Nougayrol, Une version ancienne du 'juste Souffrant', RB 59,1952,239-250, teilübersetzt von W.v.Soden, Das Fragen nach der Gerechtigkeit Gottes im Alten Orient, MDOG 96,1965,47 f., neu bearbeitet von J.Bottéro, Le problème du mal en Mésopotamie ancienne. Prologue à une étude du 'juste souffrant, Recherches et documents du Centre Thomas More, Document 77,7, 1977; das mB Fragment aus Ugarit RS 25.460, J.Nougayrol, Ugaritica 5,1968,265-273, verbessert bearbeitet durch W.v.Soden, UF 5,1968,265-273; die sog.'Babylonische Theodizee', B.Lands berger, ZA 43,1936,32-76 und W.G.Lambert, BWL 63-91, 302-310; und *Ludlul bēl nēmeqi*, dazu s.u.

[2] R.Albertz, Der sozialgeschichtliche Hintergrund des Hiobbuches und der 'Babylonischen Theodizee', Die Botschaft und die Boten, FS H.W.Wolff, 1981,349-372.

den folgenden Überlegungen zu *Ludlul* eine späte nachzureichen, um damit dem verehrten Jubilar noch einmal für all das zu danken, was ich über die vielen Jahre von ihm lernen durfte[3].

Ein Jahr nach dem besagten Seminar hat D.J.Wiseman ein weiteres Exemplar der 1.Tafel veröffentlicht[4], das uns erstmals dazu in die Lage versetzt, deren Lücken, die noch seit W.G.Lamberts grundlegender Bearbeitung[5] bestanden[6], fast vollständig zu schließen. Von besonderer Bedeutung ist vor allem die Vervollständigung des einleitenden Hymnus (Z.1-40). Wohl ist er uns wegen einiger textlicher und semantischer Probleme noch nicht in allen Einzelheiten verständlich, doch wird aufgrund der Verbesserungsvorschläge, welche vor allem W.L.Moran den Lesungen und Interpretationen Wisemans beifügen konnte[7], auch jetzt zumindest schon so viel sichtbar, daß der Hymnus zu einer nicht unerheblichen Verschiebung in der Gesamtsicht der Dichtung führt. Sowohl ihre kompositorische Fügung als auch ihre theologische Intention werden nunmehr sehr viel präziser greifbar. Die folgende Untersuchung soll darum ein erster Versuch sein, ausgehend von einer Auslegung des Hymnus dessen kompositorische Funktion zu beschreiben, um von da aus Schlußfolgerungen für die Gesamtinterpretation der Dichtung zu ziehen.

[3] Daß ich hier manches aus seiner damaligen Bearbeitung mit einfließen lasse, wird mir K.Deller hoffentlich verzeihen.

[4] A New Text of the Babylonian Poem of the Righteous Sufferer, AnST 30,1980,101-107. Es handelt sich um die Tafel aus Kalḫu ND 5485.

[5] BWL 21-62; 283-302; 343-345; in seinen Nachträgen konnte W.G.Lambert schon Teile des fehlenden Anfangs und Schlusses der Tafel (Z.1-12; S.343 f. und Spuren von Z.111-120; S.30) ergänzen.

[6] Z.13-42; 111-120.

[7] Notes on the Hymn to Marduk in *Ludlul bēl nēmeqi*, JAOS 103, 1983,255-266.

I. Der einleitende Hymnus I,1-40

Es mag einem Nichtfachmann gestattet sein, auf eine explizite Bearbeitung zu verzichten und gleich eine kommentierte Übersetzung anzubieten[8]:

1 Ich will den Herrn der Weisheit loben, den umsichtigen[9] Gott,
2 zornig[10] bei Nacht, verzeihend[11] bei Tage,
3 Marduk, den Herrn der Weisheit, den umsichtigen Gott,
4 zornig bei Nacht, verzeihend bei Tage;

5 Dessen Zorn gleich einem stürmischen Tage einer Steppe[12] ist,

6 doch dessen Wehen lieblich ist wie eine Morgenbrise.

7 Sein Zorn ist ohne Widerpart, sein Zürnen eine Sintflut,
8 (doch) sein Herz ist freundlich zugewandt, sein Gemüt ist barmherzig.

9 Das Ausstrecken (?)[13] seiner Hände können die Himmel nicht

[8] Dies gilt um so mehr, als ich nicht wesentlich über Morans Ergänzungsvorschläge hinausgekommen bin. Eine Übersetzung scheint mir jedoch nötig zu sein, da die Erstübersetzung z.T. am Text vorbeiführt.

[9] Die Ergänzung *mus-ta-lu ist jetzt durch das Zeichen* MUŠ in ND 5489,1.3 völllig gesichert, vgl. auch die literarische Mardukhymne CT 44,21,19'und AfO 19,56,Z.26.

[10] Lies mit Moran 256 [e]-ziz.

[11] Die Textüberlieferung schwankt zwischen ptz.D und N von *pašāru* und ist von Moran 256 f. ausführlich diskutiert worden; ich entscheide mich für die - etwas ungewöhnliche - N-Stamm-Bildung *mu-up-pa-šir* von ND 5485; sachlich nahe stehen die Parallelen mit dem Nomen *napšuru* in AfO 19,64,80 ff. und BMS 11,1 f.; damit erübrigt sich die Ergänzung *ur-pi* AHw 843a.

[12] ND 5485 stützt die Lesung *na'-mu-u*, so schon AHw 771b.

[13] *naq-bi/be* bleibt weiter unerklärt. W.v.Soden schlägt brieflich in Anschluß an LKA 24 die Konjektur *nak-bat* (!) "Die Schwere

aufheben,

10 (doch) seine Handfläche ist sanft, sie retten[14] den Todgeweihten.

11 Marduk, dessen Ausstrecken (?) seiner Hände die Himmel nicht aufheben können,

12 (doch) dessen Handfläche sanft ist, sie retten den Todgeweihten.

13 Bei [seinem[15]] Zorn werden die Gräber weit geöffnet,

14 (doch) in seiner Freundlichkeit ließ er in der Not den Gefallenen aufstehen.

15 Blickt er böse, entfernen sich *Lamassu* und *Šēdu*,

16 blickt er (freundlich) an, dann wendet er sich dem zu, den sein Gott verworfen hatte.

17 Schwer hat es [x x x x[16]], seine Strafe zu lösen,

18 (doch) erbarmt er sich, gleicht (?)[17] er schnell seiner göttlichen (?) Mutter,

19 eilt er sich (?)[18] und umsorgt den, den er liebt,

---

seiner Hände..." vor. Jedoch wäre derselbe Schreibfehler in zwei Zeilen auffällig.

[14] *ú-kaš-šu* stelle ich mit Moran 258 zu *kâšu* II "helfen", obgleich an dieser Stelle auch eine Herleitung von *kâšu* III "(Tod) aufhalten" möglich wäre.

[15] In die Lücke nach *lib-ba-ti* paßt noch ein Suffix, ergänze *-šú*.

[16] Ich vermute in der Lücke am Ende der Zeile ein feminines Subjekt zu *ak-ṣa-at*; lies *a-na paṭa-ri* (KVKV).

[17] Moran 257 ergänzt *ma-šil* DINGIR *a-lit-tuš*, doch bleibt das angesichts der kopierten Spuren unsicher.

[18] *edēdu* "spitz sein" hat eigentlich nur in D diese Bedeutung, im Text steht dagegen G.

20 und wie die Kuh eines Kalbes wendet er sich andauernd nach ihm um.

21 Stechend sind seine Schläge, sie durchbohren den Leib,

22 (doch) kühl sind seine Verbände, sie heilen den Tod.

23 Befiehlt er, dann läßt er Sünde zukommen (?)[19],

24 (doch) am Tag seiner Wiedergutmachung[20] werden Schuld und Sünde gelöst.

25 Er ist es, der dem Traumdeuter (?)[21] Verwirrung (?)[22] bereitet,

26 (doch) durch seine reine Formel werden gelöst[23] Kälte- und Fieberschauer.

27 Der die Hiebe Adads und die Schläge Erras heilt[24],

---

19 So Moran, der 258 *gíl-la-ta uš-raš-ši* liest; obwohl sachlich ganz ungewöhnlich, bietet diese Lesung grammatisch noch die geringsten Schwierigkeiten. Es ist nur nötig, von dem Verb *rašû* einen ŠD-Stamm anzunehmen. Der Š-Stamm ist mit dem Objekt *šertu* "Strafe" immerhin belegt, vgl.AHw 962b. Die alternative Lesung *uš-kaš-ši* (ŠD von *kašû* "zudecken") hat den Nachteil, daß zu diesem Verb nicht einmal ein Š-Stamm belegt ist; außerdem spricht der Aufbau des Hymnus eher für eine negative Aussage an dieser Stelle. Wisemans Übersetzung "is delayed" bleibt mir völlig uneinsichtig (wohl von *kâšu* III Š, doch was sollen der überhängende Vokal und die transitive Bedeutung?).

20 *i-šar-tu* wörtlich "Gedeihen, Rechtschaffenheit"; man könnte auch an den Tag denken, wo Marduk zu seinem rechtschaffenen, d.h. "ordentlichen" oder "normalen" Verhalten wieder zurückfindet.

21 Kopiert ist *ša-i-na*, nicht *ša-i-la*, und auch das Aleph ist nicht angedeutet; so bleibt diese Übersetzung ganz unsicher. Morans Vorschlag 258 muß eine für den Text ungewöhnliche logographische Schreibung und eine Konjektur annehmen und hilft so auch nicht viel weiter.

22 In dieser Deutung von *tuk-tuk-ka* folge ich B.R.Forster RA 75, 189; auch sie bleibt unsicher.

23 Statt mit semantisch sinnlosem *pâru* "suchen" N zu operieren, ist es wohl einfacher, die Form zu *ip-pa-<ṭa/ša>-ru* zu konjezieren; vgl. Moran 259.

24 Lies mit Moran 259 *muš-niš ṭi-*⌈ra⌉-ti, obwohl eine Ableitung

28 der den sehr zornigen Gott und die sehr zornige Göttin versöhnt.

29 Der [erhabene][25] Herr durchschaut die Herzen der Götter,

30 niemals[26] erkennt [ein Gott] seinen [Weg]!

31 Der [erhabene] Marduk durchschaut die Herzen der Götter,

32 kein Gott versteht seinen Plan!

33 Wie schwer ist seine Hand, wie erbarmungsvoll sein Herz!

34 Wie grausam sind seine Waffen, wie lebensfördend[27] ist sein Gemüt!

35 Ohne seinen Willen, wer wollte seinen Schlag beruhigen?

36 Außer ihm selber, wer wollte [seinen Hieb[28]] erleichtern?

37 Ich will seinen Zorn verherrlichen, der wie ein Fisch [plötzlich verschwand (?)[29]].

ṭīru (von *ṭerû*) mit der Bedeutung "Schlag, Prügel" (par.zu *meḫiṣtu*) von AHw nicht belegt ist und auch das Verb *nêšu* Š "am Leben erhalten" nicht besonders gut zu diesem Objekt paßt.

[25] Lies mit Moran 259 *ṣ[i-i-ru lìb]-bi*; der waagerechte Keil vor *lìb-bi* Z.31 kann dann aber nicht, wie Moran es tut, als RU, sondern muß als RÙ gelesen werden.

[26] Ich vermute parallel zu Z.32 *ma-te!-m[a* DINGIR *a-lak]-ta-šú*.

[27] Lies nicht wie Wiseman *muš-ni-lat* (*niālu* Š "niederwerfen"), sondern mit Moran 259 *muš-ni-šat* (*nêšu* Š "am Leben erhalten").

[28] Lies mit Moran 259 *ṭ[i-ra-ti-šú]*, vgl. V.27; *kabtatu* ist laut CAD = *kabattu*.

[29] Nur aus dem Zusammenhang erschlossen; die Tafel zeigt nur das Zeichen AK und Spuren eines weiteren Zeichens, bevor sie ganz abbricht.

38 Er hat mich bestraft[30], doch wie schnell machte er mich gesund!

39 Ich will die Menschen belehren, daß sie ständig verehren [x x....]

40 Seine gute Erwähnung [will ich dem Lande lehren (?)[31]].

Der Aufbau des Hymnus ist ausgesprochen kunstvoll. Die 40 Zeilen sind durchweg in Zweier- oder Vierergruppen angeordnet. Ein doppelter Rahmen bindet den Text zu einer Einheit zusammen: Der Selbstaufforderung zum Lob (*ludlul*) Z.1 entspricht der persönliche Schlußteil Z.37-40, der Entschluß zur Verkündigung (*lušapi*) und zur Belehrung der Menschen (*lušalmid*). Und das grundsätzliche Lob des Zürnens und Verzeihens Marduks von Z.1-4 findet in dem volltönenden allgemeinen Schlußteil Z.29-36 seine Entsprechung, in welchem Z.33 f noch einmal das Staunen über die lebenszerstörende und lebensfördernde Macht des Gottes aufbricht. Nur hier am Anfang (Z.2/4) und am Schluß (Z.33 f.) werden die beiden Pole des göttlichen Wesens und Wirkens, welche den ganzen Hymnus durchziehen, in einer einzigen Zeile zusammengebunden. Die in den Rahmenteilen verdichtete Polarität wird im Korpus des Hymnus in drei Durchläufen entfaltet: Die Teile Z.5-12, 13-20 und 21-23 sind alle gleich lang. Sie bestehen jeweils aus zwei antithetischen Zweizeilern und einem abschließenden, eine Fermate bildenden Vierzeiler. Auffällig bleibt nur, daß die drei Vierzeiler nicht gleich gebaut sind; Während der erste Z:9-12 - der sumerischen Poesie folgend - zwei Aus-

30 *i-nu-nam-ma* ist zu *enēnu* II "bestrafen" zu stellen, das laut CAD E 164a nicht nur Präterita auf i (so AHw), sondern auch auf u bildet.

31 Ergänze vielleicht mit Moran 259 [*ma-ta lu-ša-ḫi-iz*]; *ḫi-is-sa-as-su* bedeutet in diesem Zusammenhang nicht die Intelligenz Marduks, wie Wiseman meint, sondern seine lobende Erwähnung wie im Mardukhymnus AfO 19,65,Z.5; 66,Z.9.

sagen leicht variiert wiederholt (A,B,A',B) und damit formal den Vierzeilern der Rahmenteile entspricht (1-4; 29-32), laufen in dem zweiten und dritten vier verschiedene Aussagen durch, wobei nur die letzten beiden sich in Parallelismus befinden (A,B,C//D). Ich möchte diese Formdifferenz so interpretieren, daß der erste Durchführungsteil 5-12 stärker an das Eingangslob angebunden[32] und von den beiden übrigen abgehoben werden soll. Dem entspricht inhaltlich, daß es V.5-12 mehr um das imposante zornige und gnädige Wesen Marduks geht, während V.13-20 und 21-28 dessen Auswirkungen für die Menschen im Auge haben.

Der Aufbau des Hymnus läßt sich somit folgendermaßen schematisch darstellen:

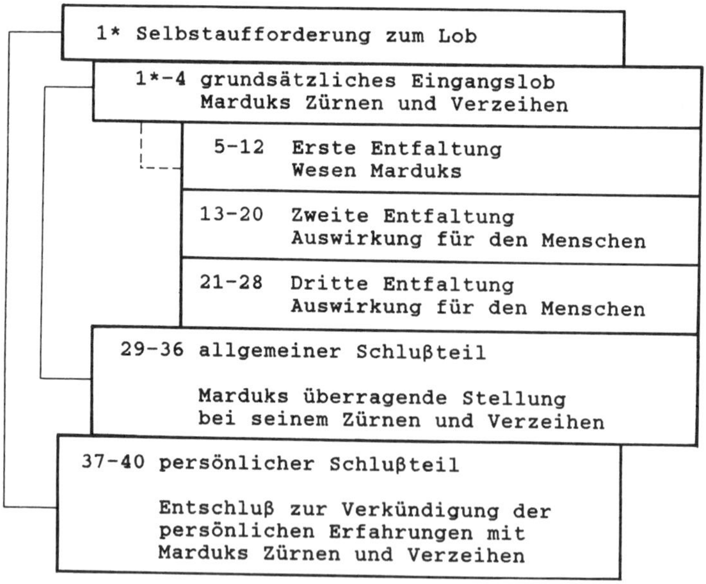

[32] Vgl. die nochmalige Namensnennung Z.11 und die syntaktische Anbindung mit *šá* Z.9; eine solche findet sich auch in Z.5, fehlt dann aber im übrigen Hymnus. So könnte man sogar erwägen, ob Z.1-12 nicht als ein einziger Satz und insgesamt als Einleitungsteil aufzufassen ist.

Wie schon bei der Beschreibung des Aufbaus sichtbar wurde, kreist der Hymnus fast ausschließlich um das Gegenüber von Marduks Zorn und Erbarmen. Solche Gegenüberstellungen finden sich auch sonst in Mardukhymnen[33], aber auffällig sind die Ausschließlichkeit und die Vehemenz, mit denen hier in immer neuen Wendungen neben dem verzeihenden, erbarmenden und lebensrettenden Handeln des Gottes sein Zürnen, Strafen und seine lebenszerstörende Gewalt zur Sprache kommen[34].

Alle sonstigen Themen, die in der babylonischen Hymnik eine Rolle spielen, fehlen, etwa alle kosmischen und politischen Funktionen des Gottes[35]. Die Stellung des Gottes in der Götterwelt, sonst ein beliebtes Thema in babylonischen Hymnen, kommt nur am Rande insoweit zur Sprache, wie es die unentrinnbare Gewalt seines Strafens zu beschreiben gilt. Die Himmel können die Last seiner Hand nicht aufheben (Z.9/11), er ist der ^{d}ŠÀ.ZU[36], der die Herzen aller übrigen Götter durchschaut, dessen Planen und Handeln aber von keinem anderen Gott begriffen werden kann (Z.29-32); darum kann es auch keine Abwendung seiner Schläge ohne seinen Willen oder an ihm vorbei geben (Z.35 f.); dagegen kann er sehr wohl die Schläge anderer Götter, genannt werden Adad und der Pestgott Erra, heilen (Z.27).

---

[33] Vgl.AfO 19,55,1-4.10 f.; 64,80-84; BMS 11,1 f.

[34] Vgl. die ganze Kaskade von Begriffen für Zorn bzw.zürnen: *ezēzu* Z.2/4; *uzzu* Z.7; *uggatu* Z.5.37; *rūbu* Z.7; *libbātu* Z.13; für Strafe bzw. strafen *ennettu* Z.17; *enēnu* Z.38.

[35] Vgl. zum Unterschied nur das *Šu'illa*-Gebet "Marduk, Herr der Länder" BMS 12,17 ff. und das literarische Mardukgebet Nr.2, AfO 19,61 f.

[36] Vgl. Ee VII,35.

Die thematischen Ausblendungen und die faktisch monolatrische Stellung, in der Marduk hier erscheint, sprechen dafür, daß der Hymnus nicht nur, wie der persönliche Rahmen zeigt, auf persönliche Gotteserfahrungen hinzielt, sondern auch inhaltlich von ihnen herkommt. Es sind Erfahrungen und Probleme der persönlichen Frömmigkeit - nicht die der offiziellen Religion -, die hier theologisch durchdacht und vertieft werden sollen. Ich hatte an anderer Stelle zu zeigen versucht[37], daß auf der Ebene der persönlichen Frömmigkeit in der babylonischen Religion eine Tendenz zum Mono- bzw. Ditheismus[38] erkennbar ist: Der persönliche Gott und die persönliche Göttin, denen sich der einzelne besonders verbunden fühlte, repräsentierten für ihn mehr oder minder Gott überhaupt, mochten sie auch heißen, wie sie wollten. Das Besondere des *Ludlul*-Hymnus ist es nun, daß er betont und massiv Marduk[39] als den einzigen nur möglichen persönlichen Gott eines jeden Menschen präsentiert. Er ist es, von dem das Leben eines jeden auf Gedeih und Verderb abhängt. Ihm werden darum auch die Schutzgötter des einzelnen konsequent untergeordnet: Wenn sie ihren Schützling verlassen, ist es allein die Folge der Abwendung Marduks, und umgekehrt kann er sich dem zuwenden, den sein Schutzgott verworfen hat (Z.15 f.; vgl. Z.41-44). Für eine Vermittlung des Schutzgottes bei Marduk[40] ist da kein Raum mehr.

[37] R.Albertz, Persönliche Frömmigkeit und offizielle Religion. Relilgionsinterner Pluralismus in Israel und Babylon, CTM A9,1978 137 ff.

[38] Wenn man das übliche Nebeneinander von Gott und Göttin in Betracht zieht.

[39] Das unterscheidet *Ludlul* von den früheren vergleichbaren Dichtungen, dem sog. "sumerischen Hiob" und AO 4462, die den Gott unbenannt lassen und wahrscheinlilch den persönlichen Gott meinen; ebenfalls betont Marduk hat der mB Text aus Ugarit RS 25.460 im Auge.

[40] So etwa noch im aB Gottesbrief YOS 2,141,8-11, neu bearbeitet bei W.Sommerfeld, Der Aufstieg Marduks. Die Stellung Marduks in der babylonischen Religion des zweiten Jahrtausends v.Chr.,

Ist erst einmal erkannt, daß der Hymnus dem Leser der Dichtung Marduk gleich zu Anfang als den persönlichen Gott vorstellen will, dann wird die starke Betonung seines Zornes noch auffälliger. In den biblischen Klagen des einzelnen etwa ist vom Zürnen und Strafen Gottes nur selten die Rede; hier begegnet häufiger die Vorstellung, daß Gott den einzelnen verlassen hat und so unheilvolle Mächte auf ihn einstürzen konnten[41]. Wenn der Verfasser der *Ludlul*-Dichtung hier andere Wege geht, dann ist er offensichtlich um eine schärfere theologische Klärung der Ursachen menschlichen Leides bemüht. Scheinbar unerklärliche menschliche Leiderfahrungen, von denen dann in der Dichtung in aller Extremität die Rede sein wird, so will er gleich am Anfang klarstellen, haben ihre Ursache allein im Zorn Marduk, von dem als persönlilchem Gott auch einzig die Rettung erwartet werden kann[42]. Alle übrigen Ursachen, von denen die babylonische Religion ja vielfache kennt, seien es widerstreitende Götter, Dämonen oder Zauber und Verwünschungen, sind seinem Zorn gegenüber sekundär. Marduk selbst ist es letztlich, der mit seinen Schlägen Leid, Krankheit und Tod zufügt (Z.13.21.34 f.); er ist es sogar - wenn ich die schwierigen Zeilen 17 und 25 richtig verstehe -, der eine Lösung seiner Strafe durch Ritualexperten verhindert (vgl.I,49.51 f.; II,6-9.82.108-111). Ja, in seinem Bemühen, alle nur möglichen Ursachen des Leides Marduk unterzuordnen, schreckt der Verfasser, wenn die Interpretation von Z.25 richtig ist, selbst nicht vor der theologisch problematischen Aus-

AOAT 213,1982,127 f.

41 Vgl. R.Albertz, Persönliche Frömmigkeit, 38 ff.

42 Man könnte fragen, ob nicht dieses für die persönliche Frömmigkeit so ungewöhnliche Bild vom zornigen Gott, der über zerstörerische Waffen verfügt (Z.34), aus dem Mardukbild der offiziellen Religion übernommen worden ist, wie es uns etwa in *Enūma eliš* entgegentritt.

sage zurück, daß sogar die Zuweisung von Sünde auf seinen Befehl zurückgeht. Berücksichtigt man nun noch, daß all diese Aussagen nicht etwa Sätze der Klage, sondern des Gotteslobes sind, dann ist deutlich das seelsorgerliche Anliegen zu erkennen, selbst schwerstes Leid erklärbar und bejahbar zu machen. Auch in tiefer Not hat es der Leidende noch mit seinem persönlichen Gott Marduk zu tun; die widersprüchlichen menschlichen Existenzerfahrungen werden voll in die spannungsreiche Gestalt dieses Gottes hineingenommen, um sie damit erträglicher zu machen.

Bei der Ausmalung dieses gewaltigen lebenszerstörenden Zorns Marduks bleibt der Verfasser natürlich nicht stehen, sondern er kontrastiert ihn durchlaufend mit der Beschreibung seiner immer wieder plötzlich[43] vorbrechenden lebenserhaltenden Güte. Auf dieser Seite des Wesens liegt sogar eindeutig das Übergewicht, wie es für die persönliche Frömmigkeit typisch ist: Es ist nur seine Hand, die schlägt (Z.9.33); doch sein Herz (*libbu*) und sein Gemüt (*kabattu* "Leber) sind freundlich zugewandt und barmherzig (Z.8.34 f.). Die zweite und dritte Entfaltung setzen jeweils mit einer Zeile bei Marduks zornigem Handeln ein (Z.17.25), um dann volle drei Zeilen zu benutzen, sein erbarmendes, fürsorgliches und heilendes Handeln auszumalen (Z.18-20.26-28). Das heißt: Eigentlich ist Marduk wie eine Mutter bzw. eine Kuh, die gerade ein Kalb geboren hat, rührend um den Menschen bemüht; seine Gnade setzt sich immer wieder durch, und dadurch bleibt sein Zorn, so schwer er auch treffen mag, immer begrenzt. Das ist die tröstende Lehre, die der Verfasser durch den Hymnus vermitteln will und die er dann in der Dichtung an einem persönlichen Lebensschicksal exemplifizieren wird. Es ist nicht ein "lieber Gott", den er seinen Lesern als

[43] Vgl. *zamar* Z.18.38.

persönlichen Gott präsentiert. Vielmehr erweist sich Marduk dadurch als "weiser Herr und umsichtiger Gott" (Z.1/3)[44], daß er bei aller abgründigen Spannweite seines Wesens seinen zerstörerischen Zorn immer wieder durch sein aufhelfendes Erbarmen zu bändigen vermag. Wer sich ihm anvertraut, braucht in seinem Leid nicht zu verzweifeln, sondern kann auf letztendliche Rettung hoffen.

II. Die kompositorische Funktion des Hymnus

Der einleitende Hymnus steht nun aber nicht etwa alleine, sondern hat eine ganze Fülle sprachlicher, struktureller und inhaltlicher Beziehungen zum Ganzen der Dichtung. Besonders direkt sind die Bezüge zum Anfang der dritten und zur vierten Tafel.

Vor den Träumen, welche die Wende der Not einleiten, findet sich in III,1-8 noch einmal ein kurzer Klagebericht, dessen Funktion nach den ausführlichen Klagen, welche den Rest der ersten (I,41 ff.) und die ganze zweite Tafel ausfüllen, bisher noch nicht klar genug erkannt werden konnte. Das Besondere an ihm ist, daß er erstmals nach I,46[45] - wenn auch ohne Namensnennung - wieder auf Marduk Bezug nimmt. Durch den neuen Text wird nun klar erkennbar, daß dieser Bezug mit einem expliziten terminologischen Rückbezug auf den Einleitungshymnus verbunden ist.

---

[44] Das Epitheton *ilu muštālu* findet sich in dem literarischen Mardukgebet Nr.1 (AfO 19,55 ff.) bzw. dessen Vorläufer CT 44,21 aus spätbabylonischer Zeit noch bezogen auf die lebensbewahrende Funktion Marduks (*nāṣir napšāti ilu muštālu* Z.26 bzw. Z.19'), im *Ludlul*-Hymnus faßt es dagegen Zorn und Verziehen zusammen. Handelt es sich um eine bewußte Uminterpretation, um das Mardukbild in der persönlichen Frömmigkeit zu erweitern

[45] Erst jetzt wird erkennbar, daß Marduk das Subjekt der transitiven Verben von Z.45 f. ist, s.u.; ihre immer schwierige intransitive Umdeutung, um so die Schutzgötter zu Subjekten der Sätze zu machen, wird damit überflüssig.

Hieß es dort:

I,9/11 *ša naq-bi qa-ti-šu la i-na-aš-ša šá-ma-ʾu*

Das Ausstrecken (?) seiner Hände können die Himmel nicht aufheben

und in:

I,33 *a-na ki-i kab-ta-at qat-su....*

Wie schwer ist seine Hand ....

so setzt die III. Tafel ein:

III,1 *kab-ta-at qat-su ul a-le-ʾi na-šá-šá*

schwer ist seine Hand (auf mir), ich vermag sie nicht aufzuheben.

Hinzu kommt ein weiterer terminologischer Bezug:

I,7 *uz-zu-uš-šú la ma-ḫar a-bu-bu ru-ub-šu*

Sein Zorn ist ohne Widerpart, sein Zürnen eine Sintflut

III,3 [*en*]*-nes-su ez-zi-ta a-bu-ba-ma*[ ]

Seine zornige Strafe ist eine Sintflut...

Dazu kommen das Nomen *ennettu* und das Verb *enēnu* im Hymnus Z.17 bzw.Z.38 vor. Diese erkennbaren[46] terminologischen Anspielungen haben die Funktion, dem Leser den Einleitungshymnus wieder in Erinnerung zu rufen[47]. Ihm soll erkennbar werden, daß in all dem Leid, das in Tafel I und II zur Sprache kam, die schwere Hand Marduks wirksam wurde, von der im Hymnus die Rede war. Auch da, wo

[46] III,1-8 ist der Text nicht voll erhalten.

[47] So schon richtig Moran 259 Anm.18.

sich Feinde und Dämonen in den Vordergrund gedrängt hatten, war letztlich der gewaltige Zorn Marduks am Werk. Der Abschnitt III, 1-8 bildet somit zusammen mit dem Hymnus einen Rahmen um die ersten beiden Tafeln. Ihr langer Klagebericht ist als Explikation der einen Seite des polaren Marduklobes, des Preises seines unbändigen Zorns gemeint, so wie es im persönlichen Schlußteil des Hymnus geheißen hatte:

I,37 *lu-šá-pi ug-gat-su ...*

38 *i-nu-nam-ma...*

Ich will verherrlichen seinen Zorn...

Er hat mich bestraft...

Eine ganze Reihe terminologischer Rückbezüge auf den Hymnus findet sich auch in der IV.Tafel[48]:

IV,6 [*ina ka-ra*]*-še-e id-*⌈*kan*⌉ ‹‹*an*››*-ni*

In der Not ließ er mich aufstehen

vgl.IV,106 ^d^*Ṣar-pa-ni-tum ina ka-ra-še-e e-ṭe-ra am-rat*

(36) Ṣarpānītum weiß, aus der Not zu retten

I,14 *e-nu-uš-šú ina ka-ra-še-e ú-šat-bi ma-aq-tú*

In seiner Gnade läßt er den in Not Gefallenen aufstehen

IV,45 *ina* KÁ NAM.TAG.GA.DU₈.A *e'-il-ti ip-pa-ṭir*

(85) Im Tor der Schuldvergebung wurde meine Schuld gelöst

I,24 *ina* UD *i-šar-ti-šú up-ta-aṭ-ṭa-ru e'-il-tu₄ u an-nu*

Am Tage seiner Wiedergutmachung sind Schuld und Sünde

48 Die Teile der immer noch nicht voll rekontruierten Tafel sind mit M.Vogelzang, The Reconstruction of *Ludlul* IV,RA 73,1979,180 gegenüber der Anordnung in BWL umzustellen. Die erste Zeilenzahl gibt die neue Numerierung an, die zweite, in Klammern gesetzte, die von BWL.

gelöst.

IV,99 *i-mu-ru-ma -<mar>* KÁ.DINGIR.RA ^{KI}

29) *ki-i u-bal-la-ṭu* ^{d}AMAR.UTU

Die Babylonier sahen, wie Marduk wieder gesund macht.

I,38 *i-nu-nam-ma*

za-mar ki-i u-bal-li-⸢ṭa⸣-[an-ni]

Er strafte mich, doch wie schnell machte er mich gesund !

IV,103 *šá la* ^{d}AMAR.UTU *man-nu mi-tu-ta-šú u-bal-liṭ*

(33)

104 *e-la* ^{d}E$_4$.RU$_6$ ^{d}*iš-tar-tu*$_4$ *a+a-i-tu*$_4$ *i-qí-ša nap-šat-su*

(34)

Ohne Marduk, wer konnte seinen Tod wieder zum Leben verwandeln?

Außer Ṣarpānītum, welche Göttin konnte (ihm) sein Leben schenken?

I,35 *ša la lib-bi-šú man-nu me-ḫi-iṣ-ta-šu li-šap-[ši-iḫ]*

36 *e-la kab-ta-ti-šú ja-ú li-qal-lil ṭ[i-ra-ti-šú]*

Ohne seinen Willen, wer wollte seinen Schlag beruhigen?

Außer ihm selber, wer wollte [seinen Hieb] erleichtern?

Zu I,35 vergleiche man auch aus dem Rettungsbericht der III.Tafel Si 55 rev.21:

ú-pa-áš-ši-iḫ mi-ḫi-iṣ-ta-šu-ma a-nap-pu-uš

Er beruhigte seinen Schlag, da atmete ich auf...

Nimmt man alle diese terminologischen Bezüge zusammen, dann können wir die lange Zeit umstrittene Frage, ob die IV. Tafel überhaupt zur Dichtung hinzugehört, endgültig mit Sicherheit positiv entscheiden. Der Preis der Güte Marduks im Hymnus am Anfang, die sich immer wieder gegen seinen Zorn durchsetzt, findet seine Entsprechung im Lob des Geretteten am Ende, in das seine Mitbürger einstimmen. Der Eingangshymnus bildet zusammen mit Tafel IV, die ganz vom Dank und Preis für Marduk beherrscht ist, nochmals einen Rahmen um die gesamte Dichtung. Wie die erste Seite seines polaren Gotteslobes, der Zorn Marduks, im Leidensbericht der ersten und zweiten Tafel realisiert wurde, so expliziert der Bericht von der Wende der Not der dritten (ab III,9 ff.) und vom Lob und den Dankriten des Geretteten der vierten Tafel dessen zweite Seite, das Erbarmen Marduks[49].

Diese Entsprechung wird noch klarer, wenn man sich den Aufbau der vierten Tafel verdeutlicht. Leider ist dieser noch nicht vollständig zu erkennen, da immer noch knapp die Hälfte der Tafel fehlt. Doch immerhin werden die Strukturen nach der von M.Vogelzang gegenüber BWL vorgenommenen Umstellung[50] sehr viel deutlicher:

IV,1-15.. Danklied des Geretteten an Marduk als persönlichem Gott
(dazu vielleicht die Kommentarzeilen 1-n)[51]

49 Diese Strukturierung der Dichtung wird auch noch dadurch gestützt, daß der Leidensbericht (I,41 ff.) und der nach den Träumen, welche die Wende ankündigen, einsetzende eigentliche Rettungsbericht III, 50 ff. beide mit temporalen *ultu*-Sätzen beginnen.

50 RA 73,1979,180.

51 S.BWL 54 f,; Moran hat 257 Anm.12 die ansprechende Vermutung geäußert, daß sich die Kommentarzeile k auf den Schluß von Ta-

[Lücke von 20 Zeilen]
(davor vielleicht Kommentarzeile o)

..IV,36-61 (76-101)	Dankritus des Geretteten für Marduk und Ṣarpānītu am Heiligtum von Esangila:
36 f	Weg zum Tempel mit Gebeten
36-48	Umwandlung der Tempelmauern Dabei Vergegenwärtigung der Stationen der Rettung in den Tempeltoren
49-50	Begegnung mit der Marduk(statue) im "Tor des Heiles" und Dankritus für Ṣarpānītu(statue) im "Tor des Überflusses"
51-55	Gebet, Räucheropfer, Opfergaben für den Tempel, Spende von Schlachtopfern Libation von Wein und Bier für Marduk und Ṣarpānītu
56-61	Öl-Libation für die Schutzgenien am Tempeltor
	[Lücke von 34 Zeilen] (darin wahrscheinlich Kommentarzeilen p-r[52] Einladung der Babylonier zum Gastmahl)
..IV,94-98 (24-28)	Vorbereitung des Gastmahles
IV,99-106 (29-36)	staunendes Marduk-Lob der Babylonier über Rettung des Leidenden

fel III bezieht.

[52] S.BWL 56.

IV,107-120 (37-50) Aufruf an alle Menschen, in das Lob Marduks einzustimmen.

Soweit erkennbar, zeigt sich im Aufbau der IV.Tafel eine schrittweise Erweiterung des Personenkreises, der in das Marduklob einbezogen wird: Die Tafel beginnt mit einem persönlichen Danklied des Geretteten. Er nennt Marduk "mein Herr" (*be-lí*); Marduk ist somit durch die Rettungserfahrungen zu seinem persönlichen Gott geworden bzw. hat sich ihm erneut als solcher erwiesen[53]. Das Danklied ist in der 3.Person gehalten, bezeugt also vor anderen die Rettungstaten Marduks, die der Leidende erfahren hat[54]. Ob diese Zeugen einmal im Text genannt waren oder ob der Leser angesprochen ist, kann wegen der Textlücke nicht festgestellt werden. In jedem Fall stehen hier die ganz persönlichen Erfahrungen eines einzelnen Menschen im Mittelpunkt.

Mit dem Vollzug des Dankritus am Marduktempel von Babylon bekommen die persönlichen Erfahrungen schon eine gewisse Öffentlichkeit. Wie immer man sich diesen Ritus vorstellen und seinen kultischen Realitätsgehalt bestimmen mag[55], gedacht ist auf jeden Fall an

[53] Dies kommt in Lamberts Übersetzung "the Lord" BWL 59 nicht heraus.

[54] Bei den alttestamentlichen Dankliedern gibt es Du- und Er-Formen, vgl. F.Crüsemann, Studien zur Formgeschichte von Hymnus und Danklied, WMANT 32,1969,225 ff., wobei er deutlich macht, daß der anredende Typ seinen Sitz im Leben wahrscheinlich bei der Opferhandlung, der erzählende Typ wahrscheinlich beim Einzug ins Heiligtum oder beim anschließenden Opfermahl hatte. Die Überlieferung eines solchen persönlichen Dankliedes ist eine Besonderheit der *Ludlul*-Dichtung; sonst scheint in Babylonien diese Gattung schon weitgehend durch die des Hymnus ersetzt zu sein, vgl. W.Mayer, Untersuchungen zur Formensprache der babylonischen "Gebetsbeschwörungen", Studia Pohl, Series Maior 5, 1976,350 ff. Auch das Gastmahl (*qerētu* Z.97 [27] ff.) erinnert an die privaten *zebaḥ*-Feiern in Israel.

[55] Selbst wenn der Privatmann zum Staatstempel keinen Zutritt hatte, bleiben private Riten an oder in den Toren möglich. Ein ähnlicher Öl-Libationsritus am Tor wie in *Ludlul* IV,56-59 [96-

eine Art von privatem kasuellem Gottesdienst, der vor aller Augen geschieht und Marduks Wohltaten als persönlicher Gott eines einzelnen am Ort seiner offiziellen kultischen Verehrung bezeugt. Dabei werden auch Marduks Gefährtin Ṣarpānītu und die Schutzgenien des Tempels in die Verehrung einbezogen.

Daran schließt sich ein Gastmahl an, zu dem der Gerettete die Bewohner Babylons eingeladen hat, um sie an seiner Freude teilnehmen zu lassen und vor ihnen von seinem wunderbaren Schicksal Zeugnis abzulegen. Dabei entspricht der große Kreis der Teilnehmer wohl der hohen sozialen Stellung, die der Gerettete einmal innehatte[56]. Im erhaltenen Text stimmen die geladenen Einwohner Babylons staunend in das Lob des Gottes Marduk ein (99-106 [29-36].

Schließlich ruft diese ganze große Festversammlung alle Geschöpfe auf, in das Lob des Gottes Marduk einzustimmen (107-120 [37-50]).

IV 112(42) [*a-pa*]*-a-tu*₄ *ma-la ba-šá-a* ᵈAMAR.UTU *dul-la*

Ihr Sterblichen, soviele es gibt, lobet Marduk!

Das persönliche Danklied eines einzigen Menschen soll sich ausweiten zum universalen Gotteslob[57].

Diese über das Einzelschicksal hinausdrängende Bewegung ist nun auch im Eingangshymnus zu erkennen. Ein einzelner beginnt mit sei-

99] ist auch in dem literarischen Mardukgebet 1 (AfO 19,59,63 f.) erwähnt.

[56] Vgl.I,55 f. 77 f. 80 ff.

[57] Eine vergleichbare Ausweitung des Marduklobes hat auch das literarische Mardukgebet Nr.1 (AfO 19,60,180 ff.) im Auge. Dieser schon aus der späten altbabylonischen Zeit stammende Text scheint mir den Dichter des *Ludlul* nicht unwesentlich beeinflußt zu haben. Weiter ist auf den mB Text RS 25.460, Ugaritica 5,268,25-33 zu verweisen, der ebenfalls eine Vorform der *Ludlul*-Dichtung zu repräsentieren scheint.

ner Selbstaufforderung zum Lob:

I,1 *lud-lul be-lu₄ né-me-qi* DINGIR *muš-[ta-lu₄]*

Ich will den Herrn der Weisheit loben, den umsichtigen Gott.

Er berichtet aber nicht sogleich von seinen persönlichen Erfahrungen, sondern generalisiert diese im allgemeinen Teil des Hymnus (Z.1-36) zu Lobaussagen über das Zürnen und Verzeihen Marduks, wie es einem jeden Menschen gilt. Erst im persönlichen Schlußteil des Hymnus (Z.37-40) kommt er zusammenfassend auf seine eigenen Erfahrungen mit Marduk zu sprechen.

I,37 *lu-ša-pi ug-gat-su ša ki-ma nu-ú-ni ak x[ ]*
38 *i-nu-nam-ma za-mar ki-i u-bal-li-⸢ṭa⸣-[an-ni]*

Ich will verherrlichen seinen Zorn, der wie ein Fisch (plötzlich verschwand??).
Er hat mich bestraft, (doch) wie schnell machte er mich gesund!

Diese beiden Zeilen entsprechen sachlich in etwa dem Danklied IV,1-15, man vergleiche nur die ebenfalls zusammenfassenden Zeilen

IV, 9 *[ša] im-ḫa-ṣa-an-ni*
10 [ᵈAMAR-U]TU *ú-ša-qi re-ši*

Er, der mich schlug;
Marduk erhöhte meine Haupt.

Doch auch schon im Eingangshymnus wird sichtbar, daß er einzelne seiner persönlichen Erfahrungen mit Marduk nicht für sich behalten, sondern anderen mitteilen will, um sie durch sein Schicksal zu belehren und zur lobenden Verehrung Marduks anzuhalten:

I,39 *lu-šal-mid-ma* UKÙ[MEŠ] *kit-ru-ba x x*[ ]

40 *ḫu-is-sa-as-su* MÍ.SIG₅-[x ma-ta lu-ša-ḫi-is]

Ich will die Menschen belehren, daß sie ständig verehren...

Seine gute Erwähnung [will ich dem Lande lehren (?)].

Das entspricht der Einbeziehung der Einwohner Babylons in das Gotteslob beim Gastmahl:

IV,100(30) *pa-a-tu* DÙ-*ši-na ú-ša-pa-a nar-bé-e-*[*šu*]

Alle ihre Stadtteile verherrlichen seine Größe,

und schließlich dem Aufruf zum Lob an alle Menschen. Die lobende Verkündigung und Belehrung, die am Ende des Hymnus angekündigt war, kommt am Ende der Dichtung zu ihrem Ziel. Und gleichzeitig vollzieht sich im Einleitungshymnus das allgemeine Marduklob, in das am Schluß alle Menschen einfallen sollen. Anfang und Ende der Dichtung bilden somit eine Kreisbewegung, die vom Leser immer wieder durchlaufen werden kann und soll[58]. Die Komposition der Dichtung läßt sich somit folgendermaßen graphisch verdeutlichen[59]:

[58] Weitere motivliche Entsprechungen zwischen Hymnus und Dichtung kommen hinzu: W.L.Moran hat 255-258 gezeigt, wie die Nacht/Tag-Symbolik von I,2/4 in der Dichtung weiter entfaltet wird (vgl. I,119 f.; II,117-120; III,7 f.;46); die Entfernung der Schutzgeister I,15 wird I,41-44 ausgeführt; die vielleicht in I,25 angesprochene Verwirrung des Traumdeuters findet in der Ratlosigkeit der Omenexperten und Exorzisten (I,49.51 f.; II,6-9. 82.108-111) ihre Realisierung. Marduks erlösende magische Formel von I,26 wird Si 55, rev.4 wirksam.

[59] Das Schema zeigt, daß die von alttestamentlicher Seite vorgeschlagenen Formbestimmungen, so das "Klage-Erhörungs-Paradigma" von H.Gese (Lehre und Wirklichkeit in der alten Weisheit, 1958,51-78) oder die "gewendete Klage" von H.-P.Müller (Keilschriftliche Parallelen zum biblichen Hiobbuch. Möglichkeiten und Grenze des Vergleichs, Or 47,1978,360-375, bes.362ff.) dem Aufbau von *Ludlul* nicht voll gerecht werden. Sie tragen der Tatsache nicht genügend Rechnung, daß am Anfang der Dichtung

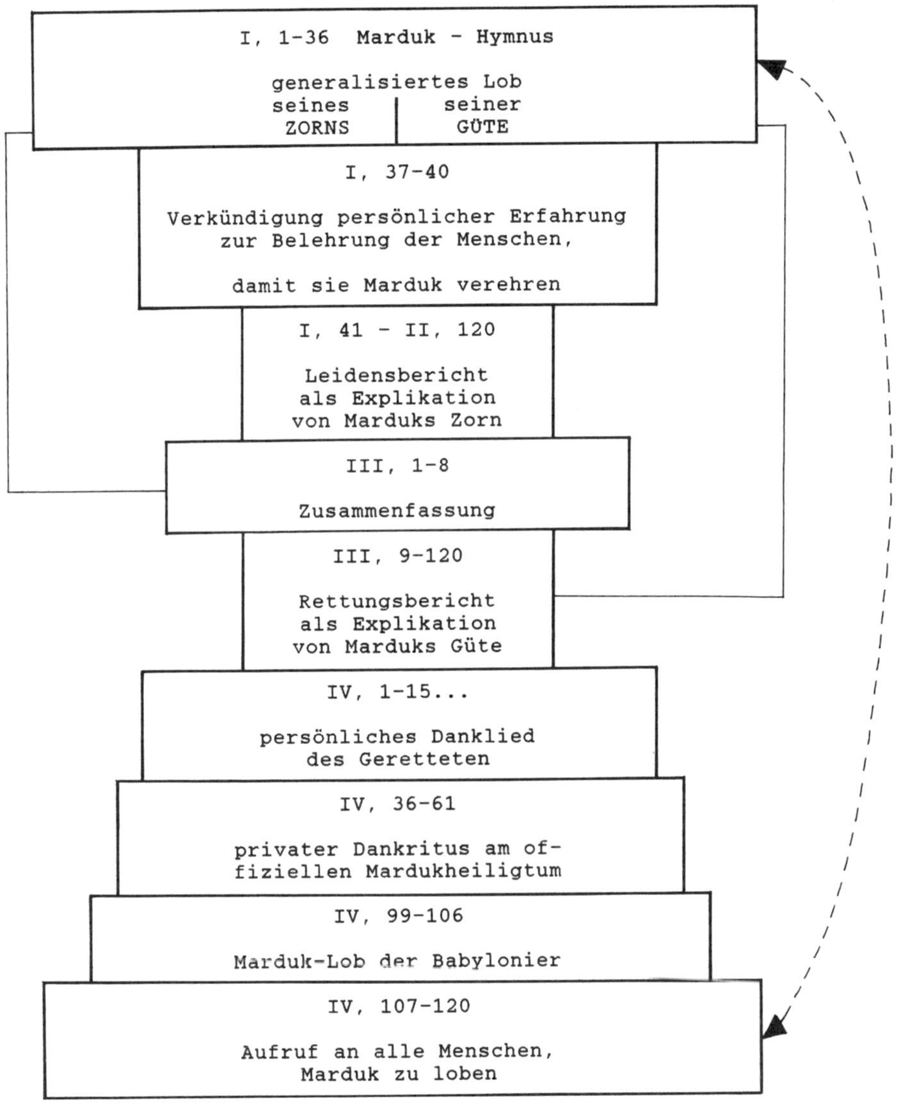

III. Schlußfolgerungen für die Gesamtinterpretation

Die tiefere Einsicht in die Komposition der Dichtung kann nicht

nicht die Klage, sondern das Gotteslob steht.

ohne Auswirkungen auf ihr Gesamtverständnis bleiben. Traditionellerweise sieht man den Leidenden in ihrem Mittelpunkt, der von seiner Not und Rettung berichtet. Und wohl in Anlehnung an die biblische Hiobdichtung hat man sich daran gewöhnt, ihn als unschuldig Leidenden bzw.leidenden Gerechten zu bezeichnen. W.G.Lambert etwa nennt *Ludlul bēl nēmeqi* "the poem of the righteous sufferer"[60]. Doch wird durch die nunmehrige Kenntnis des ganzen hymnischen Einleitungsteils fraglich, ob eine solche Überschrift wirklich zutreffend ist. Während das Hiobbuch nach seinem Helden benannt ist und diesen schon im ersten Vers einführt (Hi 1,1), beginnt die babylonische Dichtung mit einem breiten Gotteslob und führt den Leidenden nicht namentlich ein. Seine Vorstellung, die man lange Zeit in der Lücke der ersten Tafel vermutet hat, findet nicht statt; sein Name *Šubši-mešrê-Šakkan* wird bezeichnenderweise erst viel später da erwähnt, wo ihm Marduk im Traum durch einen *āšipu* die Rettung "namentlich" zuspricht. Stattdessen ist es der Gott Marduk, der am Anfang der babylonischen Dichtung vorgestellt wird. Und dieser streng theologischen Perspektive wird, wie der erst jetzt rekonstruierbare Anfang der Leidensgeschichte zeigt, der menschliche Erfahrungshorizont des Helden der Dichtung ausdrücklich zu- und untergeordnet:

I,41 Als der Herr den Tag [zur Nacht gemacht hatte(?)][61]
42 und der Held Marduk sich zornig [von mir] abgewandt hatte,
43 da verwarf mich mein Gott, suchte das Weite,
44 da stellte meine Göttin ihre Tätigkeit ein, entfernte sich ins Absseits.

---

[60] So BWL 21 ff.

[61] So die ansprechende Ergänzung von Moran 259, lies *ul-tu* *u_4-ma* ^{d}EN [*iš-ku*]-*nu* [*a-na mu-ši*].

45 Er (!)[62] schnitt den guten Schutzgeist ab, der an meiner Seite (war),

46 Er (!) erschreckte meine Schutzgöttin, so daß sie sich einen anderen sucht.

47 Meine Lebenskraft wurde weggenommen, sie ließ mich im Stich....

Es geht also nicht um die Geschichte eines Leidenden als solche, sondern darum, wie sich der Zorn Marduks im Leben eines Menschen ausgewirkt hat. Unter einer solchen betont theologischen Perspektive kann darum auch das Theodizee-Problem gar nicht aufkommen[63]. Wohl fühlte sich der Leidende in der aktuellen Not unschuldig (II,23-32) und fälschlicherweise wie ein Gottloser behandelt (II,11-22), aber aus der rückschauenden Perspektive der Dichtung hat er den strafenden Zorn Marduks längst als berechtigt anerkannt (vgl.I,37!).

Wennn man nun weiter noch berücksichtigt, daß die Dichtung mit einer großen Grauzone unbewußter Sünden rechnet (II,33 ff.), ja vielleicht sogar der Meinung ist, daß Marduk selber Sünde auf einen Menschen bringen kann (I,23[64]), dann kann das Problem ungerechten Leides nicht im Zentrum ihres Interesses stehen. Dafür spricht auch, daß bei der Rettung des Leidenden mehrfach ganz selbstverständlich von einer ausdrücklichen Sündenvergebung die Rede ist (III,25-28. 57-60; IV,45[85],.48[88]. Die Dichtung kreist somit keineswegs um das Thema des leidenden Gerechten.

62 S.o. Anm.45.

63 So schon - wenn auch mit anderer Begründung - H.P.Müller, Keilschriftliche Parallelen, 362 f.

64 Die Interpretation ist nicht ganz sicher, s.o. Anm.19.

Versucht man, die Intention von *Ludlul bēl nēmeqi* sachgerechter zu bestimmen, so muß man von der einfachen Tatsache ausgehen, daß ein Drittel der ersten Tafel und - soweit erkennbar - so gut wie die ganze vierte Tafel Lob des Gottes Marduk sind. Das sind nicht weniger als ca. 160 von 480 Zeilen oder ein Drittel des gesamten Textumfangs. Und wie oben gezeigt wurde, handelt es sich bei diesem Gotteslob nicht etwa um ein schmückendes Beiwerk, sondern um den Rahmen, der die ganze Dichtung kompositionell und auch theologisch trägt. Sie kommt vom Gotteslob her und läuft auf das Gotteslob zu. Das bedeutet aber: Im Zentrum der Dichtung steht nicht ein leidender Mensch, sondern der Gott Marduk; seinem Ruhm will sie dienen, wie es ja auch die ersten und die letzten Zeilen der Dichtung explizit aussagen. Das erschütternde menschliche Schicksal, von dem sie im Mittelteil erzählt, ist nur exemplum, an dem das Handeln Marduks aufgezeigt, durch das andere Menschen für die Mardukverehrung gewonnen und so der Ruhm Marduks gemehrt werden soll.

Man kann somit die Intention von *Ludlul bēl nēmeqi* durchaus mit der von *Enūma eliš* vergleichen, die mit der preisenden Proklamation der 50 Thronnamen Marduks endet. Doch ging es dort darum, auf der Ebene der offiziellen Theologie Marduk in die Mythologie einzuzeichnen und zum König des Pantheons zu erheben, so geht es hier auf der Ebene der persönlichen Frömmigkeit um das Ziel, die Anerkennung Marduks als persönlichen Gott eines jeden Menschen auszubreiten und zu vertiefen[65].

[65] W.Sommerfeld, Der Aufstieg Marduks, hat die These aufgestellt, daß Marduks Popularität auf der Ebene der privaten Frömmigkeit in der aB und mB Zeit seinem Aufstieg an die Spitze des Pantheons vorangegangen sei (125; 180 u.ö.). Die hier vorgelegte Deutung spricht nicht unbedingt für sie. Leider läßt er die für seine Thematik sicher nicht unwichtige *Ludlul*-Dichtung wegen der Unsicherheit ihrer Datierung (S.2) fast ganz unberücksich-

Die Intention der Ausbreitung der Mardukfrömmigkeit läßt sich direkt im Text greifen:

I,39 Ich will die Menschen belehren, daß sie ständig verehren...

40 Seine gute Erwähnung [will ich das Land lehren]

IV,112(42) Sterbliche, so viele es gibt, lobt Marduk...!

114(44) [ ]möge er über alle Menschen herrschen!

Und noch massiver zeigt sie sich in der Kommentarzeile p, die vielleicht einmal Teil der Einladung an die Einwohner von Babylon zum Gastmahl war:

BWL 56, p Wer gegenüber Esangila nachlässig ist, lerne aus meinem Beispiel!

Das heißt, auch die rituellen Verpflichtungen des einzelnen gegenüber dem Marduk-Tempel in Babylon sollen gefördert werden[66]. Daraus kann man folgern, daß der Verfasser der Dichtung der babylonischen Mardukpriesterschaft nicht allzu fern gestanden haben kann.

Die Intention zur Vertiefung der Mardukfrömmigkeit läßt sich indirekt in dem Bemühen greifen, auch extreme menschliche Leiderfahrungen durch eine Erweiterung der Spannweite dieses persönlichen

tigt.

[66] Da die Dichtung darauf anspielt, daß es die Pflicht reicher Gutsbesitzer wie *Šubši-mešrê-Šakkan* war, seine Untergebenen zur Frömmigkeit anzuhalten (vgl.II,18.29 f.), könnte man fragen, ob dies ein konkreter Ort war, an dem die Ausbreitung der Mardukfrömmigkeit stattfinden konnte.

Gottes als zornigen und gnädigen aufzufangen[67]. Alle persönliche Not hat in seinem Zorn ihre Ursache und ist in ihm aufgehoben. Ob hinter dieser theologischen Vertiefung ein konkreter sozialgeschichtlicher Anlaß stand, läßt sich nicht feststellen, solange die Datierung von *Ludlul* nicht gesichert ist[68]. Mit einiger Sicherheit kann man nur erheben, daß die ursprünglichen Adressaten der Dichtung unter den Gebildeten der babylonischen Oberschicht zu suchen sind[69]. Die theologische Durchdringung und Vertiefung der persönlichen Frömmigkeit seiner Zeit, um die der Verfasser von *Ludlul bēl nēmeqi* bemüht ist, hat somit das weitere Ziel, den gebildeten Angehörigen der babylonischen Oberschicht angesichts scheinbar unerklärlicher Leiderfahrung Marduk als den verläßlichen persönlichen Gott anzubieten bzw. sie dazu anzuhalten, selbst in krisenhaften Lebenslagen unbeirrt an ihm festzuhalten[70].

Die vorgelegte Interpretation rückt die babylonische Dichtung weiter vom Hiobbuch ab, als mir dies im eingangs erwähnten interdisziplinären Seminar bewußt geworden ist. So fruchtbar die Zusammenarbeit von Assyriologie und alttestamentlicher Wissenschaft immer wieder gewesen ist, sie barg doch auch immer wieder die Gefahr, vorschnelle Parallelisierungen vorzunehmen. Es war stets ein Anliegen K.Dellers, vor solchen vorschnellen Parallelisierungen zu warnen, solange die Textgrundlage nicht ausreichend rekonstruiert

67 S.o.

68 Die bisher bekannten Abschriften stammen alle erst aus dem 1.Jt.; doch nimmt man meist ein mB Entstehungsdatum an. Sachliche Datierungskriterien fehlen.

69 Vgl. die Beschreibung des sozialen Milieus, aus dem *Šubši-mešrê-Šakkan* stammt (I,55 f. 60 f. 77 f. 81-83. 90 f. 100-103); auch die hochliterarische Sprache spricht für ein gebildetes Publikum, vgl. W.v.Soden, Das Fragen nach Gerechtigkeit, 55 f.

70 Dabei scheint der Verfasser des *Ludlul* an Vorläufer angeknüpft zu haben, wie das spät-altbabylonische Mardukgebet CT 44,21 und der mB Text aus Ugarit zeigen.

iert und philologisch gesichert werden kann. Diese Warnung hat sich auch hinsichtlich *Ludlul bēl nēmeqi* als berechtigt erwiesen. Wenn es mir gelungen sein sollte, diesem babylonischen Text gegen seine biblische Bevormundung ein Stück weiter zu seinem eigenen Recht zu verhelfen, dann hoffe ich - obwohl es mich als Alttestamentler etwas schmerzt - dem Anliegen des Jubilars ein wenig entsprochen zu haben.

Leben und Tod der Bilder

Th.Beran / Frankfurt

Carl Nylander hat in seinem brillianten Aufsatz "Earless in Niniveh : who mutilated 'Sargon's' head?"[1] sehr überzeugend dargelegt, daß die Statue, zu der der Kupferkopf aus Ninive gehörte - ein Bild Maništūšu's oder eines seiner Nachfolger - nicht zufällig gerade s o beschädigt auf uns gekommen ist, sondern daß sie in beinahe ritueller Weise von den medischen Erobern Ninive's h i n g e r i c h t e t worden ist. An dem Dargestellten, den die Meder vermutlich für einen assyrischen König hielten, wurde in effigie ein symbolisch-propagandistischer Rechtsakt vollzogen, der medischem Brauch zu entsprechen scheint, wie Nylander unter Hinweis auf die Behistun-Inschrift Darius' I erklärt[2]. Es mutet an wie ein Akt poetischer Gerechtigkeit, daß dies der Statue eines Akkad-Königs wiederfuhr: waren es doch diese Herrscher, die als erste durch Flüche in den Inschriften ihre Bilder vor solchem Schicksal bewahren wollten[3]. Aber bezeichnender Weise stammen die ältesten Belege für den Mißbrauch fremder Bilder auch aus der Akkad-Zeit[4].

In einem Addendum zu seinem Aufsatz weist Nylander dann noch auf

---

[1] AJA 84.1980.329ff.

[2] id. 331f. Neue deutsche Übersetzung jetzt: R.Borger u. W.Hinz, TUAT I. 1982-85.419ff. bes.§§ 32f.

[3] Vgl. H.Hirsch, AfO 20. 1963.1ff. Z.B. Sargon b 6 Z.36ff., Rīmuš b 1 Ps.Kol.4 x+1 - 48; Maništūšu b 3; und vor allem Narām-Su'en b 6.

[4] S. E.Strommenger, ZA 53. 1959.27ff. bes.30ff.; u. BagM 1. 1960. 47f.

Vorgänge während der französischen Revolution hin, nämlich auf die Verstümmelung und geplante Zurschaustellung der Statuen der französischen Könige von der Kathedrale Notre Dame de Paris[5].

Es gibt aber auch in der Vorderasiatischen Antike genug Beispiele für die "Hinrichtung" oder "Ermordung" von Bildern, und auch für ihre anschließende Zurschaustellung. Ein spätes Beispiel ist die "Stele" No.9 der Stelenreihen von Assur[6]. Bei diesem Denkmal handelt es sich ja nicht um eine Stele, sondern es ist eine durch Abschlagen des Kopfes und der Arme verstümmelte und durch Ausmeißeln der Inschrift getötete Statue. Nach der sekundär eingemeißelten Inschrift hat sie Adad-nerāri II (909-888), Sohn Aššur-dān's II, Enkel Tiglatpilesar's II, aufgestellt. Nach Kleidung, Haltung und Ausstattung war es eindeutig eine Königsstatue; wie E. Strommenger gezeigt hat[7], mit großer Wahrscheinlichkeit die des Aššur-nerāri IV (1017-1012), die von Adad-nerāri so übel behandelt und damit an ihrem Zweck gehindert wurde, dem Dargestellten in seinem Bilde ewiges Leben zu ermöglichen.

Anderthalb Jahrtausende älter ist die Statue des Enmetena von Lagaš. Aus der Inschrift[8] geht deutlich hervor, daß sie zur Aufstellung im Tempel des Gottes Enlil in Ĝirsu bestimmt war, dessen Erbauung sich Enmetena rühmt. Gefunden wurde sie aber nicht in Tello, sondern in Ur, und in ganz spätem Zusammenhang, nämlich in einem Tordurchgang der südwestlichen Einschließung des Nanna-

[5] a.O.332f.

[6] W.Andrae, Die Stelenreihen in Assur. WVDOG 24. 1913. 14ff. Abb. 18 u. Taf.XII.

[7] Die neuassyrische Rundskulptur. ADOG 15. 1970.11ff.

[8] H.Steible, ABW I. 1982.211ff. s.v. Ent.1, bes.213 3,8 - 4,1. Beste Abbildung bei A.Moortgat, KAM. 1967. 87,88.

Heiligtums aus der Zeit Nabonid's (556-539). Der Ausgräber, Sir Leonard Woolley, geht auf die Beschädigung des Bildwerks ein, das Fehlen des Kopfes, und fragt, ob dies ein Beweis sein könnte für eine zeitweilige Herrschaft Enmetenas über Ur, oder ob die Statue als Siegesbeute nach Ur gekommen sei. Er schreibt "die Verstümmelung der Figur wäre dann ein verständlicher Akt symbolischer Rache; es ist aber noch mehr dabei, da, wo der Kopf abgebrochen ist, ist die einst schartige Oberfläche zu gläserner Glätte poliert, nicht durch Reiben mit einem Stein oder einem anderen Werkzeug, denn die Unebenheiten sind noch da, sondern durch die immerwährende Berührung von etwas, das weicher ist als der Stein selbst: es sieht so aus, als ob das entehrte Denkmal an einem öffentlichen Platze gestanden hätte, wo jeder Vorbeikommende seine Hand über den durchgehackten Hals strich als Geste des Triumphes über einen gefällten Meister."[9]

Das klingt zwar sehr einleuchtend, aber ein Vergleich mit anderen, ähnlich beschädigten Bildwerken zeigt, daß es sich auch hier um eine Tötung der Statue, um eine Hinrichtung oder Ermordung handelt. Der Kopf wurde abgeschlagen und die Bruchfläche dann geglättet, damit er nicht wieder aufgesetzt werden konnte. So zugerichtet sind auch einige der Bildwerke Gudeas, die ja mit zwei Ausnahmen alle ohne zugehörigen Kopf aufgefunden wurden[10]. Am deutlichsten sichtbar ist es bei einem Sitzbild eines Herrschers aus Eš-

[9] Sir Leonard Woolley, UE IV. 1956.47f.;ders., Excavations at Ur, 1954.113f. m. Taf.16; vgl. auch H.Nissen, Zur Datierung des Königsfriedhofs von Ur. 1966.126.

[10] Vgl. die Zusammenstellung von E.Strommenger, RLA 3. 1957-71. 681ff.; besonders deutlich bei Statue B ("Architecte au plan") in den Abbildungen Encyclopédie I. o.J. 234-236, u. F.Johansen, Statues of Gudea, Ancient and Modern. 1978. Taf.19. - Auf die Kontroversen um die Echtheit der nicht bei regulären Grabungen gefundenen Bilder Gudeas ist hier nicht einzugehen.

nunnak, das von Šutruk-Naḫḫunte nach Susa verschleppt wurde[11]. Die ursprüngliche Inschrift des Bildes ist ausgemeißelt und der Name des Stifters damit getilgt. Šutruk-Naḫḫunte rühmt sich in seiner Inschrift "... als Inšušinak, mein Gott, mir den Auftrag gab, habe ich Išnunuk (=Ešnunnak) niedergeschlagen; die Statue des ..(freier Raum).. habe ich in die Hand bekommen und habe sie nach Elam fortgebracht; dem Inšušinak, meinem Gott, stellte ich sie zur Weihe auf."[12]

Damit hat Šutruk-Naḫḫunte genau das getan, was die Fluchformeln der Statueninschriften verhindern sollten: Er hat sie "beiseite gesetzt", ihren "Namen getilgt" und "seinen Namen eingesetzt".[13] Das Sein des Stifters ist damit ausgelöscht, die Statue ist gemordet worden.

Daß ein solches Sein nach dem Verständnis der Antike dem Bilde innewohnt, zeigt deutlich die Inschrift auf einer Statue Nūr-Adad's von Larsa, die sein Sohn Sîn-iddinam (Ende des 19. Jhs. v. Chr.)

---

[11] Deutlichste Abbildung bei Chr.Zervos, L'Art de la Mésopotamie. 1935.235.

[12] Die Inschrift gerade dieser Sitzstatue ist nie veröffentlicht worden, V.Scheil, MDP 10. 1980.3 erwähnt, daß sie zusammen mit sechs anderen Bildern, darunter zweien mit dem Namen des Maništūšu, alle mehr oder weniger gleiche Inschriften Šutruk-Naḫḫuntes tragen; F.W.König, Die elamischen Königsinschriften. 1965. 14 u. 77 s.v.24 a - c erwähnt nur, daß das Sitzbild eine Inschrift trägt, die mehr oder weniger mit der im Text zitierten übereinstimmt, die aber auf einem geköpften Standbild angebracht war. Th.Jacobsen, OIP 43.1940.185 zitiert eine Datenformel des Ur-Ningišzida von Ešnunnak, die die Schaffung einer steinerne Sitzstatue als Jahresereignis nennt, und weist auf das zitierte Bildwerk aus Susa hin. Vgl. auch M.Pézard u. E.Pottier, Catalogue des Antiquités de la Susiane (Mission J. de Morgan). 1926.62 u. Taf.IX s.v. No.58.

[13] Vgl. Anm.3 und die Zusammenstellung bei M.Spycket, Les statues de culte dans les textes mésopotamiens des origines a la Ire dynastie de Babylone. 1968.48f.

anfertigen ließ:[14]

I.19 "Sîn-iddinam (hat).. 28 ein silbernes Standbild von seinem leiblichen Vater 29 Nūr-Adad 30 dem König von Larsa 31 mit schönen Gliedmaßen 32 mit eingeschriebener Tafel 33 hergestellt 34 (und) für sein Leben 35 geweiht"

und weiter:

IV.165 "der Fürst Sîn-iddinam V.166 zur Statue, seinem leiblichen Vater, 167 spricht, 168 betet zu ihm: 169 'Statue, mein leiblicher Vater...'"

Das man umgekehrt auch sehr sorgsam mit obsolet gewordenen Bildwerken umging, sie nicht tötete, sondern begrub, zeigt sich an den zahlreichen Hortfunden in den Tempeln der Diyala-Städte[15]. Aus dem zeitlich und geographisch weit entfernten späthethitischen Bereich kennen wir den Fall der sorgfältig-aufwendigen Beisetzung des Standbildes eines Herrschers in einer Gruft im sogenannten Löwentor von Malatya[16]. Auch die Fundumstände des Sitzbildes des Idrimi von Alalaḫ lassen darauf schließen, daß das Bild, obgleich beschädigt, nicht in eine Müllgrube geworfen, sondern im Bereich des Tempels, für den es gestiftet war, bestattet worden ist[17].

Üblich ist es wohl gewesen, daß man Weihstatuen und anderes Weih-

---

[14] J. van Dijk, JCS 19. 1965.1ff.; I.Kärki, Studia Orientalia 49. 1980.68ff.; H.Ph.Römer, TUAT I. 1982-85.320ff.

[15] E.A.Braun-Holzinger, Frühdynastische Beterstatuetten. ADOG 19. 1977.

[16] L.Delaporte, Malatya - Arslantepe I: La porte des lions. 1940. 35ff. u. Taf. XIVf. XXVII-XXXI.

[17] R.Mayer-Opificius, Ugarit-Forschungen 13. 1981. 279ff. - bes. 279-281 u. 285ff.

gerät sorgfältig bewahrte. Bilder früherer Könige wurden gepflegt, man brachte ihnen Opfer. Das ist auch für ein Bild des Enmetena in seiner Stadt Girsu geschehen: in einer Opferliste wird "1 Schaf für die Statue des Enmetena" aufgezählt[18]. Und Bildern der Akkad-Könige Sargon und Narām-Su'en wird an verschiedenen Orten geopfert[19].

Daß Statuen auch im Totenkult Verwendung fanden, weiß man mindestens seit der Auffindung der beiden Sitzbilder auf den Grüften von Tell Halaf[20]. Ob allerdings auch schon die frühdynastischen Weihestatuetten im Totenkult Verwendung fanden, wie A.Moortgat und R.Mayer-Opificius annehmen[21], scheint ungewiß oder sogar unwahrscheinlich, wenn man den Gesamtbefund betrachtet. Nichts spricht dafür, daß auch nur der Ninnizaza-Tempel in Mari ein Totenkulthaus gewesen sei[22]. Gewiß ist, daß die Statue (oder Stele, Relief usw.) eine eigene Existenz besaß, daß sie, obgleich nicht lebendig, doch ein magisch-numinöses Leben hatte, ein Sein, ein m e[23].

---

[18] F.Thureau-Dangin, ITT 1. 1910. No.1081 Rs.1
1 udu alan en-te:me-na
vgl. auch die Datenformel Abī-ešuḫ 198 - A.Ungnad, RLA 2. 1938.186 s.v.198.

[19] Z.B. N.Schneider, AnOr 7. 1932 No.52.4
1 gukkal ká *na-ra-am-*^{d}zu:en
od. M.Çig - H.Kizilyay - A.Salonen, Die Puzriš-Dagan-Texte der Istanbuler Archäologischen Museen I. 1954.226f. No.605f.
1 udu-niga ^{d}*na-ra-am-*^{d}zu:en 1 udu-niga *šar-ru-gin*^{i}^{n}.
Beides Texte aus Drehem (Puzriš-Dagan).

[20] R.Nauman et.al., Tell Halaf I. 1950.159ff. A.Moortgat, Tell Halaf II. 1955.7ff.

[21] A.Moortgat, BagM 4. 1958. 226ff.; R.Mayer-Opificius, a.O. (Anm. 17) 287 ff. und in ihrem Beitrag zu dieser Festschrift. Vgl. aber E.A.Braun-Holzinger, a.O.(Anm.15) 18f. m.Anm.108!

[22] E.Heinrich, Die Tempel und Heiligtümer im Alten Mesopotamien. 1982.131.

[23] J. van Dijk, Handbuch der Religionsgeschichte 1. 1971. 440. (Nachtrag: Nicht uninteressant im Zusammenhang mit unserem Thema ist die Lektüre der Bonner Dissertation von Jean Pierre Rollin, Untersuchungen zur Rechtslage römischer Bildnisse. Bonn 1979)

Die Alphabettafel aus Bet Šemeš und die ursprüngliche Heimat der Ugariter

M.Dietrich - O.Loretz / Münster

1. Entdeckung und Forschungsgeschichte der Keilalphabet-Tafel aus Bet Šemeš

1933 hat Elihu Grant in Bet Šemeš, dem heutigen Rumeileh westlich von Jerusalem im judäischen Hochland[1] eine kleine Tontafel[2] gefunden, die einen keilalphabetischen Text aufweist.

Die erste Bearbeitung dieses Textes hat G.A.Barton noch im Jahr 1933 unterbreitet[3]. Er ging dabei von einer schriftlichen Anregung W.F.Albrights aus, nach der die Inschrift spiegelbildlich zu lesen und die ersten beiden Zeichen als *il* zu deuten seien. Von diesem

---

[1] Zur bedeutsamen Lage und zur Geschichte von Bet Šemeš siehe u.a. O.Keel - M.Küchler, Orte und Landschaften der Bibel II (Göttingen 1982), 805-813.

[2] E.Grant, Rumeileh being Ain Shems Excavations (Palestine), Part III (Biblical and Kindred Studies 5, Haverford 1934). [27].[29] (Autographie auf Figur 2A oben). Pl. XX (Foto). Ein weiteres Foto - mit einem anderen Lichteinfall - findet sich bei E.Grant, Beth Shemesh in 1933, BASOR 52 (1933), 4. Weitere Kopien haben angefertigt: G.A.Barton, Notes on Ain Shems Tablet, BASOR 52 (1933), 5; W.F.Albright, BASOR 53 (1934), 19: Fig. 10 - W.F.Albright hat seine Kopie spiegelbildlich vorgelegt, so daß er notwendig zu falschen Ergebnissen gelangen mußte-; diese Kopie wurde von J.Naveh für Early History of the Alphabet (Leiden 1982) ausgewählt und S. 28 als Fig. 22 zur Grundlage seiner Überlegungen gemacht; ein neue Kopie legt É. Puech, RB 93 (1986), 202, Fig. 10, vor.

Ein Farbfoto hat neuerdings J.-C.Courtois, The Excavations at Ugarit, 1929-1966, in: Qadmoniot 2 (1969), Taf. 2, unten, vorgelegt.

[3] Notes on the Ain Shems Tablet, BASOR 52 (1933), 5-6.

Ansatz ausgehend, gelangte er zu folgender Umschrift und versuchsweisen Übersetzung:

1. ... *il ḥt qb*$^{?}$ *t rty q*$^{?}$ *tmt*$^{?}$
2. ....*t*^{c} *ṣ*$^{?}$ *g*$^{?}$ *l mḥt*

1. "... O El, cut through the backbone of my stammering! I desire
2. (that?) thou shalt remove the spring of the impediment."

G.A.Barton hat die Tafel auch mit den Texten von Ugarit in Beziehung gesetzt und daraus abgeleitet, daß sie einen neuen Blick auf die Patriarchengeschichte ermögliche: "The appearance of this text in this script at Beth-Shemesh, taken in connection with the references to the founding of Ashdod and the building of a shrine at Kadesh in the wilderness in the third of the liturgical poems from Ras Shamra (Syria, XIV, 128 ff.), opens a new vista in the history of Southern Palestine in the time of the Patriarchs."[4]

In der folgenden Nummer von BASOR konnte W.F.Albright 1934 berichten, daß die Übersetzung G.A.Bartons eine Reihe von Ärzten zu Briefen über den Zusammenhang zwischen Spiegelschrift und Stottern veranlaßt habe; er selbst sei nunmehr durch das Studium des Originals und durch die Anfertigung einer Kopie zu einem anderen Ergebnis gekommen[5]. Er verzichtet auf eine Übersetzung des von ihm nun als Amulett betrachteten Objekts und beschränkt sich auf folgende

---

[4] BASOR 52 (1933), 6.

[5] W.F.Albright, The Cuneiform Tablet from Beth-Shemesh, BASOR 53 (1934), 18-19, mit Fig. 10. Er berichtet über den damaligen Zustand des Originals: "Comparison of the original in its present state, supplemented by a good photograph, which I owe to the courtesy of the Department of Antiquities, shows, however, that the surface has suffered considerably since the photograph published in the BULLETIN was made by Grant, so I have had to add several wedges from the latter", BASOR 53 (1934), 18.

Transkription:

h-l ḥ-t-q k(?)-r-t h-t[----] *q*(?) [--] *d-?-?-t*(?) [ ]

Erst dreißig Jahre später, 1964, sollte sich W.F.Albright wieder zu dem Thema Bet-Šemeš-Tafel zu Wort melden[6] - siehe unten.

T.H.Gaster hat dem Fund von Bet Šemeš gleich eine Sonderstellung innerhalb der Entwicklungsgeschichte und Herkunft des Alphabets zugewiesen. Er sah in ihm nämlich einen Beweis für seine These, daß die Semiten von Ugarit aus dem Süden nach Ugarit eingewandert seien[7]. Zu den allerlei Indizien trete nun der Beweis hinzu, daß gar eine Ugarit-Tafel in Bet Šemeš auftrat. Seine Schlußfolgerung lautet: "We are presented, evidently, with a latter stage of that early civilization which seems anciently to have flourished over the whole area from N. Sinai eastwards as far as Moab and the Arabah ... This ancient civilization ... later migrated northwards into Amurru."[8] Er erwarte weitere Funde mit vergleichbarer Beweiskraft von den Ausgrabungen in der Nähe von Ašdod, Asqalon und Bet Šemeš-Jerusalem[9].

Anläßlich der Vorstellung des Textes RS 6.441 (= CTA 187 = KTU 1.77) hat Ch.Virolleaud 1935 darauf hingewiesen, daß die Bet Šemeš-Tafel eine Brücke zu den in Ugarit gefundenen Texten mit besonderen Zeichen schlage, allerdings sei ihre Schriftrichtung linksläufig. Aufgrund des in BASOR 52 (1933) veröffentlichten Fotos wagte er folgende, nur als Versuch zu wertende Lesung und

6 BASOR 173 (1974), 51-53.

7 The Beth-Shemesh Tablet and the Origins of Ras-Shamra Culture, PEQ 66 (1934), 94-96.

8 T.H.Gaster, PEQ 66 (1934), 96.

9 T.H.Gaster, PEQ 66 (1934), 96.

Übersetzung des Textanfangs[10]:

El śtq.Kšrt (o) El expulse (ou fais expulser, impér. safel de *ntq*) les Košarôt.

Die Auffindung der Keilalphabettafel TT 433 auf dem Tell Taanach/-Ta^c anek hat zu einer Belebung der Diskussion über die Bet Šemeš-Tafel geführt. R.D.Hillers[11] wies in seiner Bearbeitung von TT 433 darauf hin, daß die Zeichen doch wohl gestempelt seien; dabei sei jedoch nicht sicher, ob die Richtung der Zeichen auf dem Stempel (links nach rechts) oder dessen Eindrücke (rechts nach links) die normale Praxis des Schreibers wiedergeben.

In der Auseinandersetzung mit der Arbeit R.D.Hillers an der Tafel TT 443 hat W.F.Albright 1964[12] seinen Interpretationsversuch von 1934[13] kritisch weitergeführt. Einleitend hebt er hervor, daß er bereits 1934 richtig erkannt habe, daß die Schrift der Bet Šemeš-Tafel einen keilalphabetischen Charakter aufweise. Er halte daran fest, daß der Text der Tafel gestempelt und daß die Tafel ein Amulett repräsentiere[14]. Der Text, den er als ein Trikolon ohne "respective pattern" analysiert, habe den Buchstabenbestand

hl ḫtq Kṯrt hqn'y' [*aṯt*(?)] *'d't 'w'*(?) *dm mt* [*l*] *'h'*

und könne dementsprechend folgendermaßen übersetzt werden:

---

[10] Ch.Virolleaud, Syria 16 (1935), 186 Anm. 2.

[11] BASOR 173 (1964), 45 Anm. 2.

[12] BASOR 173 (1964), 45 Anm. 2.

[13] BASOR 53 (1934), 18-19.

[14] "The fact that it must have been impressed from a metal (or a stone) mould and the mention of birth goddesses make its amuletic character certain." (BASOR 173, 1964, 51f.)

Truly, O birth Goddesses, enter (her belly?),

Cause this [woman] to produce (offspring),

And drive out Death from her!

Nach den Vorschlägen von E.Grant und G.E.Wright datiert W.F. Albright die Tafel in das 14. Jh. Daraus leitet er für die Stellung der Inschrift innerhalb der Entwicklung des Alphabets folgende Schlüsse ab: "The direction of the original mould used for the Beth-Shemesh tablet was, in any case, left to right, but we have no way of knowing whether this had been purposely reversed or not. In my opinion the forms of *m* and *k* alone point to a date for the original introduction of the cuneiform alphabet considerably earlier than the 14th century ... the three right-to-left tablets from Ugarit presumably date from the middle decades of the 13th century B.C., by which time the five extra graphemes of the earlier script had been lost - or conflated with five surviving graphemes ... We may plausibly conjecture that the extra letters were dropped in Phoenicia in the 13th century B.C."[15].

Die Anschauung, daß die Tafel von Bet Šemeš in Spiegelschrift geschrieben sei, wurde auch von C.H.Gordon übernommen[16]. Im Gegensatz zu W.F.Albright bezeichnet er den Text jedoch als unverständlich.

1966 betonte M.Weippert[17], daß die Schrift der Tontafel nicht gestempelt, sondern mit einem Griffel geschrieben sei, und bezog damit Stellung gegen die These W.F.Albrights.

---

15 BASOR 173 (1964), 53.

16 UT § 19.214.267 zu Nr. 500.

17 ZDPV 82 (1966), 313-314.

In der Diskussion über die Lesung W.F.Albrights von 1964 postulierte R.D.Hillers 1970[18], daß anstelle von *k*ṯ*rt* "birth goddesses" besser *kšš* zu lesen sei. Er begründete dies mit dem Hinweis auf den runden Kreis in RS 22.03 (= KTU 4.710), wo er das *š*-Zeichen wiedergebe. Trotz dieser Korrektur hielt er die These von W.F. Albright weiterhin für plausibel, daß die Tafel ein Amulett darstelle.

Ausgefallen dürfte die 1982 von O.Keel - M.Küchler vorgetragene Anschauung sein, die Tontafel als ein Axtmodell aus Ton mit einem ug. Text zu klassifizieren[19].

P.Bordreuil hat 1983[20] auf eine Zuordnung der Tafel zu den von ihm festgestellten keilalphabetischen Schrifttypen mit folgendem Argument unterlassen: "La tablette sénestroverse de Beth-Shemesh est difficile à classer: certaines lettres rappelent leurs homologues ordinaires d'Ougarit, alors que les signs composant d'autres lettres (*l*, *h*, *d*) sont assez nettement effilés."

Ausführlicher geht 1986 É.Puech[21] auf die Bet Šemeš-Tafel ein. Bei seiner Interpretation der Inschrift nahm er an, daß sie wahrscheinlich ins 13. Jh. zu datieren und linksgerichtet geschrieben sei. Er las die Zeichen in folgender Anordnung:

---

[18] BASOR 199 (1970), 66.

[19] O.Keel - M.Küchler, Orte und Landschaften der Bibel II (1982), 808. - Diese Ansicht dürfte auf einem Mißverständnis folgender Überlegung W.F.Albrights (BASOR 53, 1934, 19) beruhen: "The outline of the tablet bears a striking resemblance to a bronze axe-head of that period ..., a fact which reminds one of the incised inscriptions on certain bronze tools found in the cemetery of Ugarit (Râs esh-Shamrah)."

[20] Semitica 33 (1983), 14 Anm. 3.

[21] RB 93 (1986), 207-208.

hlḥm(?)qstšrthtnyr(?)/[?]q/ᶜ(?)m(?)ᶜdmṭ(?)ẓpt/m(?)

Dafür schlägt er versuchsweise folgende beiden Gliederungen vor:

hlḥm qst šrth tn yn(?) qm(?) ᶜd mṭ ṣpt ou *ṣpm(?)*

oder

hlḥm qst šrth tny(?) rᶜm(?) ᶜd mṭ ṣpt ou *ṣpm(?)*.

Es seien, so betont er, aber auch andere Wortgruppierungen möglich, z.B. *qṣ tšrth*.

Statt einer Wort-für-Wort-Übersetzung führte er allgemein aus, daß der Text von einer Garnison zu berichten scheine. Jedenfalls bestehe kein Grund, mit W.F.Albright anzunehmen, daß es sich um ein Amulett handele. Auch bezweifelte er, ob die Tafel die Einführung des Alphabets vor dem 14. Jh. beweise.

A.G.Lundin, Leningrad, hat jüngst eine radikale Wende in der Beurteilung des Inhalts der Tafel herbeigeführt: Während der Abschlußsitzung des 7. Kolloquiums "Numismatique et histore économique dans le monde phénico-punique"[22] hat er den Vortrag "L'alphabet de Beth Shemesh (avec projections)" vorgelegt[23], in dem er seine Deutung der Schriftzüge auf der Bet Šemeš-Tafel unterbreitet: Er sieht in den z.T. schlecht erhaltenen Keilalphabetzeichen Reste der ersten acht Buchstaben des südsemitischen Alphabets, ordnet die Inschrift als ganze jedoch dem Kurzalphabet zu.

---

22 Louvain-la-Neuve, 13.-16. Mai 1987.

23 Wir danken J.Ryckmans für die Zusendung des Extrait du Résumé des communications, in dem angekündigt wird, daß der Wortlaut des Vortrags in Le Muséon 100 (im Druck) abgedruckt werden soll.

2. Das südsemitische Alphabet auf der Bet Šemeš-Tafel

Die Beobachtung A.G.Lundins hat uns dazu animiert, uns in Ergänzung zu unseren bisherigen Forschungsarbeiten über die Geschichte des ugaritischen Alphabets ein eigenes Bild von dem Text der Bet-Šemeš-Tafel zu machen. Wir studierten die Fotos[24] und fertigten aufgrund derer eine eigene Kopie an - den Ausgangspunkt bildete dabei das Grabungsfoto von E.Grant[25], das die Tafel im besten Erhaltungszustand wiedergibt -:

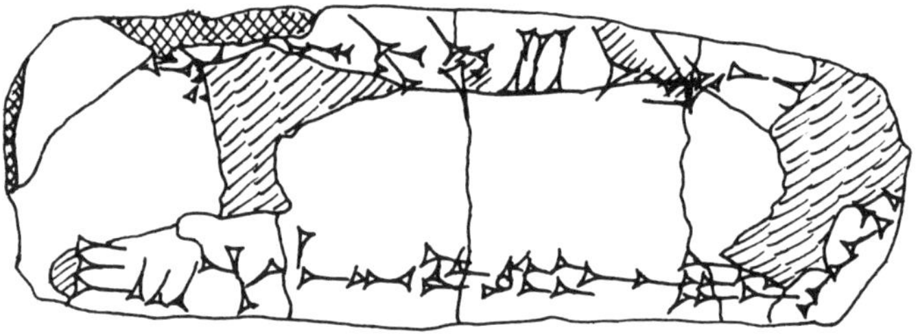

Abb. 1

Bisher hatten wir keine Gelegenheit, den Befund am Original zu überprüfen. Nach allem ist jedoch klar, daß die These A.G.Lundins über jeden Zweifel erhaben ist:

Rechtsläufig ist hier das g a n z e südsemitische Alphabet in einer Form, die der ugaritischen Keilalphabetschrift nahezu entspricht, längs dem Rand des Täfelchens eingeprägt:

---

[24] Siehe oben Anm. 2.

[25] Rumeileh being Ain Shems Excavations (Palestine), Part III (Biblical and Kindred Studies 5, Haverford 1934), Pl. XX unten.

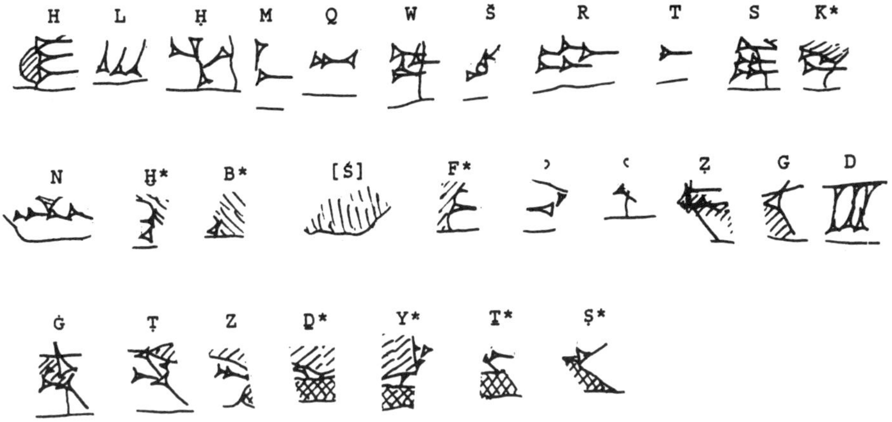

Abb. 2

Die Bet-Šemeš-Tafel rückt somit nicht nur deswegen in den Mittelpunkt der Diskussion über die Geschichte des Alphabets, weil sie an unerwarteter Stelle das südsemitische Alphabet in einer quasi-ugaritischen Schrift bezeugt, sondern auch deswegen, weil sie darüberhinaus - trotz einer Lücke - die bisher kompletteste Version desselben bietet[26]. Das läßt sich am besten durch eine direkte Gegenüberstellung des Bet-Šemeš-Alphabets mit dem von J.Ryckmans erschlossenen[27] südsemitischen darstellen:

---

26 Eine übersichtliche Zusammenstellung aller Texte aus dem südsemitischen Schriften- und Sprachkreis, die für die Rekonstruktion des Alphabets in Frage kommen, hat letzthin J.Ryckmans geboten: L'ordre alphabétique sud-sémitique et ses origines, in: Mélanges linguistiques offerts à Maxime Rodinson par ses élèves, ses collègues et ses amis, édites par Christian Robin (Paris 1985), 343-359.

27 Vgl. dazu neben der in Anm. 26 genannten Studie auch: J.Ryckmans, L'ordre des lettres de l'alphabet sud-sémitiques - contribution à la question de l'origine de l'écriture alphabétique, in: L'Antiquité Classique 50 (1981), 698-706, mit der Mitteilung des Alphabets in Anm. 17 auf S. 705.

J.Ryckmans

H L Ḥ M Q W Š R B (Ġ?) T S K N Ḫ Ś F ʾ ʿ Ḍ G D Ġ(B?)

H L Ḥ M Q W Š R T S K* N Ḫ* B* [Ś] F* ʾ ʿ Ẓ G D Ġ

Bet Šemeš

J.Ryckmans

Ṭ Z D̲ Y T̲ Ṣ/Ẓ

Ṭ Z D̲* Y* T̲* Ṣ

Bet Šemeš

Aus dieser Gegenüberstellung lassen sich folgende Beobachtungen ableiten:

- 1. Zur Vollständigkeit des Alphabets auf der Bet-Šemeš Tafel

Der Gesamtumfang der Tafel ist zwar erhalten, ihre Oberfläche aber an einigen Stellen abgebröckelt. Es besteht zudem eine Lücke am Rand der rechten Schmalseite und betrifft den Mittelteil des Alphabets.

Sowohl der Anfang als auch das Ende ist klar: Der erste Buchstabe, das H, ist vollständig erhalten, der letzte, der auf das T̲ folgt, ist ein etwas zerstörtes Ṣ. Danach kommt kein weiterer Buchstabe, wie die Tafeloberfläche ausweist.

Die Lücke am linken Tafelrand hat Buchstaben zwischen Ḫ* und F* in Mitleidenschaft gezogen. Wie viele Buchstaben betroffen sind, ist nicht mehr genau auszumachen: Es waren mindestens zwei, der Platz könnte auch für drei reichen. Da ensprechend der südsemitischen Tradition zwischen dem Ḫ und F nur ein einziger Buchstabe, nämlich das Ś steht, dürfte dies ursprünglich auch hier gestanden haben. Die Zeichenreste am rechten Rand der Lücke lassen sich jedoch weniger gut dazu als zu dem zuvor nicht aufgeführten B ergänzen. Also war hier Platz zumindest für das B und das Ś; ob noch ein weiterer Buchstabe weggebrochen ist, bleibt unklar - wohl kaum, weil das Alphabet bei Einfügung von B und Ś vollständig ist. Daraus ergibt sich, daß das Ś ein breiter Buchstabe war, der, wohl in Querlage, den Rest der Lücke nach B* ausgefüllt haben dürfte.

Sehen wir von der Unsicherheit, die die Lücke an der Schmalseite mit sich bringt, ab, dann weist das Bet-Šemeš-Alphabet 28 Buchstaben auf - ebenso viele wie das ṣafaitische, aber einen weniger als das altsüdarabische und, nach dem heutigen Forschungsstand, einen oder zwei mehr als das liḥyanische bzw. das proto-arabische.

- 2. Zur Buchstabenfolge

Gemäß den bisher bekanntgewordenen Alphabettexten der südsemitischen Tradition konnte, wie J.Ryckmans ausgeführt hat, nur schwer eine für alle Zeiten und Gegenden der Arabischen Halbinsel gültige Buchstabenfolge festgestellt werden[28]. Das heißt aber nicht, daß es keine feste Buchstabenabfolge gegeben hat. Diese ist im Prinzip da, erfährt jedoch hier und dort kleinere Umstellungen, die sich auf einzelne Buchstabengruppen zwischen den Anfangs- und Endblöcken (H-L-Ḥ-M-Q-W-Š-R bzw. Y-Ṯ-Ṣ) beziehen.

In dieses Bild fügt sich das südsemitische Alphabet von Bet-Šemeš ein: Sein Anfang entspricht voll den Befunden von

[28] J.Ryckmans, Mélanges Maxime Rodinson, S. 343-359.

J.Ryckmans, sein Ende bestätigt die Gegebenheiten nach A.F.L. Beeston[29] und A.J.Drewes - R.Schneider[30] und schließt die Alternative Ṣ/Ẓ nach J.Ryckmans[31] aus.

Hinsichtlich des Mittelteils des südsemitischen Alphabets sind bislang etliche Varianten aufgetreten[32]. Diese werden nun durch die Bet-Šemeš-Tafel um eine zusätzliche bereichert, wobei die Stellung des Buchstabens B betroffen ist. Hier ist eines klar: Zwischen R und T, wo seine Postition nach J.Ryckmans wäre, steht es nicht; allem Anschein nach finden sich seine Spuren hinter Ḫ und vor dem hier sicher zu ergänzenden [Ś]. Eine Bestätigung für die Buchstabenfolge Ḫ-B-Ś findet sich, soweit wir sehen, in keiner der sonst bekannten Alphabettexte.

J.Ryckmans zieht aufgrund seiner Beobachtungen als Alternative für das B (zwischen R und T) das G in Betracht. Darauf gibt die Bet-Šemeš-Tafel eine klare Antwort: An der Stelle, an der das B alternativ stehen könnte, zwischen D und Ṭ, bietet sie eindeutig das Ġ. Wenn wir uns die sonst unbezweifelbaren Buchstabenfolgen in diesen beiden Bereichen vor Augen führen, dann kann der Alternativvorschlag von J.Ryckmans nur zugunsten von B zwischen R und T und von Ġ zwischen D und Ṭ entschieden werden.

---

29 Raydān 2 (1979), 87f.

30 Raydān 3 (1980), 31-33.

31 L'Antiquité Classique 50 (1981), 705 Anm. 17.

32 Siehe J.Ryckmans, Mélanges Maxime Rodinson, S. 343-355.

- 3. Zur Wiedergabe des stimmlosen emphatischen Interdentals Ṯ̣ durch Ẓ

Das südsemitische Alphabet zeigt nach J.Ryckmans zwischen ^{c} und G das Zeichen für den emphatischen Dental Ḍ. An derselben Position steht im Bet-Šemeš-Alphabet das Ẓ, das offenbar für den ursemitischen stimmlosen emphatischen Interdental Ṯ̣ verwendet wurde. Daraus ergibt sich, daß die Bet-Šemeš-Tafel eine Lautstufe widerspiegelt, die mit der des Ugaritischen zusammenfällt und die ursemitischen stimmhaften und stimmlosen emphatischen Interdentale Ḏ̣ und Ṯ̣ in Richtung Ṣ und Ẓ und nicht, wie in den jüngeren (süd)arabischen Sprachen geschehen, in Richtung Ḍ und Ẓ[33].

Was in dieser Hinsicht bei dem von J.Ryckmans erschlossenen südsemitischen Alphabet auffällt, ist das Fehlen von Ẓ (ursem. Ḏ̣), das er folgerichtig ans Ende des Alphabets als Alternative zum Ṣ anhängt[34].

- 4. Zum Alter des südsemitischen Alphabets

Es entspricht der heute allgemein vertretenen Auffassung, daß die südsemitischen Schriftdokumente - ob südost- oder nordwestarabischer Herkunft - in die Zeit zwischen dem 7. Jh. v.Chr. und dem 6. Jh. n.Chr. zu datieren sind[35]. Wenn in der

---

[33] Vgl. S.Moscati, An Introduction to the Comparative Grammar of the Semitic Languages - Phonology and Morphology (Porta Linguarum Orientalium NS 6, Wiesbaden 1964), S. 28, § 8.14, und S. 30, § 8.19.

[34] Das eriträische Alphabet nach A.J.Drewes - R.Schneider (Raydan 3, 1980, 31-33) führt die Buchstaben in nächster Nachbarschaft zu einander auf: ^{c}-Ḍ-G-Ẓ-Ṭ.

[35] Zur Diskussion einer höheren (W.F.Albright) und einer tieferen (J.Pirenne) Datierung siehe zuletzt J.Naveh, Early History of

Bet-Šemeš-Tafel, die aus dem 14./13. Jh. v.Chr. stammt, nun das Alphabet nach der südsemitischen Tradition vorliegt, dann setzt dies voraus, daß diese Tradition schon wesentlich älter ist als dies bisher aufgrund der Textfunde jemals für möglich gehalten wurde. Wir müssen also, was das Alter und die Geschichte des südsemitischen Alphabets - auch hinsichtlich der Zeichenformen - betrifft, in neuen Zeiträumen zu denken lernen. Möglicherweise ergibt sich nun eine bisher schmerzlich vermißte Brücke, die archaischen Texte der südsemitischen Überlieferung an die proto-kanaanäischen anzuschließen.

3. Das südsemitische Alphabet in ugaritischer Keilschrift

Seitdem die Bet-Šemeš-Tafel bekannt ist, bringen die Forscher deren Schrift mit der etwas früher entdeckten und entzifferten auf den Tontafeln aus Ugarit zusammen. Beim Vergleich mit der ugaritischen Schrift haben sie aber Lage einzelner Buchstaben und Schriftrichtung verblüfft, so daß die irreführenden Begriffe "Spiegel-" oder "Stempelschrift" ins Gespräch gebracht wurden.

Als Tatsache bleibt aber bei allem festzuhalten, daß die Formen der Bet-Šemeš-Schriftzeichen im großen und ganzen den aus Ugarit bekannten vergleichbar und beide Ausdruck einer gemeinsamen Tradition sind. Um Entsprechungen und Unterschiede deutlich machen zu können, bieten wir nachfolgend eine direkte Gegenüberstellung - dabei präsentieren und besprechen wir die Zeichen in der Reihenfolge des Bet-Šemeš-Alphabets:

---

the Alphabet (Jerusalem - Leiden 1982), S. 43-48. Zu Beginn des Jahrhunderts wurde von M.Lidzbarski (ESE I 1902, 109-136) und Fr.Praetorius (ZDMG 63, 1909, 189-198) jedoch schon eine sehr viel höhere Ansetzung erwogen!

Abb.3

Beschreibung und Definition der Entsprechungen und Unterschiede - aus dem Blickpunkt der ugaritischen Schrift:

H - gleich;

L - bei 180° Drehung: gleich;

Ḥ - mehr oder weniger gleich; Abschlußkeil unter dem Senkrechten in Gegenrichtung zu letzterem;

M - Senkrechter links über über dem Waagerechten, also Drehung um 180° und Gegenrichtung der Keile; linksläufige Schreibrichtung;

Q - mehr oder weniger gleich; Waagerechter unterteilt;

W - mehr oder weniger gleich;

Š - ein rundes Loch an der Spitze der um 90° nach links geneigten Dreier-Keilgruppe;

R - gleich;

T - gleich;

S - drei Waagerechte in Horizontallage, also 90°-Neigung nach links; die unteren beiden Waagerechten unterteilt;

K - gleich;

N - gleich; Waagerechter dreifach unterteilt;

Ḫ - bei 180° Drehung: gleich;

B - soweit aus dem Rest ersichtlich: wohl gleich; der Abschlußkeil unter dem ersten Senkrechten in Gegenrichtung zu letzterem;

Ś - nicht erhalten[36];

F - gleich;

ʾ - bei Drehung um 180° Gegenrichtung der Keile; der erste Waagerechte abgesetzt; linksläufige Schreibrichtung;

ᶜ - mehr oder weniger gleich: Kopf eines Diagnonalkeils.

Ẓ - mehr oder weniger gleich: etwas nach rechts geneigte, fast spitz aufeinander zulaufende Waagerechte mit eingeschriebenem Winkelhaken;

G - gleich; Senkrechter fast in Diagnonallage;

D - gleich; die Abschlußkeile unter den Senkrechten in Gegenrichtung zu letzteren;

Ġ - mehr oder weniger gleich: Waagerechter mit anschließendem aufgelöstem Winkelhaken, dessen oberer Keil fast senkrecht steht

---

[36] Interessant wäre zu wissen, welche Form der Buchstabe gehabt haben und welchem ugaritischen er entsprechen könnte. Die Ergänzung [Ś] richtet sich nach dem südsemitischen Alphabet. Im Ugaritischen könnte nur noch der dort ebenfalls als Ś (oder als S̀) wiedergegebene Zischlaut gestanden haben. Dieser ist gemäß dem ugaritischen Alphabet aber als letzter der drei angehängten Buchstaben nachgetragen worden (ʾI-ʾU-Ś) und dürfte der phön.-kan. Linearschrift entlehnt sein.

- zwischen dem oberen Winkelhakenkeil und dem Waagerechten könnten Vertiefungen als Reste eines zweiten unterteilten Waagerechten gedeutet werden ;

Ṭ - mehr oder weniger gleich: der unterteilte Winkelhaken liegt in der Fortsetzung des diagonal geneigten Senkrechten;

Z - bei 90°-Neigung nach links: gleich;

D̲ - soweit aus den Resten ersichtlich: gleich;

Y - soweit aus den Resten ersichtlich: gleich;

T̲ - soweit aus den Resten ersichtlich: gleich;

Ṣ - soweit aus den Resten ersichtlich: gleich.

Die Zusatzbuchstaben zum ugaritischen Alphabet, ʾI, ʾU und Ś (zu letzterem siehe Anm. 36), sind nicht vertreten.

Ergebnis:

Folgende Buchstaben entsprechen einander
- ganz: H, R, T, K, N, F/P, D̲, Y, T̲ und Ṣ;
- mehr oder weniger: Ḥ, Q, W, B, ᶜ, Ẓ, G, D, Ġ und Ṭ;
- bei 90°-Neigung: (Š und) Z;
- bei 180°-Drehung: L, M, Ḫ und ʾ;

Unterschiede gibt es bei Š und S - diese Unterschiede beruhen weniger darauf, daß die Keilformationen ein anderes zugrundeliegendes Linearzeichen voraussetzen, als vielmehr darauf, daß eine etwas abweichende oder kompliziertere Keilschriftwiedergabe vorliegt: wegen des runden Loch etwas abweichend das Š, komplizierter das S.

Zusammenfassend kann also festgestellt werden: Die Zeichenformen des Bet-Šemeš-Alphabets weisen im Vergleich mit denen des ugaritischen grundsätzlich folgende Unterschiede auf:

- In der *Schreibrichtung* ist das Gros der Zeichen rechtsläufig; lediglich die beiden Buchstaben M und ʾ sind linksläufig geschrieben und haben bei einer Drehung um 180° die gleich Form; der erste Keil des ʾ steht gegen die allgemeine Schreibrichtung.

- Die *Keillage* ist weniger konsequent: Senkrechte wie Waagerechte stehen mitunter in einem anderen Winkel zur Schreibrichtung und können bis zu 90° und 180° gewendet sein.

Ob diese beiden Besonderheiten, die gegenüber dem Gros der Ugarit-Texte auffallen, bei der Bet-Šemeš-Tafel auf ein höheres Alter oder auf eine weniger traditionsgebundene oder geübte Schreiberhand schließen lassen, ist nicht leicht zu sagen. Eine Entscheidung darüber kann eigentlich erst dann gefällt werden, wenn weitere Schriftdenkmäler aus dem Süden, also aus der Nachbarschaft von Bet-Šemeš, das Bild abrunden. Als - vorerst - einziger Fund der Keilschrifttradition des südsemitischen Alphabets gibt die Bet-Šemeš-Tafel aber unzweideutig zu erkennen, daß die hier und in Ugarit vorfindlichen Traditionen einer gemeinsamen Basis zuzuweisen und, in erweitertem Sinne, als ugaritisch anzusehen sind.

4. Ergebnisse

Die Bet-Šemeš-Tafel bietet, abgesehen von einer Lücke für einen Buchstaben, das südsemitische Alphabet in seiner traditionellen Buchstabenfolge und seiner bisher komplettesten Ausführung. Damit läßt sich das südsemitische Alphabet gegenüber den bisher vorliegenden Funden um 800 bis 1000 Jahre hinaufdatieren.

Die Anzahl der Buchstaben beträgt - vorausgesetzt, daß in der

Lücke ursprünglich nur das Ś stand - 28. Zahlenmäßig steht das Bet-Šemeš-Alphabet damit dem ṣafaitischen am nächsten.

Der Vergleich der Zeichenformen des Bet-Šemeš-Keilalphabets mit dem aus Ugarit hat erbracht, daß beide Traditionen nahezu identisch sind: Die Schreibrichtung ist bei beiden rechtsläufig, auch wenn das ʾ und das M von Bet-Šemeš linksläufig konzipiert sind; die Keile neigen auf der Bet-Šemeš-Tafel häufig zur Diagonallage.

5. Schlußfolgerungen

5.1: Alter und Verbreitung des südsemitischen Alphabets

Gemäß bisheriger Funde werden die mehr oder weniger über die ganze Arabische Halbinsel verstreuten Texte aus der Tradition des südsemitischen Alphabets nach äußeren und inhaltlichen Kriterien frühestens in die Mitte des 1. Jt.s v.Chr. - gelegentlich auch etwas früher - datiert.

Die Bet-Šemeš-Tafel zeigt hier neue zeitliche und geographische Dimensionen auf:

- Die Tradition des südsemitischen Alphabets in rechtsläufiger Buchstabenfolge ist gemäß dem Horizont der spätbronzezeitlichen Schichten von Bet Šemeš bereits im 14./13. Jh. v.Chr. vorhanden. Das besagt, daß das "lange" südsemitische Alphabet in festgefügter Buchstabenfolge gegen Mitte des 2. Jt.s bekannt und in Gebrauch war.
- Mindestens genauso aufschlußreich ist die neue geographische Dimension: In Südpalästina, im Großraum Jerusalem, war gegen Mitte des 2. Jt.s das südsemitische Alphabet in Gebrauch. Da eine Alphabettafel der unmißverständliche Ausdruck einer

Schultradition ist, darf daraus doch wohl geschlossen werden, daß zu jener Zeit in dieser Gegend Menschen lebten, die sich einer Sprache bedienten, deren Verschriftlichung das "lange" Alphabet voraussetzte. Erstaunlich ist es da allerdings, daß offensichtlich nicht mehr Texte aus dieser Tradition aufgetreten sind. Möglicherweise ist dies auf ein Schreibmaterial zurückzuführen, das weniger haltbar als Ton, Stein oder Metall ist.

5.2: Ton als Schreibmaterial

Die Wiedergabe des südsemitischen Alphabets in Keilen auf Ton setzt voraus, daß die Schreibtechnik mit dem Tongriffel, die für die mesopotamische Welt charakteristisch war, in Bet-Šemeš und Umgebung zur Zeit der Entstehung der Alphabettafel beherrscht wurde. Das bedingt sowohl einen *Terminus post quem*, als auch einen *Terminus ad quem* für die Niederschrift des Keilalphabets.

Die Frage nach der Ansetzung eines *Terminus ad quem* scheint leichter zu beantworten zu sein, als die nach der des *Terminus post quem*: Es ist nämlich anzunehmen, daß in Bet-Šemeš ebenso wie anderenorts im vorderorientalischen Küstenbereich die Keilschrifttechnik nach dem geschichtlichen Umbruch Anfang des 12. Jh.s keine Weiterverwendung fand. Hinsichtlich des *Terminus post quem* liegt kein derart markanter Fixpunkt für die Einführung der Tontafeltechnik vor. Wie uns die Amarna-Korrespondenz ägyptischer Pharaonen mit ihren Vasallen in Palästina vor Augen führt, ist die Tontafeltechnik für die Darstellung der substratgebundenen mittelbabylonischen *Lingua franca* dort jedenfalls zu Beginn des 14. Jh.s allgemein verbreitet gewesen. Also dürfte sie spätestens im Laufe des 15. Jh.s hier Fuß gefaßt haben.

Diese Zeitbestimmung für den Einsatz der Tontafeltechnik in (Süd-) Palästina hat sicher auch Konsequenzen für die Datierung der Bet-Šemeš-Tafel: Der *Terminus ad quem* für ihre Niederschrift dürfte mit 1200 festliegen; weniger klar verhält es sich mit dem *Terminus post quem*: Er liegt wahrscheinlich wesentlich nach der Einführung der Tontafeltechnik, weil der erste Schritt ihrer Anwendung die Übernahme des syllabisch geschriebenen Babylonisch gewesen sein müßte - die Umsetzung eines angestammten Linearalphabets in Keile wurde doch wohl erst dann als unumgänglich empfunden, als die Tontafeltechnik für die Schriftgelehrsamkeit allgemein anerkannt worden war. Das kann, gehen wir von der Amarna-Korrespondenz aus, kaum vor dem Ende des 15. Jh.s gewesen sein; denkbar ist allerdings auch, daß es einen - nicht erhaltenen oder noch nicht aufgefundenen - Schriftverkehr auf Tontafeln vor der Amarna-Zeit gab. Nehmen wir also theoretisch an, daß die südsemitische Linearschrift ab 1400 auch in einer Keilschriftvariante in Gebrauch kam, dann heißt das noch lange nicht, daß diese im Süden eine weite Verbreitung gefunden hat - dies könnte auch ein Grund dafür sein, daß bisher nicht mehr Texte mit Keilalphabetschrift gefunden worden sind.

Was den Einzelfund der Alphabettafel von Bet-Šemeš angeht, muß auch gefragt werden, ob diese Tafel überhaupt aus Bet-Šemeš stammt. Sie könnte durchaus auch als Importgut hierher gelangt sein. Nach den auf ihr festgehaltenen Zeichenformen, die denen aus Ugarit nahezu voll entsprechen, könnte sich beispielsweise ein Import aus Ugarit selbst nahelegen. Dies ist aber kaum vorstellbar, weil einerseits die Schriftzüge im Detail den Ugaritern fremd waren, und andererseits das südsemitische Alphabet in den Schulen von Ugarit unbekannt war - hier wurde das um etlich Buchstaben erweiterte phönizisch-kanaanäische gelehrt. Wenn die Alphabettafel also nicht in Bet-Šemeš selbst entstand, dann allenfalls in der näheren oder entfernteren Umgebung (Süd-)Palästinas, wo bekanntlich noch andere Funde mit alphabetischer Keilschrift gemacht worden sind. Die Möglichkeit, daß sie aus dem - nördlichen oder südlichen - Transjordanland kommen könnte, findet wegen des Fehlens entsprechender Funde bislang keine Stütze.

5.3: Bet-Šemeš und die Ugariter

Seit geraumer Zeit bemühen wir uns um die Geschichte des ugaritischen Keilalphabets. Unsere Ergebnisse lassen sich in folgenden Punkten zusammenfassen[37]:

- Die alphabetische Keilschrift fußt auf einer alphabetischen Linearschrift.
- Die Buchstabenfolge des Alphabets richtet sich grundsätzlich nach der im Kanaanäisch-Phönizischen geläufigen.
- Zusatzbuchstaben kommen aus einer anderen Tradition und werden scheinbar willkürlich in das kanaanäisch-phönizische Alphabet eingeschoben.
- Sowohl Zeichenformen als auch phonetische Werte der Buchstaben lassen sich nahezu problemlos an die Tradition der südsemitischen Alphabete anschließen.
- Die Träger der ugaritischen Sprache und des 27-Konsonanten-Alphabets, die sog. "Vorugariter", sind nach Ugarit eingewandert und lebten ursprünglich in (süd)östlicher Nachbarschaft zu den Alt-Kanaanäern, im Bereich des Jordans und des Toten Meeres. Als Träger eines alt-nordwestarabischen Sprachidioms ermöglichte dies ihnen, die Traditionen der Alt-Kanaanäer teilweise

[37] UF 18 (1986), 23-26.

aufzunehmen.

- Das Vorhandensein einer - auch alphabetisch - festgefügten südsemitischen Schrifttradition, die mit der bishlang lediglich als jüngere belegten nächstens verwandt ist, ist vorauszusetzen.

Es versteht sich dabei von selbst, daß wir sofort nach Kenntnisnahme der Beobachtung von A.G.Lundin, daß die Bet-Šemeš-Tafel die ersten acht Buchstaben des südsemitischen Alphabets biete, dahingehende Studien aufnahmen. Denn der Kreis, den wir erarbeitet hatten, schloß sich nunmehr in zweifacher Hinsicht:

Einmal erwies sich unser Postulat, einen Teil der dem ugaritischen Keilalphabet zugrundeliegenden Linearbuchstaben aus der südsemitischen Schrifttradition ableiten zu müssen, als berechtigt.

Zum anderen bestätigte sich in Verbindung damit unseres Annahme, daß die Träger der ugaritischen Sprache und des 27-er Alphabets für den differenzierten Lautstand aus dem Süden kommen[38].

Nun können wir eine weitere Überlegung anschließen: Betrachten wir die beiden Keilalphabettraditionen von Ugarit und Bet Šemeš, dann fällt, trotz unübersehbarer Differenzen im Detail, ihre nahe Verwandtschaft zueinander auf. Unter der daraus ableitbaren Voraussetzung, daß die Umsetzung der Linearschrift in Keilschrift nur einmal und an einem von den beiden Orten geschehen sein kann, verdient der Raum (Süd-)Palästina auf jeden Fall den Vorzug vor Ugarit. Denn das "lange" Alphabet, das in Ugarit nicht belegt ist,

---

[38] Diese These ist keineswegs neu: T.H.Gaster hat, allerdings mit anderen Überlegungen, die südliche Herkunft der Semiten von Ugarit bereits 1934 gefordert (PEQ 66, 1934, 94-96.), siehe oben S.61.

wurde dort offensichtlich dem ansässigen Kurzalphabet der phönizisch-kanaanäischen Tradition untergeordnet, indem die für den differenzierteren Lautstand notwendigen Buchstaben in letzteres eingeschoben wurden. Mit anderen Worten waren die "Vorugariter" im Süden zu Hause und können sprach- und traditionsgeschichtlich an die Seite von Proto-Arabern gestellt werden.

Der Zeitpunkt für den Transfer aus dem Süden in den Norden und die Art und Weise, wie er zustandekam, bieten ein offenes Feld für Spekulationen. Trotzdem sei es erlaubt, nachfolgend eine Überlegung zu formulieren: Wie im vorangehenden Abschnitt erörtert wurde, dürfte das südliche Keilalphabet spätestens im 15. Jh. eingeführt worden sein. Das bedeutet für die Alphabettradition in Ugarit, daß sie erst nach diesem Zeitpunkt dorthin gelangt ist. Aus dem Blickpunkt der heute allgemein anerkannten Chronologie der Texte aus Ugarit bringt dies allerdings eine kaum vertretbare Tiefdatierung mit sich. Da ein dahingehender Zeitansatz auf der Amarna-Korrespondenz beruht, ist er, wie oben gezeigt, ohnehin nicht allzusehr belastbar - könnte die Amarna-Korrespondenz doch ein jüngerer Ausdruck für die Keilschrifttradition in Palästina sein. Bei einer Erhöhung des *Terminus post quem* müssen wir uns jedoch dessen bewußt bleiben, daß es bislang keine Anhaltspunkte für die Einführung der Keilschrift in Südsyrien-Palästina vor der Mitte des 2. Jt.s gibt. Also können wir die Umsetzung eines Linearalphabets in ein Keilalphabet, beim heutigen Wissensstand, kaum vor 1500 ansetzen.

Klar scheint jedenfalls zu sein, daß das ugaritische Keilalphabet nach seiner Abspaltung von der südlichen Schule eine eigenständige Entwicklung durchgemacht hat - nicht nur im Hinblick auf die Einordnung in das phönizisch-kanaanäische Alphabet.

6. *Nachwort*

Wie bereits angedeutet, sind wir dabei, eine Monographie "Die Alphabete von Ugarit" zu schreiben. Sie steht unmittelbar vor dem Abschluß und wird die Alphabettafel von Bet-Šemeš in einem besonderen Kapitel zum Thema haben. Dort werden die hier ausgeführten Überlegungen über seinen Beitrag zur Geschichte der Keilalphabete in einen übergreifenden Rahmen gestellt und dadurch diese und jene wünschenswerte Stütze erhalten.

Wenn wir es nun wagen, die Betrachtungen zum Bet-Šemeš-Alphabet aus dem Zusammenhang einer umfassenderen Alphabetstudie herauszulösen, dann tun wir das aus folgendem Grund: Wir möchten *Karlheinz DELLER*, mit dem uns eine Freundschaft seit vierundzwanzig Jahren verbindet, eine besondere Freude machen!

Zur Stellung des persischen Stammlandes im Achaimenidenreich[1]

F.Gschnitzer / Heidelberg

1.

Großreiche, auch Vielvölkerstaaten, haben im allgemeinen einen räumlich eng begrenzten Ursprung. Das Assyrische Reich ist genauso aus einem Stadtstaat hervorgegangen wie das Römische oder die Herrschaft Karthagos rings um das westliche Mittelmeer; das Frankenreich der Merowinger hat seinen Ausgang von einem fränkischen Teilstamm genommen; das Reich der Kalifen hat seinen Ursprung in der Herrschaft des Propheten Mohammed, zunächst über Medina und dann über ganz Arabien, das Osmanenreich den seinen in einem kleinen Fürstentum am Marmarameer; das Britische Weltreich ist ausgegangen vom Königreich England, das Zarenreich von einem der altrussischen Teilreiche, usw.

In allen diesen Fällen hat sich sehr bald das Problem gestellt, welche Stellung das alte Stammland innerhalb des Reichsganzen einnehmen sollte. Bestand und Aufbau des Reiches hingen jeweils davon ab, wie dieses Problem gelöst wurde. Das geschah von Fall zu Fall in sehr verschiedener Weise, ja man fand vielfach im Lauf der Ge

[1] Dieser Beitrag geht auf einen Gastvortrag zurück, den ich auf Einladung von Peter Robert Franke und Rüdiger Schmitt am 9.Dezember 1981 in Saarbrücken halten durfte. Ich danke beiden Kollegen auch auf diesem Wege herzlich für ihre freundliche Einladung und großzügige Gastfreundschaft. Die seither erschienene Literatur habe ich natürlich eingearbeitet, soweit sie mir bekannt wurde (eine Einschränkung, der auf diesem Grenzgebiet mehrerer Wissenschaften besondere Bedeutung zukommt), sie ist, wie die einschlägige Fachliteratur überhaupt, in den Fußnoten, namentlich Anm.31, verzeichnet.

schichte eines und desselben Reiches ganz verschiedene Lösungen: so war etwa das Römische Reich anfangs die Herrschaft eines Stadtstaates über abhängige Bundesgenossen und untertänige, steuerpflichtige Gebiete, entwickelte sich dann aber mehr und mehr zu einem einheitlichen, in sich geschlossenen Staatsgebilde, zunächst nur innerhalb der Grenzen Italiens, dann aber im ganzen Machtbereich Roms rings um das Mittelmeer.

Dabei lassen sich im allgemeinen drei grundsätzlich verschiedene Lösungen unterscheiden:

1. Das Stammland steht als freies und herrschendes Gemeinwesen den übrigen Reichsteilen, wo es nur Untertanen oder abhängige Bundesgenossen gibt, scharf gegenüber. In dieser Art waren etwa die Herrschaften Athens und Karthagos, die Roms bis zum Bundesgenossenkrieg 90 v.Chr., der Machtbereich Venedigs, die Kolonialreiche der Neuzeit geordnet.

2. Alle oder wenigstens ein großer Teil der reichsangehörigen Länder werden zu e i n e m festgefügten Staatswesen verschmolzen, in welchem das Stammland aufgeht, ohne eine Vorzugsstellung zu behaupten; es mag tatsächlich, schon als der räumliche Mittelpunkt des Reiches, in dem auch die Hauptstadt liegt, überwiegende Bedeutung behalten, aber dieses tatsächliche Übergewicht ist jedenfalls nicht rechtlich festgelegt. Im allgemeinen wird der neue Großstaat einfach als das vergrößerte Stammland aufgefaßt, dessen Namen er weiter führt. Daneben bleiben in der Regel andere Gebiete im Reich in loserer Form, als Untertanenländer, Vasallenstaaten oder abhängige Bundesgenossen zugeordnet, wobei die Entwicklung im allgemeinen dahin geht, daß eines nach dem anderen dieser abhängigen Gebiete dem Einheitsstaat einverleibt wird. Ein markantes Beispiel

dieses Typs bietet die assyrische Geschichte: dem "Land Assur" - das einst nichts anderes gewesen war als das Territorium eines Stadtstaates - wurden immer neue Gebiete einverleibt, so daß es schließlich von Palästina bis über den Zagros reichte. Daneben gab es tributpflichtige Vasallenstaaten in beträchtlicher Zahl; es wurden aber, solange das Wachstum des Reiches anhielt, immer weniger, weil eben auf Kosten dieser Vasallenstaaten immer neue Provinzen des "Landes Assur" eingerichtet wurden. - Allgemeiner bekannt ist das Beispiel Roms, die Stichworte *ager Romanus,* Bürgerrecht für ganz Italien, Provinzen, *civitates liberae* und Klientelkönige, schließlich *constitutio Antoniniana* werden genügen.

3.Die einzelnen im Großreich vereinigten Länder behalten ihre Individualität; sie treten neben das (kleine) Stammland wie in Typ 1, aber so, daß nicht das Stammland über die anderen Länder herrscht, sondern so, daß derselbe Herrscher über alle Länder seines Reiches, das Stammland wie die hinzueroberten Gebiete, grundsätzlich in gleicher Weise gebietet. In einem solchen Reich sind also die einzelnen Länder prinzipiell nur durch den gemeinsamen Herrscher miteinander verbunden. Hierher gehört z.B. das Ptolemäerreich; die Insel Lesbos etwa untersteht nicht dem König von Ägypten als solchem, sondern - wie Ägypten selbst - dem jeweiligen Haupt des Ptolemäerhauses. Von den Reichen der Seleukiden und der Attaliden gilt dasselbe; die Tatsache, daß die Macht der Ptolemäer von Ägypten, die der Seleukiden von Babylonien, die der Attaliden von Pergamon ihren Ausgang genommen hat, ist rechtlich gleichgültig, ebenso der Umstand, daß Ptolemäer und Attaliden noch in Ägypten bzw. Pergamon residieren, die Seleukiden aber meist nicht in Babylonien, sondern in Syrien. Hinsichtlich der Stellung des Stammlandes im Reichsganzen sind aber auch die Länderkonglomerate, die sich seit dem Spätmittelalter zuerst innerhalb des Deutschen Reiches, z.T. auch Frankreichs gebildet und sich später z.T. über deren Grenzen hinaus erweitert haben, derselben Kategorie zuzurechnen, also Gebilde wie Österreich, Burgund, Brandenburg-Preußen; sie hatten die längste Zeit keinen eigenen Namen - es war eben jeweils nur die Gesamtheit der Länder des nach seinem vornehmsten (nicht ältesten) Besitz so benannten "Hauses Österreich" usw. - und ebensowenig gemeinsame Institutionen; sie waren nur in "Realunion", manchmal auch nur in "Personalunion verbunden. - Das älteste Beispiel dieses Typs aber ist, wenn ich recht sehe, das sog. Perserreich der Achaimeniden, dem Karlheinz Deller und der Verfasser dieser Zeilen einmal eine gemeinsame Vorlesung gewidmet haben und dessen Grundstruktur nun das Thema dieses Beitrags zu seiner Festschrift sein soll.

Damit ist unser spezielles Thema genannt; doch ehe wir uns ihm zuwenden, haben wir uns noch einen Augenblick mit der Unterscheidung unserer drei Typen im allgemeinen zu befassen.

Sie sind weithin auch in den Realitäten des politischen Lebens stark und gegensätzlich ausgeprägt. Die römischen Bürger etwa befanden sich in einer ganz anderen Stellung als die Bürger der verbündeten latinischen oder anderen italischen Staaten oder die Provinzialen oder auch die Untertanen eines Klientelfürsten; im Britischen Weltreich war das Vereinigte Königreich ganz anders regiert und verwaltet als die Kronkolonien, diese wieder ganz anders als die Protektorate unter einheimischen Fürsten; unter dem Hause Österreich lebten, jedenfalls bis ins 18.Jahrhundert, die Bewohner der einzelnen Länder nach ganz verschiedenen Gesetzen und in ganz verschiedenen Verhältnissen. Daß die antiken Stadtstaaten, soweit sie erobernd ausgriffen, ihre Herrschaftsbereiche im allgemeinen nach Typ 1 zu gestalten pflegten und auch das makedonische Königtum in den anderthalb Jahrhunderten seiner Vorherrschaft in Griechenland sich an dieses Gestaltungssprinzip hielt, Rom aber seit dem 4.Jahrhundert v. Chr. schrittweise den Übergang von Typ 1 zu Typ 2 vollzog, hat weitreichende historische Folgen gehabt, denn dieser Gegensatz vor allem erklärt den Ausgang der großen Kriege Roms zwischen 264 und 168 v. Chr.

Aber es gibt daneben nicht wenige Fälle, in denen die Unterschiede zwischen den verschiedenen Typen weniger im Bereich der politischen Institutionen als in dem der Namen und Ideen zu beobachten sind. Dies gilt namentlich von Staatsgebilden, in denen in erster Linie der Wille des Herrschers (nur indirekt der der maßgebenden Männer in seiner Umgebung) den Ausschlag gibt und mehr oder weniger gleichmäßig überall im Reich zur Geltung kommt. (Eine deutliche Sonderstellung der Vasallenstaaten und abhängigen Bundesgenossen ist allerdings auch hier zu beobachten). Und doch lassen sich auch in mehr oder weniger absoluten Monarchien unsere drei Typen unterscheiden; nur muß man hier näher zusehen.

Nehmen wir zum Ausgangspunkt unserer Überlegungen das Spätrömische Reich! Es scheint auf den ersten Blick unserem Typ 3 anzugehören; alle Provinzen, alle Bewohner des Reiches stehen gleichberechtigt unter dem Kaiser bzw. dem für den betreffenden Reichsteil zuständigen Mitglied des Kaiserkollegiums. Näheres Zusehen zeigt indessen, daß auch das Spätrömische Reich immer noch dem Typ 2 zuzuordnen ist, in welchen das anfangs - nach Typ 1 gestaltete - Römische Reich im Laufe der späten Republik, auch der Kaiserzeit übergegangen war. Es ist vor allem die unbestrittene Fortdauer des Römernamens und der Vorstellung eines von der Stadt Rom geschaffenen und beherrschten Reiches, die uns diesen Schluß aufzwingt; in dieselbe Richtung weist aber auch die (freilich eher schon rudimentäre) Fortdauer des römischen Bürgerrechts und die immer noch gültige Auffassung des Kaisertums als eines Amtes im Dienst einer Sache. Auch würden wir innerhalb des Spätrömischen Reiches vergeblich nach den Länder- und Völkerindividualitäten suchen, deren Fortbestand wesentlich zu Typ 3 gehört: sie sind eben längst im erweiterten Stadtstaat Rom aufgegangen. In dieselbe Richtung weist schließlich die formale Sonderstellung der Reichshauptstadt oder vielmehr, da Konstantinopel nach dem Vorbild Roms gegründet und ausgestaltet wurde, der beiden Reichshauptstädte unter je einem Stadtpräfekten und außerhalb der Provinzeinteilung; sie ist um so auffälliger, als Rom im allgemeinen nicht mehr und Konstantinopel noch nicht durchweg Residenzstadt war, während die Kaiser vielfach in Städten saßen, denen eine förmliche Sonderstellung nicht zukam.

Lehrreich ist auch ein Vergleich des Seleukiden- und des Frankenreiches. Antiochos der Große und Karl der Große mögen annähernd in derselben Weise regiert haben: beide hatten auf mächtige und einflußreiche Große und auf vielgestaltige Lokalgewalten Rücksicht zu nehmen; beide regierten über Königreiche, deren Einheit und Handlungsfähigkeit unter schwachen Herrschern recht fragwürdig war, die bei Thronwechseln leicht in Teilreiche zerfielen; beide waren ständig unterwegs, weil sie nur so ihre Macht in allen Teilen ihres Reiches und an allen seinen Grenzen zur Geltung bringen konnten. Und doch ist das Reich Karls d. Gr. unserem Typ 2 zuzurechnen, das des Antiochos dem Typ 3; denn Karl.d.Gr. war König der Franken und fühlte sich als Exponent des fränkischen Volkes, dessen Gebiet sich seit Chlodwig eben zu einem großen Reich ausgewachsen hatte[2], Antioschos III. aber war zwar Makedone, jedoch

[2] Von den Komplikationen, die einerseits das Personalitätsprinzip im Recht, andererseits das Hinzutreten des langobardischen Kö-

nicht König der Makedonen (das war vielmehr sein Zeitgenosse Philipp V.), sondern König eines Vielvölkerreiches, dessen Einheit und Zusammenhalt allein auf der (stark entwickelten) dynastischen Loyalität aller Untertanen beruhte.

Das Achaimenidenreich gehört natürlich gleichfalls zu den Monarchien mit starker und umfassender Königsgewalt, daher wird auch hier näheres Zusehen die Zuordnung zu einem unserer drei Typen erlauben.

2.

Wir Heutige reden vom "Perserreich" nicht anders als vom "Assyrerreich" und verwischen damit einen prinzipiellen Unterschied, der in den zeitgenössischen Quellen scharf hervortritt. Das neuassyrische Königtum ist grundsätzlich das Königtum über ein bestimmtes Land, das "Land Assur", geblieben. Der Herrscher nennt sich zwar "der große König, der mächtige König, der König der vier Weltgegenden" usw., aber daneben regelmäßig auch "König des Landes Assur"; wenn er ein neues Land erobert und unter seine unmittelbare Herrschaft nimmt, schlägt er es, wie in den Annalen immer wieder vermerkt wird, zum "Gebiet des Landes Assur" und unterstellt es demselben System der Provinzverwaltung, das überall im "Land Assur" besteht; man gründet neue Städte mit assyrischen Namen, gibt aber auch bestehenden Städten gern neue, assyrische Namen und macht sie damit schon äußerlich als assyrische Städte kenntlich. Alle freien Bewohner des unmittelbaren Reichsgebietes, gleich welcher Abstammung, haben denselben Status; sie alle zu echten Assyrern zu machen, ist eines der Ziele der zahllosen Deportationen

nigtums und des römischen Kaisertums mit sich brachten, müssen wir hier absehen.

und Kolonisationsmaßnahmen. Eine Sonderstellung nimmt nur Babylonien ein: das hochverehrte Ursprungsland der eigenen Kultur zu einem Teil Assyriens herabzudrücken, scheint keiner der Assyrerkönige gewagt zu haben; allenfalls verband man das Königtum von "Babylon" oder von "Sumer und Akkad" in Personalunion mit Assyrien, im allgemeinen aber zog man es vor, den Babyloniern besondere Könige unter assyrischer Schutzherrschaft zu belassen.

Ganz anders liegen die Dinge im Achaimenidenreich. Von einem "Perserreich" hat man offiziell gar nicht, aber auch im nichtamtlichen Sprachgebrauch nur selten gesprochen. "Perser" sind für die Zeitgenossen innerhalb und außerhalb des Reiches nicht etwa alle unmittelbaren Untertanen des Achaimenidenkönigs, sondern nur die Bewohner des Stammlandes am Persischen Golf und die vielen Männer persischen Ursprungs, die jetzt weit verstreut im ganzen Reich sitzen und dem König dienen. Neu erobertes Land wird nicht zum "Perserland" geschlagen - dieser Name ap. Parsa, gr. Περσίς usw., bleibt streng auf das Stammland beschränkt - , sondern es gehört nunmehr zu den Ländern des "Königs" schlechthin, des Großkönigs aus dem Achaimenidenhause. Wenn ein Vertrag die Grenzen (modern gesprochen) "persischer" Herrschaft festlegt, dann spricht man vom Gebiet des Königs, so die persisch-lakedaimonischen Verträge von 412/11 v.Chr. (Thuk.VIII 18.37.58 = Die Staatsverträge des Altertums II, 2.Aufl.1975, Nr.200-202), z.B. VIII 18,1 "Alles Land und alle Städte, die der König innehat und die Väter des Königs innehatten, sollen dem König gehören"[3], oder der "Königsfriede" von 387/86 (Xen.Hell. V 1,31 = Staatsvertr.II 242): "König Artaxerxes

[3] Ὁπόσην χώραν καί πόλεις βασιλεύς ἔχει καί οἱ πατέρες οἱ βασιλέως εἶχον, βασιλέως ἔστω.

hält für gerecht, daß die Städte in Asien ihm gehören"[4]. Natürlich werden auch diese Verträge selbst nicht etwa im Namen der "Perser" abgeschlossen, sondern einfach vom "König" oder in seinem Namen von seinen Satrapen; so heißt es z.B. im Eingang des ersten jener drei Verträge mit Sparta (Thuk.VIII 18,1): "Zu folgenden Bedingungen haben die Lakedaimonier und ihre Bundesgenossen mit dem König und Tissaphernes ein Bündnis abgeschlossen"[5], und in dem des dritten (VIII 58,1), dessen Datierung auch nach dem Ort uns verrät, daß hier persisches Formular zur Anwendung kam: "Im 13.Jahr des Königs Dareios, unter dem Ephorat des Alexippidas in Lakedaimon ist in der Mäanderebene folgender Vertrag der Lakedaimonier und ihrer Bundesgenossen mit Tissaphernes, Hieramenes und den Söhnen des Pharnakes zustande gekommen über die Angelegenheiten des Königs und der Lakedaimonier und ihrer Bundesgenossen"[6]. - Das Reich, das ist der König und seine Herrschaft, nicht etwa Land und Herrschaft der Perser.

Nicht weniger lehrreich ist die Titulatur der Achaimeniden. In den internationalen Dokumenten ist, wie wir soeben gesehen haben, einfach vom "König" die Rede, oder es wird mit dem einfachen Königstitel der Name des Herrschers verbunden. In der einen oder der anderen dieser beiden Formeln pflegt man vom König auch im Innern des Reiches zu sprechen, man sagt also "König Dareios" oder einfach "der König"; so z.B. in der Anschrift eines Briefes Ezra

[4] ʼΑρτεξέρξης βασιλεύς νομίζει δίκαιον τάς μέν ἐν τῇ ʼΑσίᾳ πόλεις ἑαυτοῦ εἶναι...

[5] ʼΕπί τοῖσδε ξυμμαχίαν ἐποιήσαντο πρός βασιλέα καί Τισσαφέρνην Λακεδαιμόνιοι καί οἱ ξύμμαχοι.

[6] Τρίτῳ καί δεκάτῳ ἔτει Δαρείου βασιλεύοντος, ἐφορεύοντος δέ ʼΑλεξιππίδα ἐν Λακεδαίμονι, ξυνθῆκαι ἐγένοντο ἐν Μαιάνδρου πεδίῳ Λακεδαιμονίων καί τῶν ξυμμάχων πρός Τισσαφέρνην καί ʽΙεραμένη καί τούς Φαρνάκου παῖδας περί τῶν βασιλέως πραγμάτων καί Λακεδαιμονίων καί τῶν ξυμμάχων.

4,11: "An König Artaxerxes, deine Knechte, die Einwohner von ʿAbar-Nahrā: Und nun, zu wissen sei es dem König, daß die Juden" usw. Hierher gehört auch die häufige Einleitungsformel in den Königsinschriften: "Es spricht König Dareios". Daneben steht eine nur aus feierlichem Anlaß gebrauchte, vollere Titulatur, die wir uns etwas näher ansehen müssen, z.B. DB §1 [7]: "Ich bin Dareios, der große König, der König der Könige, König in Persien, König der Länder", oder DPe §1: "Ich bin Dareios, der große König, der König der Könige, der König der vielen Länder", DNa §2: "Ich bin Dareios, der große König, der König der Könige, der König der Länder aller Völker(?)[8], der König dieser großen Erde auch in weiter Ferne". Das Übergewicht der universalen Titel, ihre immer reichere Entfaltung fällt sofort auf; der nationale Königstitel "König in Persien" nimmt von Anfang an nur eine bescheidene Stellung ein und fällt alsbald ganz aus: zwar heißen der Reichsgründer Kyros (II.) und seine noch auf das Stammland beschränkten Vorgänger wiederholt "König von Persien" oder (gleichbedeutend) "König von Anšan"[9], ebenso der Urgroßvater und der Großvater des Dareios, Ariaramnes und Arsames, in den auf ihre Namen im 4.Jahrhundert verfertigten altpersischen Inschriften (AmH, AsH); Dareios aber nennt sich "König in Persien" nur an der soeben angeführten Stelle der großen Inschrift von Bīsutūn (und in der Wiederholung dieser Stelle DBa §1), später nie mehr und ebensowenig seine Nachfolger. Kein Zweifel, daß die Achaimenidenkönige die Titel, die ihre universelle

[7] Ich zitiere die altpersischen Inschriften, wie heute allgemein üblich, mit Hilfe der von R.G.Kent, Old Persian, 2. Aufl.1953, eingeführten Siglen.

[8] Oder "aller Sprachen", nach der akkadischen Übersetzung.

[9] Siehe etwa J.Wiesehöfer, Der Aufstand Gaumātas und die Anfänge Dareios'I.,1978,182 f.; B.Kienast, in: Die islamische Welt zwischen Mittelalter und Neuzeit, Fs.H.R.Roemer, 1979,355; D.F.Graf, JHS 104,1984,25 ff.

Herrschaft zum Ausdruck brachten, je länger um so mehr bevorzugten, dagegen auf den persischen Königstitel wenig Wert legten[10]; das ist verständlich genug, wenn man sich klar macht, daß jene sich auf die Herrschaft über das ganze Reich bezogen, dieser nur auf die Herrschaft über das kleine Stammland; er stand grundsätzlich auf derselben Ebene wie die babylonischen und ägyptischen Königstitel, die wenigstens die ersten Achaimeniden gleichfalls führten (aber nur in den betreffenden Ländern).

Daß "Persien" nichts anderes ist als eines von den vielen Ländern des Reiches (freilich das ranghöchste), zeigen noch eindrucksvoller die Worte des Dareios in der großen Inschrift von Bīsutūn, §§ 6-10: "Es spricht König Dareios: Dies sind die Länder, die an mich gekommen sind; nach dem Willen Ahuramazdās war ich ihr König: Persien, Hūža (Elam), Babylon" usw., dann (Z.17) "insgesamt[11] 23 Länder". Diese Summierung scheint mir besonders bezeichnend: es ist der Stolz des Königs, über eine Vielzahl verschiedener Länder zu herrschen, unter denen das Stammland nur eben an erster Stelle genannt wird; von einer Ausweitung des Begriffs "Persien" wenigstens auf Teile der unterworfenen Ländermasse - wie im Assyrerreich - kann nicht die Rede sein, auch eine Sonderstellung ist nicht erkennbar. - Dareios fährt fort (Z.18 ff., § 7): "Dies sind die

[10] Vgl.C.Herrenschmidt, Annales (Econ.Soc.Civil.) 37,1982,820.

[11] Ap. *f-r-h-r-v-m* ist nach K.Hoffmann, MSS 9,1956,83 f.Anm.5 nicht *fraharvam* "insgesamt" zu lesen (dieses müßte nach den orthographischen Gepflogenheiten des Altpersischen **f-r-h-ru-v-m* geschrieben werden), sondern *fraharavam* = ai. *prasalavi* "rechts herum"; er bezieht das auf die geographische Folge der aufgezählten Länder. Aber nach dem Zusammenhang liegt doch die Bedeutung "alles in allem, insgesamt" viel näher, und eben dies steht auch in der elamischen Übersetzung (W.Hinz, Neue Wege im Altpersischen, 1973,56). So muß man wohl entweder (mit Hinz a.O.) entgegen der üblichen Orthographie eben doch *frahar(u)vam* lesen oder annehmen, daß *fraharavam* "rechts herum" über eine Bedeutung wie "rundum" (rings um den Kreis im Uhrzeigersinn) zur Bedeutung "insgesamt" gekommen ist.

Länder, die an mich gekommen sind; nach dem Willen Ahuramazdās waren sie meine Untertanen (Knechte, Diener); sie brachten mir Tribut; was ich ihnen sagte, bei Tage oder in der Nacht, das wurde getan". Hier ist der Inhalt der königlichen Herrschaft in wenige stolze Worte zusammengefaßt: alle sind dienstbar, alle zahlen Steuern, für alle ist der Wille des Königs Gesetz; Persien macht keine Ausnahme. In § 8 rühmt sich der König, "in diesen Ländern" jeden Mann nach Verdienst belohnt und bestraft zu haben, und er hebt nochmals hervor, daß sich "diese Länder" nach dem Willen Ahuramazdās in jeder Hinsicht an sein Gesetz und an seine Befehle gehalten haben. Es folgt § 9: "Ahuramazdā hat mir dieses Königreich verliehen. Ahuramazdā hat mir Hilfe geleistet, bis ich dieses Königreich in Besitz genommen hatte. Nach dem Willen Ahuramazdās besitze ich dieses Königreich". Alle diese Sätze beziehen sich auf das ganze Reich, ohne Persien auszunehmen[12], und sie können nicht etwa in dem Sinn verstanden werden, daß Dareios zunächst (nach dem Willen des höchsten Gottes) über die Perser, erst in zweiter Linie, eben als Perserkönig, über alle von den Persern eroberten Länder geherrscht hätte; nein, alle Länder des Reiches stehen grundsätzlich gleich zu ihm, alle hat er aus der Hand seines Gottes empfangen. – Beachten wir noch im Vorbeigehen den Schluß § 10, Z.34 f.: "Hernach (d.h. nachdem Kambyses in das ferne Ägypten gezogen war) wurde die Lüge groß im Land, sowohl in Persien wie in Medien wie in den anderen Ländern". Wieder erscheinen alle Länder des Reiches als eine gedankliche Einheit; aber diesmal wird das nicht in einer langen Liste zum Ausdruck gebracht, sondern durch

[12] Daß auch *xšaça̧* "Königreich" sich auf das ganze Reich, nicht etwa auf das persische Stammland bezieht, zeigt am deutlichsten DPh 4 ff. (Erstreckung von den Skythen jenseits der Sogdiane bis nach Kūš, von Indien bis Lydien). Vgl. R.N.Frye, Acta Ant. Hung. 25,1977,75 ff. und R.Schmitt, Saeculum 28,1977,392 gegen C.Herrenschmidt, Studia Iranica 5,1976,44 f.

namentliche Anführung der beiden Länder, die über alle anderen hinausragen, Persiens und Mediens - unter denen wieder Persien, wie nicht anders zu erwarten, den ersten Platz einnimmt - und die summarische Ergänzung "und in den anderen Ländern". Eine Sonderstellung der Persis kann man auch aus dieser (öfter wiederkehrenden) Formel nicht ableiten, nur einen Vorrang des Stammlandes, den es übrigens bis zu einem gewissen Grad mit Medien, dem früheren Kernland des von den Deiokiden begründeten, von den Achaimeniden nur übernommenen und vergrößerten Reiches, teilen muß[13].

Jetzt müssen wir uns aber eine weitere Stelle aus den Königsinschriften ansehen, DPe. Auf die von mir vorhin schon angeführte Titulatur (§ 1) folgt in § 2 : "Nach dem Willen Ahuramazdās sind dies die Länder, die ich in Besitz genommen habe mit diesem persischen Heer (oder Volk)[14], (die Länder), die vor mir zitterten, mir Tribut brachten: Hūža, Medien, Babylon" usw. Hier fehlt also Persien in der Liste der unterworfenen Länder, der Länder, die den König fürchten und ihm Steuern zahlen; die Reihe wird stattdessen von Elam und Medien eröffnet (die in jüngeren Listen dieser Art in der umgekehrten Reihenfolge erscheinen)[15]. Das persische Stammland ist jetzt also aus der Reihe der untertänigen und tributpflichtigen Länder ausdrücklich herausgenommen und in eine ausgeprägte Sonderstellung emporgehoben[16]. Wie diese hier genauer zu fassen ist, hängt allerdings von der Interpretation der Wendung *hadā anā Pārsā kārā* Z.8 f. ab, und die ist nicht ganz einfach. Auf den er-

[13] Dazu weiter unten mit Anm.38.

[14] Ap. *kāra* kann das eine wie das andere bedeuten.

[15] Zur Stellung Elams und Mediens in den Länderlisten: R.G.Kent, JNES 2,1943,302 ff.; W.Vogelsang, Iranica antiqua 21, 1986, 130 ff.

[16] Literatur dazu unten Anm.31.

sten Blick scheinen hier die Perser als das Werkzeug der Eroberung genannt zu sein. Aber E.Benveniste[17] hat mit Recht darauf aufmerksam gemacht, daß die Präposition *hadā* im Altiranischen niemals instrumentalen, sondern durchweg soziativen Sinn hat; auch sei es auffällig, daß Persien hier nicht wie sonst unter den beherrschten Ländern (an ihrer Spitze) genannt sei. Daher müsse der in Frage stehende Satz wie folgt verstanden werden: "Voici les pays que j'ai pris en possession avec (= en même temps que) ce peuple perse"; das Perserland werde also auch hier einfach als Teil des Reiches genannt, nur eben nicht in der Länderliste selbst, sondern in deren überschriftartigem Einleitungssatz. In dieser Auffassung der Stelle ist ihm R.G.Kent gefolgt, er übersetzt "along with this Persian folk", in einer Anmerkung zur Stelle noch deutlicher "along with, in addition to". Wozu aber dann die Heraushebung Persiens, wozu seine Ausklammerung aus der Liste und seine Vorwegnahme mit Hilfe eines eher abschätzigen als ehrenden Ausdrucks, den wir im Deutschen etwa mit "abgesehen von" oder "nebst" wiedergeben müßten? Eine Durchsicht sämtlicher altpersischer Belege der Präposition *hadā* ergibt, daß sie regelmäßig "zusammen mit" bedeutet: Ahuramazdā handelt zusammen mit anderen Göttern (DPd 14 usw.),der König oder Feldherr operiert mit seinem Heer (DB I 93 usw.) oder kämpft mit den Feinden (DB II 23 usw.), der geschlagene Usurpator flieht mit wenigen Reitern (DB II 1 f. usw.), Dareios erschlägt die Magier zusammen mit einigen Männern (DB I 56). Unter diesen Umständen gibt es, scheint es mir nur e i n e naheliegende, ja geradezu selbstverständliche Übersetzung von DP e 8: "Dies sind die Länder, die ich in Besitz genommen habe zusammen mit diesem persischen Heer" (d.h. an seiner Spitze). So verstanden

[17] Transact.Philol.Soc. 1945,51 ff.

hat die Stelle ihren guten Sinn: Persien zählt nicht mehr zu den Ländern, die vor dem König zittern und ihm Tribut bringen; im Gegenteil, das persische Aufgebot hat dem König bei der Erringung seiner Herrschaft entscheidend geholfen. Dazu paßt dann § 3 sehr gut: Wenn sich ein zukünftiger König vor allen Feinden sicher fühlen will, dann soll er "dieses persische Volk (oder Heer)" schützen: die Hilfe, die es ihm, wenn es nur seinerseits unversehrt ist, jederzeit leisten wird, ist die beste Gewähr seiner Herrschaft draußen in der weiten Welt und seiner Überlegenheit über alle Feinde. In dieselbe Richtung weist auch die Wahl des Ausdruck *kāra* schon in § 2: Objekt königlicher Herrschaft wäre nicht der *kāra*, sondern die *dahyāuš*, das "Land".

Nun stellt sich natürlich die Frage, warum sich Dareios in dieser Inschrift von Persepolis so ganz anders ausdrückt als in der ein paar Jahre älteren großen Inschrift von Bīsutūn[18], warum er die Perser dort zu seinen Untertanen zählt wie alle anderen Völker des Reiches, hier dagegen aus dem Kreis seiner Untertanen ausnimmt und geradezu - wenn auch mit einer gewissen Zurückhaltung - als Teilhaber seiner Herrschaft, genauer: als unentbehrliche Helfer bei deren Erringung und Erhaltung hinstellt. Ehe wir auf diese Frage eingehen, müssen wir zusehen, wie sich in diesem Punkt die anderen Inschriften des Dareios und seiner Nachfolger verhalten.

In einer der beiden großen Grabinschriften des Dareios, DNa. lesen wir § 3, Z.16 ff.: "Nach dem Willen Ahuramazdās sind dies die Länder, die ich ergriffen habe, außerhalb Persiens; ich herrschte

[18] Die Chronologie der Inschriften des Dareios ergibt sich im wesentlichen aus dem Hinzutreten neuer Namen in den Länderlisten, das sich seinerseits z.T. mit bestimmten historischen Ereignissen verknüpfen läßt. Die beste Übersicht bietet R.G.Kent, JNES 2,1943,305 f.

über sie, sie brachten mir Tribut; was ich ihnen sagte, das taten sie; mein Gesetz galt für sie: Medien, Hūža, Parthien" usw. Wieder fehlt das persische Stammland in der Reihe der unterworfenen Länder, wieder ist sein Name stattdessen vorweggenommen, aber diesmal in einer anderen Wendung: diese Länderliste gibt sich ausdrücklich als eine Liste der der Herrschaft des Dareios unterworfenen Gebiete, soweit sie außerhalb Persiens liegen. Damit ist allerdings gesagt, daß im weiteren Sinn auch Persien zu den Ländern gehört, die Dareios zu den seinen zählen darf; aber es wird doch vermieden, Persien ausdrücklich in die Liste der Länder einzureihen, die einfach dem Willen des Königs zu gehorchen und ihm obendrein Tribut zu zahlen haben; vielmehr macht die Nennung außerhalb der Reihe dem Leser deutlich, daß Persien nicht in diese Reihe gehört, daß es eine Sonderstellung im Reiche einnimmt.

Lesen wir in der Grabinschrift weiter! In § 4 kehrt Dareios wieder einmal sein Gottesgnadentum schroff hervor: Ahuramazdā habe ihm "diese Erde", als er sie in stürmischer Bewegung sah, übergeben; er, Dareios, habe alles wieder an seinen rechten Platz gestellt; "was ich ihnen sagte, das taten sie, wie es mein Wunsch war". Hier ist Persien wohl mitzudenken. Anschließend weist der König auf die Reliefdarstellungen der Thronträger hin; ihnen könne der Beschauer entnehmen, wieviele Länder er "gehalten" habe. Auf diesen Reliefs sind nun die Perser wieder neben den anderen Völkern des Reiches dargestellt, genauer an ihrer Spitze[19]; ihr Land gehört also zu den von Dareios beherrschten Ländern. Dann aber, Z.42 ff., folgen Worte, die ihre besondere Stellung wieder sehr deutlich machen: (Wenn du auf diese Reliefs schaust) "dann wirst du erkennen, dann wird es dir klar werden: Die Lanze des persischen Mannes ist in

[19] Siehe unten Anm.25.

weite Ferne gelangt; dann wird es dir klar werden: Der persische Mann hat weit entfernt von Persien gekämpft". An der Größe des Reiches also sind die Erfolge der Perser zu erkennen. Auch hier ist nicht gesagt - sowenig wie in DPe -, daß das Reich ein Reich der Perser sei; es bleibt das Reich des Königs ganz persönlich; aber erkämpft ist es mit persischen Waffen. DNa wiederholt also die Aussage von DPe mit neuen, eindrucksvolleren Worten.

Dareios hat eine spätere Länderliste, DSe, ganz ebenso aufgebaut und eingeführt (§ 3, Z.15 ff.): "Nach dem Willen Ahuramazdās sind dies die Länder, die ich ergriffen habe, außerhalb Persiens; ich herrschte über sie, sie brachten mir Tribut; was ich ihnen sagte, das taten sie; mein Gesetz galt für sie: Medien, Hūža, Parthien" usw., also wörtlich wie DNa, nur die Liste ist neu bearbeitet. Ganz ähnlich Xerxes in der einzigen Länderliste, die von ihm erhalten ist, XPh, § 3: "Nach dem Willen Ahuramazdās sind dies die Länder, deren König ich war, außerhalb Persiens; ich herrschte über sie" usw., wie DNa. Hätten wir weitere Länderlisten der späteren Achaimeniden, sie würden wohl alle so konstruiert sein.

Denn es ist uns jetzt schon ziemlich deutlich, daß es in der Geschichte der inschriftlichen Länderlisten der Achaimenidenkönige einen bestimmten, in der Regierungszeit des Dareios liegenden Zeitpunkt gibt, zu dem man das bisher an der Spitze der vom König beherrschten Länder angeführte Persien aus diesen Listen strich und dazu überging, seine Nennung stattdessen im Einleitungssatz vorwegzunehmen. Ehe wir uns nun der Frage zuwenden, warum dies geschah, müssen wir prüfen, ob sich diese Annahme anhand des vollständig gesammelten Materials bewährt und ob sich etwaige Ausnahmen erklären lassen. Wünschenswert wäre auch die genauere Bestimmung des Zeitpunktes, zu dem dieser Wandel eintrat.

Eine nur in akkadischer Version erhaltene Inschrift über den Palastbau in Susa, DSaa[20], zählt u.a. alle Länder des Reiches auf, Persien an der Spitze. Abgesehen davon, daß Medien an die dritte Stelle gerückt ist[21], ist diese Liste mit der von Bīsutūn identisch, steht ihr also auch zeitlich sehr nahe. Die Nennung Persiens in der Liste wäre aber auch sonst nicht befremdlich, denn es handelt sich, wie die Überschrift zeigt, um eine Liste der Länder, die am Bau des Palastes von Susa durch Materiallieferungen beteiligt waren: in diesem Zusammenhang mochte Persien neben den anderen Ländern des Reiches sehr wohl genannt werden, die prinzipielle Frage nach seiner Stellung im Reich war damit nicht aufgeworfen. - In eine frühe Zeit gehört auch eine gleichfalls von Persien angeführte Länderliste aus Susa (DSm), die W.Brandenstein[22] aus Fragmenten der akkadischen Version rekonstruiert hat; das zeigt allein schon die Tatsache, daß Elam, nicht Medien an der zweiten Stelle steht[23].

Der älteste Text, der Persien aus der Liste herausnimmt, ist demgegenüber DPe. Diese Inschrift gehört nach Ausweis ihrer Länderliste in die Zeit nach der Eroberung des Industales (Z.17 f.) und dem Übergang nach Europa im Zusammenhang mit dem Skythenfeldzug (Z.14 f.). Dasselbe gilt aber auch schon von einem der Texte, in denen Persien noch die Länderliste anführt, nämlich DSm. Es ergibt sich also, daß Dareios um die Zeit, als er die großen, gleich nach seinem Regierungsantritt ausgebrochenen, Aufstände niedergeworfen

[20] F.Vallet, Syria 48,1971,58f.; dazu M.-J.Steve, Studia Iranica 3, 1974,168 f.

[21] Dazu vgl. oben Anm.15.

[22] WZKM 39,1932,55 ff.

[23] Vgl. oben Anm.15.

hatte (520 v.Chr.), und noch in den nächstfolgenden Jahren Persien als eines der vielen Länder seines Reiches ansah und als deren erstes in seinen Inschriften verzeichnete, bald nach dem Skythenzug aber dazu überging, eine prinzipiell bedeutsame Sonderstellung des Stammlandes in der Redaktion der Länderlisten und, wie wir schon gesehen haben, auch in anderen Formulierungen seiner Inschriften zum Ausdruck zu bringen. Leider ist der Skythenzug bis heute nicht sicher zu datieren; wir können nur sagen, daß er in jedem Fall nach den DB V erzählten Ereignissen des 2. und 3. Regierungsjahres (520/19 und 519/18) und vor dem attischen Jahr 507/506 anzusetzen ist[24].

Nun gibt es aus der Achaimenidenzeit bekanntlich nicht nur inschriftliche Länderlisten, sondern auch bildliche Darstellungen der reichsangehörigen Länder und Völker in langen geschlossenen Reihen, die den inschriftlichen Listen durchaus vergleichbar sind. Dabei sind verschiedene Grundtypen bildlicher Darstellung auseinanderzuhalten. Für die Thronträgerreihen der königlichen Grabdenkmäler sind die Reliefs vom Grabmal des Dareios in Naqš-i Rustam maßgebend geblieben. Hier sind alle Völker des Reiches dargestellt, die Perser voran[25]. Dasselbe gilt von den Völkerreihen in Adorantenhaltung mit hieroglyphischen Beischriften auf den Stelen am Suezkanal[26] und von der Basis der Statue des Dareios in

[24] Dies ist meine persönliche Überzeugung; ich kann sie an dieser Stelle weder begründen noch die weitverzweigte Literatur anführen.

[25] G.Walser, Die Völkerschaften auf den Reliefs von Persepolis, 1966,33 ff., 51 ff. mit Taf.5 und Falttaf.1; M.C.Root, The King and Kingship in Achaemenid Art, 1979,72ff.147ff. mit Taf.12-14; (P.Frei-) K.Koch, Reichsidee und Reichsorganisation im Perserreich, 1984,76 ff. Vgl. auch oben im Text vor Anm.19.

[26] Walser a.O.31 f.; Root a.O.61 ff., 144 f. mit Taf.9.

Susa, einer ägyptischen Arbeit[27]. Anders steht es mit den Thronträgerreihen der Paläste von Persepolis: hier fehlen wieder einmal die Perser[28], man hat also auch in diesem Zusammenhang Hemmungen empfunden, sie in einer Reihe mit den untertänigen Völkern auftreten zu lassen. Ebenso fehlen die Perser unter den Völkern der persepolitanischen Tributbringerzüge; sie werden jeweils von den Medern angeführt[29].- So zeigen die bildlichen Darstellungen nicht minder eindringlich als die inschriftlichen Länderlisten, daß die Einreihung Persiens und der Perser unter die Länder und Völker des Reiches ein Problem war, das man in verschiedenen Zusammenhängen und zu verschiedenen Zeiten verschieden zu lösen versuchte. Ein Problem natürlich nicht bloß der Textredaktion und der Bildprogramme, sondern primär ein Problem der offiziellen Reichsideologie, hinter dem wieder handfeste politische Ansprüche und Interessen standen.

3.

Worum es im Grunde ging, dürfte dem Leser nach der allgemeinen Einleitung, die ich diesem Beitrag vorausgeschickt habe, inzwischen schon klar gewordenn sein. Dareios wollte zu Beginn seiner Regierung als König in gleicher Weise über allen Völkern seines Reiches stehen; die Perser, sein eigenes Volk, dem er sich mit Stolz zurechnete[30], sollten unter diesen Völkern den ersten Platz,

[27] M.Roaf, The subject peoples on the base of the statue of Darius, Cahiers de la Délég.arch.fr.en Iran 4, 1974,73 ff. mit Taf. 31 ff.; Root a.O.68 ff., 145 f. mit Taf.10 f.

[28] Walser a.O.56 ff. mit Taf.6 f.; Root a.O.95 ff.,105 ff.,147 ff. mit Taf.25 u.29; (Frei-) Koch a.O.96 ff.

[29] Walser a.O.68 ff. mit Taf.8 ff; Root a.O.86 ff.,108 ff.,226 ff. 277 ff. mit Taf.23 f.

[30] Zur Selbstbezeichnung des Königs als Perser und Arier:R.Schmitt Saeculum 28,1977,390; so auch schon in der babylonischen Versi-

aber keine eigentliche Sonderstellung einnehmen; die Herrschaft im Reiche gehörte, das war seine Überzeugung, ihm allein: auch die Perser hatten keinen Anteil daran, sie waren ihr vielmehr unterworfen wie alle anderen auch. Diese Anschauungen definierten das Perserreich, oder vielmehr eben das Achaimenidenreich, nach dem dritten der von uns eingangs charakterisierten Typen: die verschiedenen Völker und Länder stehen einander grundsätzlich gleich und bleiben deutlich geschiedene Größen; seine begriffliche Einheit findet das Ganze nur in der Herrschaft des Königs, die alle in gleicher Weise erfaßt. - Wohlgemerkt, so stellten sich die Dinge dem König dar; die Perser, oder vielmehr vor allem wohl ihre vornehmen Führer, hatten vermutlich eine andere Sicht. Die Könige aus dem Achaimenidenhaus waren für sie zunächst einmal Stammeskönige, eingebunden in die traditionelle Stammesverfassung; an der Weltherrschaft, die sie errungen hatten, sollte das persische Volk, vertreten durch seine Großen, möglichst großen Anteil haben; Anteil nicht nur am Ertrag der Herrschaft, also an den mannigfachen materiellen und immateriellen Vorteilen, die sie einbrachte, sondern Anteil auch in einem engeren Sinn, in dem einer prinzipiellen Teilhabe an der Herrschaft. M.a.W., die Perser wollten selbst als Weltherrscher dastehen, auf keinen Fall aber mit den unterworfenen Völkern auf eine Ebene hinabgedrückt werden; ihrem König wollten sie gewiß dienen, aber in ihrer besonderen Weise, nicht als Untertanen, sondern als Stammesgenossen und Teilhaber an der Herrschaft, die sich dem Stammeshaupt als solchem unterordneten. So verstanden, wäre das Perreich eher den Großreichen unseres Typs 1 zuzurechnen gewesen, die durch die scharfe Unterscheidung des herrschenden von den beherrschten Ländern charakterisiert

---

on von DB § 1 ("ein Perser, König von Persien"), R.Schmitt, AfO 27,1980,112.

sind[31].

Dieser Gegensatz der Anschauungen mag längere Zeit latent geblieben, aus gegebenem Anlaß aber auch in mehr oder weniger scharfem

[31] In der modernen Literatur sind die Meinungen darüber geteilt, ob oder wieweit das Achaimenidenreich als Herrschaft der Perser oder als Herrschaft des Königs über gleichgestellte Völker aufzufassen ist bzw. aufgefaßt wurde. Die Vorherrschaft und Sonderstellung der Perser werden mehr oder weniger stark betont von Ed.Meyer, Gesch.d.Alt. III 1,1901,30,33; J.Kaerst, Gesch.d.Hellenismus I, 3.Aufl.,1927,304 ff.,550 (dem P.de Francisci, Arcana imperii I, 1947,160 ff. weitgehend folgt); P.J.Junge, Dareios I.,1944, 68 f.,82f.,177f. Anm.31; W.Hinz, "Persis", RE Suppl.XII,1970,1029 f.; Gh.Gnoli, Acta Iranica 2,1974 (=Commémoration Cyrus, Hommage universel II), 117 ff.; A.Heuß, HZ 232, 1981,281 f. Auf der anderen Seite fehlt es nicht an Stimmen, die vor allem auf den übernationalen Charakter des Reiches Wert legen, aber auch von der Erhaltung der einzelnen Nationalitäten, auch der persischen, in ihrer Besonderheit und von der Spannung zwischen dem universalen und dem nationalen Prinzip sprechen; so etwa G.Walser, in: Assimilation et résistance à la culture gréco-romaine dans le monde ancien, 1976,229; Chr.Oemisch, König und Kosmos, Studien zur Frage kosmologischer Herrschaftslegitimation in der Antike, Diss. Berlin 1977,2 ff.,103 ff.,132 f.,146 ff.,217; O.Bucci, in: Forme di contatto e processi di trasformazione nelle società antiche = Modes de contacts et processus de transformation dans les sociétés anciennes, 1983,89 ff.; F.Fabbrini, Translatio imperii, L'impero universale da Ciro ad Augusto, 1983, 44 ff.; (Frei-) Koch (o.Anm.25) 63, 75; P.Briant, in: H.Sancisi-Weerdenburg (ed.), Achaemenid History, Sources, Structures and Synthesis, 1987,1 ff. - Ein Teil der Gelehrten, die eine privilegierte Stellung der Persis annehmen, rechnet damit, daß diese Privilegien bestimmten Randgebieten des alten Perserlandes vorenthalten blieben oder entzogen wurden: Ed.Meyer a.O.30; J.V.Prášek, Geschichte der Meder und Perser bis zur makedonischen Eroberung II, 1910,52; Junge a.O.69,177 Anm.3; Hinz a.O.1029; J.M.Cook, The Persian Empire, 1983,85. Wir können auf dieses spezielle Problem hier nicht eingehen. - Besondere Hervorhebung verdient, daß die Frage nach der Stellung der Perser im Reich nicht selten unter ausdrücklicher Bezugnahme auf die Schwankungen und Widersprüche in den Formeln der Inschriften und in den Bildprogrammen behandelt werden, die im Mittelpunkt unserer Untersuchung stehen: so von W.Brandenstein, WZKM 39,1932,57 f.; O.Leuze, Die Satrapieneinteilung in Syrien und im Zweistromlande von 520-320,1935 (=Schr.d.Königsbg.Gel.Ges. 11,4), 207; Junge a.O.83; E.Benveniste (o.Anm.17),52; A.T.Olmstead, History of the Persian Empire, 1948,157; G.Walser, Die Völkerschaften auf den Reliefs von Persepolis, 1966,30; Hinz a.O.1029; D.Metzler, in: H.G.Kippenberg (ed.),Seminar: Die Entstehung der antiken Klassengesellschaft, 1977,289; (Frei-)Koch a.O.63; W.Vogelsang (o.Anm.15),133. - Vielen dieser - meist knappen, manchmal flüchtigen - Hinweise und Erörterungen verdanke ich wertvolle Anregung oder Belehrung, andere waren mir eine willkommene Bestätigung meiner eigenen Ergebnisse.

Konflikt ausgetragen worden sein, zumal es, wie schon bemerkt, nicht nur um Worte und Bilder, Prinzipien und Ideen gegangen sein wird, sondern zugleich um durchaus praktische Fragen des höfischen Zeremoniells und des Zugangs zum Königs, der Leistungs- und Zahlungspflichten. Von diesen Konflikten selbst ist in unserer Überlieferung kaum etwas greifbar - wir kommen auf Anhaltspunkte, die sich etwa bieten, noch zurück -, das Ergebnis aber liegt vor unseren Augen: Dareios gab in entscheidenden Punkten nach. Er verzichtete von nun an darauf, Persien und die Perser in Wort und Bild unter den unterworfenen Ländern bzw. Völkern anzuführen; er sprach es vielmehr wiederholt feierlich aus, daß seine Herrschaft, einerseits, daran hielt er natürlich fest, auf dem Willen seines Gottes, andererseits auf der Treue und militärischen Tüchtigkeit seines persischen Volkes beruhte. Zu den von mir vorhin schon angeführten Stellen (DPe §§ 2-3, DNa §§ 3-4) seien - gleichfalls aus Inschriften des Dareios - noch einige weitere Zeugnisse angeführt.

Nur mit erheblichen Einschränkungen läßt sich DPd in diesen Zusammenhang stellen. Nach § 1 hat Ahuramazdā Dareios zum König gemacht und ihm die Herrschaft verliehen. In § 2 wird dann speziell auf "dieses Land Persien" Bezug genommen, "das Ahuramazdā mir verliehen hat". Dareios hält also am Gottesgnadentum nicht nur für das Reich im ganzen, sondern ausdrücklich auch für das persische Stammland fest. Dessen Schönheit, dessen Reichtum an Rossen und Männern werden gerühmt und hervorgehoben, daß sich dieses Perserland "nach dem Willen Ahuramazdās und nach meinem, des Königs Dareios, Willen vor keinem anderen fürchtet". Persien hat also auf der Welt nicht seinesgleichen; aber das ist doch nur eine schwache Annäherung an die Vorstellung von einer Weltherrschaft der Perser, denn zum Ausdruck kommt ja vor allem der Gedanke, daß der König die Macht hat, jeden Feind von Persien fernzuhalten. Dazu stimmt der letzte Abschnitt der Inschrift, § 3, sehr gut: Der König betet zu den Göttern, sie möchten das Land vor einem feindlichen Heer, vor Mißwachs und Lüge bewahren.

Etwas weiter führt uns das Zeugnis von DZc § 3: "Ich bin ein Perser; von Persien aus habe ich Ägypten in Besitz genommen". Er habe diesen Kanal vom Nil zum Roten Meer ("zu dem Meer, das von Persien herkommt") graben lassen und auf diese Weise eine Seeverbindung zwischen Persien und Ägypten hergestellt. - Hier erscheint Persien deutlich als Mittelpunkt und Kernland des Reiches, als der Ausgangspunkt der Weltherrschaft, die im Sinne dieser Stelle sehr wohl eine persische Weltherrschaft heißen darf; der König selbst hat als Perser[32] und - was historisch nicht einmal richtig ist - von Persien aus seine Macht über die Welt ausgebreitet.

Ein letztes Zeugnis läßt an Deutlichkeit nichts zu wünschen übrig. Auf jener in Ägypten verfertigten, später nach Susa gebrachten Statue des Dareios, die wir vorhin in anderem Zusammenhang zu nennen hatten, steht auch eine altpersiche Inschrift (DSab)[33], in der es u.a. heißt, der König habe diese Statue in Ägypten herstellen lassen, "damit derjenige, der sie in Zukunft sehen wird, weiß, daß der persische Mann Ägypten innegehabt hat". Hier sind die Perser geradezu als Inhaber der Herrschaft (über eines der reichsangehörigen Länder, das natürlich in dieser Hinsicht keine Ausnahmestellung einnimmt) genannt, die Statue eines persischen Königs im

[32] Das ist hier stärker als irgendwo sonst betont (vgl. Anm .30), und die Hervorkehrung der persischen Nationalität auf ägyptischem Boden ist auffällig genug.

[33] F.Vallet, Cahiers de la Délég.arch.fr. en Iran 4 1974, 161 ff. = M.Mayrhofer, Supplement zur Sammlung der altpersischen Inschriften, 1978,15 f. Nr.3.9.

fremden Land wird zum Zeichen der Herrschaft seines Volkes über dieses Land.

Neben diesen Zeugnissen der offiziellen Selbstdarstellung des Königs und des Reiches steht eine Reihe griechischer Zeugnisse über eine privilegierte Stellung des persischen Stammlandes. Die Hauptstelle ist Herodot III 97,1 f.: "Dies also waren die Statthalterschaften und die Steuern, die ihnen auferlegt waren. Nur das Perserland habe ich unter den steuerpflichtigen Ländern nicht mitgenannt; denn das Land, das die Perser bewohnen, ist abgabenfrei. Die folgenden Völker aber waren zwar zur Steuerzahlung nicht veranlagt, sie brachten aber Geschenke; die Äthiopier, die Ägypten benachbart sind" usw. - Herodot unterscheidet an dieser Stelle drei Kategorien von Gebieten:

1. die 20 steuerpflichtigen Provinzen, die er vorher aufgezählt hat,

2. die steuerfreie Persis,

3. einige Randvölker, die nicht eigentlich Steuern zahlen und keinem der Verwaltungsbezirke des Reiches angehören, aber die Oberhoheit des Großkönigs anerkennen, indem sie ihm "Geschenke" bringen: die Äthiopier usw. (im folgenden aufgezählt).

Die "Satrapienliste" Herodots hat gewiß nicht den Wert, den man ihr lange Zeit beigemessen hat und z.T. noch heute beimißt. Es handelt sich nicht um eine amtliche Liste, sondern um das Werk eines griechischen Geographen, eng verwandt mit der "Heeresliste" des Xerxes Hdt.VII 61-99; die beiden Listen zugrunde liegende Quelle sprach ausführlich von den großen und kleinen Völkern des

Orients, von ihren Wohnsitzen und ihrer Herkunft, von ihrer Tracht und Bewaffnung: was über die administrative Ordnung des Perserreiches, sein Abgaben- und Heerwesen hinzugefügt ist, ist verschiedenen Ursprungs und von ganz ungleichem Wert. Das bedeutet in unserem Zusammenhang, daß Herodots Aussage, die Persis sei steuerfrei gewesen, ihre Glaubwürdigkeit nicht aus dem Kontext herleiten kann, in dem sie steht, sondern für sich allein beurteilt werden muß. Aber auch in dieser Isolierung hat sie einigen Anspruch darauf, ernst genommen zu werden. Herodot hatte keinen Grund, das persische Stammland aus der schönen Liste der Länder und Völker und zugleich, wie er meinte, der Satrapien und Steuerbezirke des Reiches - in der es nach Ausweis der "Heeresliste" durchaus seinen Platz gehabt hatte - herauszunehmen und damit in das schöne Bild von der Geographie des Orients, das er in der "Satrapienliste" im engen Anschluß an seine Vorlage entwarf, ein Loch zu reißen, wenn er nicht Kenntnis davon hatte, daß es steuerfrei und zum mindesten in dieser, vielleicht auch in anderer Hinsicht aus dem allgemeinen Schema der Reichsverwaltung eximiert war, also in die Reihe seiner vermeintlichen Satrapien und Steuerbezirke nicht paßte. Und warum sollte er über einen für seine persischen Gewährsmänner so wichtigen Punkt falsch informiert sein? Leider ist es, bisher wenigstens, nicht möglich, seine Angaben anhand anderer Quellen nachzuprüfen; die elamischen Verwaltungstexte aus Persepolis[34] zeigen wohl, daß der Großkönig, wie nicht anders zu erwarten, auch in der Persis über vielfältige Einkünfte verfügte, aber sie lassen nach

[34] Es handelt sich um die beiden großen Komplexe der "Fortification Tablets" aus den Jahren 509-494 und der "Treasury Tablets" von 492 bis 458. Die wichtigsten Veröffentlichungen: R.T.Hal lock, Persepolis Fortification Tablets, 1969; G.G.Cameron, Persepolis Treasury Tablets, 1948; dazu etwa R.T.Hallock, Cambr.Hist.Iran II, 1985,588 ff.; W.Hinz, Zs.Ass.61,1971,279 ff.: D.M.Lewis, Sparta and Persia, 1977,4 ff.

dem derzeitigen Stand des Wissens nicht mit Sicherheit erkennen, ob das Stammland durch öffentlich-rechtliche Steuern von derselben Art, wie sie den anderen Reichsteilen auferlegt waren, belastet war[35]. Doch ist nicht zu leugnen, daß eine grundsätzliche Freistellung der Persis von den allgemeinen Reichssteuern einerseits zur allgemeinen historischen Situation, andererseits zu der von den Länderlisten und von den bildlichen Völkerdarstellungen - genauer: von einem Teil der Länderlisten und Völkerdarstellungen - bezeugten Sonderstellung der Persis gut paßt. Man sollte also am Zeugnis Herodots bis auf weiteres festhalten[36].

Nun wird man sich fragen, seit wann die Persis diese Steuerfreiheit genoß. Darüber gibt es kein direktes Zeugnis; aber wenn wir uns DB § 7 (Z.19 "sie brachten mir Tribut") noch einmal vor Augen halten und zugleich daran erinnern, daß die zugehörige Länderliste (§ 6) Persien einschließt, dann werden wir anzunehmen geneigt sein, daß die Persis zunächst und noch in den ersten Jahren des Dareios, zu den steuerpflichtigen Ländern gehörte und ihre Steuerfreiheit erst im Laufe der folgenden Jahre erhielt, und zwar eben damals, als sich der König auch entschloß, die Sonderstellung der Persis auf den Inschriften und in den bildlichen Darstellungen sinnfällig zum Ausdruck zu bringen.

35 In dieser Hinsicht scheint mir auch die Studie von H.Koch, Steuern in der achämenidischen Persis?, Zs.Ass.70,1981,105 ff. kein eindeutiges Ergebnis zu erbringen.

36 Vor der Auswertung der Persepolis-Täfelchen wurde das Herodotzeugnis über die Steuerfreiheit der Persis naturgemäß allgemein akzeptiert, z.T. mit der ausdrücklichen Einschränkung, diese Steuerfreiheit dürfe natürlich nicht als Befreiung von jeglichen Abgaben verstanden werden; so etwa O.Leuze (o.Anm.31) 205 ff.; P.J.Junge (o.Anm.31) 177 f. Anm.3; M.A.Dandamayev, in: G.Walser (ed.), Beiträge zur Achämenidengeschichte, 1972,43; zuletzt, unter ausdrücklicher Bezugnahme auf den Aufsatz von H.Koch, M.Corsaro, REA 87,1985,79 Anm.25. Vgl. auch J.M.Cook, The Persian Empire, 1983,89 f.

Sollen wir annehmen, daß die Persis auch aus der Satrapienordnung eximiert war? Auch das hat man vielfach aus unserer Herodotstelle herauslesen wollen; aber Herodot begründet die gesonderte Nennung der Persis nur mit ihrer Steuerfreiheit, woraus man doch wohl schließen muß, daß er von einer Exemption aus der Satrapieneinteilung nichts weiß. Es ist auch kaum vorstellbar, daß der Großkönig in diesem wichtigen und, wie die Geschichte lehrt, eher schwierigen Land, in dem er sich selbst nicht lange aufzuhalten pflegte, auf die Einsetzung eines Statthalters verzichtet hätte. Am Ende des Reiches, unter Dareios III. ist dann ein Satrap tatsächlich nachweisbar; daß uns für die ältere Zeit entsprechende Belege fehlen, wird auf dem Zufall der Überlieferung beruhen; denn es ist wenig wahrscheinlich, daß einer der späteren Achaimeniden es gewagt haben sollte, dem Stammland einen Teil seiner Sonderstellung zu nehmen[37].

Es gibt noch wenigstens drei weitere Stellen in der griechischen Literatur, eine bei Platon (Nomoi III 695 b-d) und zwei bei Xenophon (Kyrup.I 3,18; VIII 5,25-27), die besondere Freiheiten und Privilegien der Perser zu bezeugen scheinen; doch sind diese Angaben so unbestimmt, z.T. auch so phantastisch oder so deutlich von griechischen Anschauungen geprägt, daß wir ihnen als Historiker nur eben dies entnehmen können, daß auch die Griechen des 4.Jahrhunderts etwas davon wußten oder wenigstens zu wissen glaubten, daß die Achaimenidenkönige über ihr eigenes persisches Volk nicht in derselben Weise geboten wie über die anderen Völker des

[37] Zu der Frage, ob bzw. seit wann die Persis einem Satrapen unterstellt war, siehe etwa P.Krumbholz, De discriptione regni Achaemenidarum, Progr.Eisenach 1890/91,5; Leuze (o.Anm.31) 205; W.Hinz, RE Suppl.XII,1970,1030; Dandamayev (o.Anm.36) 23; Lewis (o.Anm.34) 9 mit Anm.34; W.Hinz, Darius und die Perser II, 1979,109; J.M.Cook, Cambr.Hist.Iran II, 1985,240.

Reiches.

So knapp nun das Zeugnis Herodots, so unbestimmt die jüngeren griechischen Zeugnisse sein mögen, sie ergänzen doch die den Achimenideninschriften und den bildlichen Völkerdarstellungen abgewonnen Aussagen in einer Weise, daß wir neben der formal-grundsätzlichen nun auch die mehr praktische Seite der Sonderstellung leidlich fassen können, die Dareios etwa im zweiten Jahrzehnt seiner Regierungszeit dem persischen Stammland zuzugestehen sich veranlaßt sah. Die Steuerfreiheit war ja ein wertvolles Privileg, und weitere Privilegien, von denen wir nichts hören, mögen leicht damit verbunden gewesen sein.

4.

Zuletzt noch einige Vermutungen zum historischen Ablauf. Sie knüpfen sich an zwei Fragen, denen wir nicht ausweichen können, wenn wir die Fakten nicht nur feststellen - oder erschließen - , sondern auch verstehen wollen. Wir fragen uns erstens, wie die Achaimeniden dazu kamen, ihr Reich nicht als ein erweitertes Persien - ein Reich also vom Typ 2 - aufzufassen und aufzubauen, sondern als einen Vielvölkerstaat nach Typ 3, dessen einzige verbindende Klammer das Königtum darstellte, und zweitens, wie sich der von uns erschlossene Konflikt zwischen dem König und seinem Stammland und der daraus hervorgegangenen Kompromiß in die innere Geschichte von Dareios' Regierung einordnen läßt.

Was die erste Frage betrifft, so muß man sich klarmachen, welche Schwierigkeiten für den Reichsgründer Kyros eine Konstruktion seines Großreiches nach Typ 2 - wie sie assyrischen Traditionen entsprochen hätte - mit sich gebracht hätte. Sein erster großer Erfolg war es gewesen, daß er, bisher König der Perser und Vasall des medischen Großkönigs, in dessen Stellung aufgestiegen war - was ihm nur deshalb hatte gelingen können, weil die Meder, wie uns die "Nabonid-Chronik" und Herodot übereinstimmend berichten, massenhaft zu ihm übergetreten waren. Sollte er nun das ganze Mederreich oder wenigstens sein Kernland dem Land der Perser zuschlagen? Unmöglich schon angesichts der Größenverhältnisse und der festen Stammestraditionen, aber auch, weil es die Meder aufs tiefste verletzt hätte. Es scheint eher, als habe er an den bisherigen Verhältnissen grundsätzlich nichts geändert, also sein Großreich weiterhin als ein medisches gelten lassen, weshalb es dazu kam, daß für manche Nachbarvölker das neue Weltreich längere Zeit oder auch für immer mit dem Medernamen verbunden blieb[38]. Doch konnte er nun umgekehrt nicht daran denken, sein eigenes Volk, die Perser, in den Medern aufgehen zu lassen; insofern tendierte seine Herrschaft von Anfang an zu einer Konstruktion nach Typ 3. Fast ebenso zwingend war dann im Jahre 539 die Schonung des Selbstgefühls der besiegten Babylonier, denen Kyros im übrigen als Befreier von der verhaßten Herrschaft Nabonids erscheinen wollte; wie einst die assyrischen Könige, so mußte auch Kyros das babylonische Königtum übernehmen, auch Babylonien konnte also nicht als eine Erweiterung Persiens oder Mediens aufgefaßt werden; es wurde stattdessen eines von mehreren - vielleicht schon von vielen - Ländern unter der Herrschaft des Großkönigs, denen ihre historische Individualität erhalten blieb.

[38] Vgl.Ed.Will, Le monde grec et l'Orient I, 1972,14 und jetzt vor allem D.F.Graf, Medism: the origin and significance of the term, JHS 104,1984,15 ff. - In diesem Zusammenhang dürfte auch der Tatsache einiges Gewicht zukommen, daß wichtige Elemente der altpersischen Königstitulatur nach Ausweis der Sprachformen medischen Ursprungs sind; siehe vor allem M.Mayrhofer, Die Rekonstruktion des Medischen, Anz.Wien.Ak.1968,So.1; R.Schmitt, Saeculum 28,1977,384 ff.

In diesem Zusammenhang ist noch zu beachten, daß das einstige Mederreich in den Länderlisten der Achaimenidenkönige nicht durch den Medernamen allein, sondern durch eine Reihe weiterer Namen vertreten wird: Armenien, Kappadokien, Parthien, später noch Sagartien: es ist wohl nicht auszuschließen, daß schon die Deiokiden die "Länder" ihres Reiches ebenso aufzählten und als gesonderte Größen ansahen wie später ihre achaimenidischen Nachfolger, Es fällt auch auf, daß die neubabylonischen Könige oder wenigstens der letzte von ihnen, Nabonid, nicht etwa ihr ganzes Reich als "Babylon" oder "(Sumer und) Akkad" bezeichneten, wie die Assyrerkönige das ihre bis zuletzt als "Land Assur" aufgefaßt hatten; vielmehr unterscheidet Nabonid wenigstens auf einer seiner Inschriften, der zweiten Inschrift von Ḫarrān[39], innerhalb seines Reiches zwei Länder, Akkad und Ḫatti (d.h.Syrien und Palästina), z.B. I 32: Die Leute von Akkad und Ḫatti konnten regelmäßig ihre Ernten einbringen; II 6: Šamaš bewirkte, daß die Leute von Akkad, die er mir anvertraut hatte, treu zu mir standen. Wie man sieht, lag die Auffassung eines großen Reiches als eines übernationalen Verbandes, als einer Verbindung mehrerer Länder und Völker unter e i n e m Herrscher, im 6.Jahrhundert in der Luft. Aber Kyros bedurfte solcher Vorbilder nicht: er war, wie wir gesehen haben, durch die eigentümlichen Umstände, unter denen sein Reich zustande kam, in eine Lage versetzt, die eine Konstruktion seines Reiches nach assyrischem Vorbild und damit nach dem Typus 2 nicht zuließ, aber natürlich auch die Ausrichtung des Ganzen auf ein einziges herrschendes Volk, eine Konstruktion nach Typ 1 also, ausschloß.

Was in den letzten Jahren des Kyros unter Kambyses von der Vorstellung, das Reich sei eigentlich ein medisches geblieben, etwa

[39] C.J.Gadd, Anatolian Studies 8,1958,56 ff.

noch erhalten war, konnte die stürmischen Anfangsjahre des Dareios nicht überdauern. In Medien versuchte man das nationale Königtum zu erneuern, aber auch das persische Stammland erhob sich gegen den neuen Monarchen, dessen Herrschaft nicht durch das Erbrecht legitimiert war. Es gelang ihm, diese wie alle anderen Aufstände niederzuwerfen; aber er hatte nun, zunächst wenigstens, keinen Grund, sich einem der beiden "führenden" Völker besonders verpflichtet zu fühlen oder ihm gegenüber besondere Rücksichten zu üben. In der großen Inschrift von Bīsutūn verzeichnet er die Aufstände der Meder und der Perser und ihre Niederwerfung in denselben stereotypen Wendungen wie alle anderen, und noch mehr will es sagen, daß er auch keine Hemmungen hat, sie in der zusammenfassenden Aufzählung der abgefallenen Länder mit ihren Lügenkönigen in einer Reihe mit allen anderen (in zeitlicher Folge) zu nennen und im Anschluß daran, § 54, vom Schicksal aller dieser Länder mit folgenden Worten zu sprechen: "Danach gab Ahuramazdā sie in meine Hand; wie es mein Wunsch war, so verfuhr ich mit ihnen". Die Aufstände und ihre Niederwerfung haben das ganze Reich, ohne Unterschied der Nationen, unter die unbeschränkte Herrschaft des Königs gebracht.

So zeugt die große Inschrift von Bīsutūn, wie wir schon eingangs gesehen haben, von der absolutistischen Auffassung des Dareios in den ersten Jahren nach der Überwindung der großen Aufstände: er sieht sich als Weltherrscher über einer Vielzahl von Völkern, die ihm alle in grundsätzlich gleicher Weise dienstbar sind. Aber wir haben auch schon gesehen, daß es bei diesem Stand der Dinge nicht geblieben ist: wenige Jahre später, nicht lange nach der Eroberung des Industals und dem Übergang nach Europa, mußte der König seine Vorstellung vom Weltreich der vielen, grundsätzlich gleichgestellten Völker soweit modifizieren, daß den Persern - nicht mehr den Medern - nun eine ausgeprägte Sonderstellung, ja eine Art von Teilhabe an der Herrschaft zugestanden wurde. Und damit sind wir bei der zweiten unserer abschließenden Fragen: Finden sich in der spärlichen Überlieferung über die innere Geschichte der Regierungszeit des Dareios irgendwelche Anhaltspunkte, die uns eine gewisse Vorstellung vom historischen Anlaß und Zusammenhang dieser überraschenden Wendung vermitteln könnten?

Eins ist klar: In dieser Wendung lag soviel Verzicht auf bisher hochgehaltene köngliche Ansprüche, daß man wohl annehmen muß, daß der König, als er dies den Persern zugestand, politischem Druck nachgab. Von welcher Seite dieser Druck auf ihn ausgeübt wurde, ist nicht schwer zu sagen: nur Perser, vermutlich vornehme und selbstbewußte Perser, konnten in dieser Richtung Druck ausüben. Die vornehmsten Perser nun, an die man in diesem Zusammenhang zuerst denken wird, waren damals wohl die Sechs, die mit Dareios zusammen den "falschen Bardiya" beseitigt hatten. Ich habe in einer vor zehn Jahren erschienenen Abhandlung[40] die Zeugnisse zusammengetragen, die mir darauf hinzuweisen scheinen, daß Dareios zeitweise unter starkem Druck dieser sechs Helfer stand und ihnen eben deshalb ganz außerordentliche, erbliche Vorrechte einräumen mußte, und will das hier nicht wiederholen. Aber ich darf in unserem Zusammenhang die Tatsache hervorheben, daß alle Sechs Perser waren - angesichts der normalen Zusammensetzung der Führungsschicht des Achaimenidenreiches aus Persern, Medern und vereinzelt Angehörigen anderer Völker eine eher bemerkenswerte Tatsache. Sollte man nicht die Möglichkeit ins Auge fassen, daß diese Sechs nicht nur sich

[40] Die sieben Perser und das Königtum des Dareios, Sitz.-Ber. Heidelberg 1977,3.

selbst und ihren Angehörigen und Nachkommen, sondern auch ihrem Volk Privilegien zu verschaffen wußten?

So nahe diese Annahme liegt, sie scheint an chronologischen Schwierigkeiten zu scheitern; denn die große Inschrift von Bīsutūn kennt - in einem redaktionellen Zusatz (§§ 68 f.), der aber noch der ältesten inschriftlichen Fassung des Textes angehört - bereits die Privilegierung der Sechs, gerade sie aber ist unser Hauptzeuge für die Anschauungen des Dareios v o r der Neudefinition der Stellung des persischen Stammlandes. Mehr noch: wir konnten anhand einer Reihe weiterer, jüngerer Inschriften des Dareios zeigen, daß dieser an den Anschauungen, die er in DB zum Ausdruck gebracht hatte, noch längere Zeit, bis über die Eroberung des Industales und die Festsetzung in Thrakien hinaus, festgehalten hat. Es ist also klar, daß die Privilegierung der Persis, zu der sich Dareios schließlich veranlaßt sah, mit jenem ersten Konflikt mit seinen vornehmen Helfern bei der Beseitigung Gaumātas, von dem DB §§ 68 f. zeugen, nichts zu tun hat. Aber auf jenen ersten Konflikt mit den Sechs, der nach Ausweis der Redaktionsgeschichte der großen Bīsutūn-Inschrift etwa 519 oder 518 anzusetzen ist, folgte nach einem Zeitraum, der sich leider nicht bestimmen läßt, ein zweiter, dem der Erste unter den Sechs, Intaphernes, zum Opfer fiel (Hdt.III 118 f.)[41]. Dareios hat die Privilegien der Sechs damals nicht aufgehoben; er war also wohl, wie dies auch in der Natur der Sache liegt, auf die tätige Hilfe der anderen Mitglieder dieses Kreises angewiesen oder wenigstens darauf, daß sie ihm nicht in den Weg traten, als er Intaphernes beseitigte. Es kam aber in die-

[41] Dazu meine oben Anm.40 angeführte Abhandlung, S.26 ff. Was den chronologischen Ansatz dieser Vorgänge betrifft, war ich a.O. 28 f. wohl nicht vorsichtig genug: es läßt sich nicht ausschließen, daß die beiden Konflikte durch einen längeren Zeitraum voneinander getrennt waren.

ser Krise wohl nicht auf diesen engen Zirkel allein an, sondern auf die Haltung der Mehrheit der Perser und ihrer Großen; es mag dem König damals, beim zweiten Konflikt mit seinen engsten Freunden und Mitarbeitern, eindringlich bewußt geworden sein, daß seine Herrschaft nur dann eine sichere Zukunft hatte, wenn sie auf einer breiten Grundlage ruhte, der freudigen Zustimmung des ganzen persischen Volkes. Wir dürfen an das - von uns schon früher angeführte - Selbstzeugnis des Königs DPe § 3 erinnern: "Wenn du so denkst: 'Ich möchte mich vor keinem anderen fürchten', dann beschütze dieses persische Volk (oder Heer)! Wenn dieses persische Volk (oder Heer) beschützt ist, dann wird durch Ahura für lange Zeit ungebrochener Friede auf dieses Haus herabkommen".

Das ist eine Regierungsmaxime für die Nachfolger, die wohl vermuten läßt, daß Dareios nicht nur äußerem Druck nachgab, sondern auch einem Wandel seiner inneren Überzeugung folgte, als er dem persischen Stammland eine privilegierte Stellung verlieh. In jedem Fall aber könnten wir es recht gut verstehen, wenn gerade die Krise des Intaphernes den Anstoß gegeben hätte.

Auf der anderen Seite wird man nicht ungern an einen Zusammenhang zwischen der Befreiung der Persis von den Steuern und der durch Hdt. III 89 bezeugten Steuerreform denken[42]. Bei diesem Anlaß mußte ja, falls bisher unklar und umstritten gewesen sein sollte, wieweit die Persis zu den regelmäßigen Reichssteuern heranzuziehen sei, in diesem Punkt Klarheit geschaffen werden. Aber wir sind uns jetzt wohl einig darüber, daß sich die von Dareios der Persis zu-

[42] Daß die Nachricht von dieser Steuerreform mehr ist als eine für uns unverbindliche Einkleidung der "Satrapienliste", zeigt am besten das im selben Zusammenhang (89,3) mitgeteilte Bonmot der Perser, Kyros sei ein Vater gewesen, Kambyses ein Herr, Dareios aber ein Krämer.

gestandene Sonderstellung nicht auf die Steuerfreiheit beschränkte. Man wird also kaum glauben, daß die Finanzreform ausreichender Anlaß und Grund war, den Status der Persis soweit zu heben, wie wir das den Zeugnissen wohl entnehmen dürfen; auch pflegen Herrscher gerade dann nicht großzügig zu sein, wenn sie in erster Linie an ihre Einkünfte denken (und Dareios galt seinen Untertanen gewiß nicht umsonst als ein "Krämer", Hdt.III 89,3). Nein, es mußte wohl eine politische Krise kommen, um dem König diese weitreichenden Zugeständnisse abzunötigen. Man könnte sich aber gut vorstellen, daß ein aus anderen, tieferen Gründen schwelender Konflikt in dem Augenblick zum offenen Ausbruch kam, als der König Anstalten machte, der Persis im Zuge seiner Finanzreform einen festen Teil der Steuerlast des Reiches aufzuerlegen. Wie man sieht, wir kommen über ansprechende, aber unverbindliche Vermutungen nicht hinaus, nicht zuletzt deshalb, weil sich die Steuerreform ebensowenig präzise datieren läßt wie die Krise um Intaphernes und die Privilegierung der Persis[43]. Alle diese Vermutungen können uns nur zeigen, daß ein Konflikt um die Stellung des Stammlandes im Reich im Verlauf der Regierung des Dareios keineswegs unwahrscheinlich ist, nicht dagegen, wie er sich wirklich abgespielt hat. Nur das Ergebnis, die Anerkennung einer Sonderstellung der Persis, ist einigermaßen greifbar.

[43] Auf überleitende Zeitangaben Herodots wie 'nach diesen Ereignissen' oder 'um dieselbe Zeit' ist wenig zu geben, eben weil es ihre Hauptaufgabe ist, von Hause aus isolierte Angaben miteinander zu verknüpfen und den Anschein einer zusammenhängenden Erzählung zu erwecken.

Babylon in der ältesten Version über die Geschichte der Propheten im Islam

R.G.Khoury / Heidelberg

Herrn Kollegen Karlheinz Deller zum 60. Geburtstag in Freundschaft herzlich überreicht.

Im Jahre 1845 publizierte Gustav Weil, zu jener Zeit in Heidelberg als Bibliothekar tätig, sein epochemachendes Werk: "Biblische Legenden der Musulmänner"[1], das ein Jahr später durch einen anonymen Übersetzer ins Englische übertragen wurde[2]. Seitdem erschienen viele Arbeiten, die Haim Schwarzbaum in verdienstvoller Weise in einem kurz vor seinem Tod erschienenen Buch untersuchte[3].

---

[1] Gustav Weil, Biblische Legenden der Musulmänner, Frankfurt/M. 1845.

[2] Unter dem Titel: The Bible, the Koran, and the Talmud, or Biblical Legends of the Musulmans, Compiled from Arabic Sources, and Compared with Jewish Traditions. London 1946.

[3] Haim Schwarzbaum: Biblical and Extra-Biblical Legends in Islamic Folk-Literature. Walldorf-Hessen, Verlag für Orientkunde. Dr.H.Vorndran, 1982.(Beiträge zur Sprach- und Kulturgeschichte des Orients 30). Unter Heranziehung einer erstaunlichen Fülle von Fachwerken und Fachaufsätzen beschäftigte er sich mit den biblischen Legenden im Koran (S.10-20), ebenso mit den nachkoranischen (S.21-45), d.h. mit den der *Tafsīr-*, der *Ḥadīṯ-* und der *Tārīḫ*literatur, sowie mit den *Qiṣaṣ al-anbiyā'*, die uns hier interessieren (S.46-75), wobei er das letzte Kapitel der Studie einer in Sure II,261 erwähnten Aussage über die Rückkehr Israels nach Zion und die Rehabilitation der Stadt (d.h. Jerusalem) widmete. Die Anmerkungen finden sich auf S.117-177 und das Schriftenverzeichnis auf S.178-209. Durch meinen Briefwechsel mit Schwarzbaum erfuhr ich, daß er bis zuletzt an eine Art Enzyklopädie der biblischen Figuren gedacht hatte: Diese Materialsammlung sollte so umfangreich wie möglich werden und hätte mit Sicherheit eine große Lücke auf diesem Gebiet geschlossen.

In diesem kurzen Aufsatz kann es nicht darum gehen, eine umfassende Darstellung dessen zu geben, was alles in Verbindung mit Babylon in der islamischen Geschichte niedergeschrieben wurde, zumal vieles bekannt ist. Es soll hier auch keine synoptische Darstellung aller früheren Versionen und Berichte gemacht werden, was aber einmal in Verbindung mit anderen Aspekten dieser Art historisch-religiöser Literatur durchgeführt werden sollte[4].

Hier soll an Berichten über Babylon aufgezeigt werden, wie wichtig die erste Version der Geschichte der Propheten im Islam ist und welche Autoren sie uns aufbewahrt haben.

Tilman Nagel hatte vor 20 Jahren einen interessanten Überblick über diese literarische Gattung vermittelt. In seiner "Zusammenfassung" stellte er damals fest: "Das älteste erhaltene Werk, welches ausschließlich die Prophetenlegenden abhandelt, sind die *ᶜArāʾis Ṯaᶜlabī*s"[5]. Der vollständige Titel lautet: *Qiṣaṣ al-anbiyāʾ* oder *ᶜArāʾis al-maǧālis* (Autor gest. 428/1036): Diese Sammlung war wohl die am meisten verbreitete Version dieser Literaturgattung im Islam gewesen. Jedoch stellt sie keinesfalls das älteste Buch auf diesem Gebiet dar, da das Manuskript des *Badʾ al-ḫalq wa-qiṣaṣ al-anbiyāʾ* des *ᶜUmāra Ibn Waṯīma Ibn Mūsā Ibn al-Furāt al-Fārisī al-Fasawī* (gest.289/902) die ältest erhaltene umfangreiche Version ist, die dieser von seinem eigenen Vater Waṯīma

[4] Über die *Sīra* erschien von Sadun Mahmud Al-Samuk eine solche Studie u.d.T.: Die historischen Überlieferungen nach Ibn Isḥāq. Eine synoptische Untersuchung. Frankfurt/M. 1978. Dieses Buch könnte Motivation für ähnliche Arbeiten über einige wichtige biblische Gestalten sein, es wurde angeregt von R.Sellheim in Frankfurt durch seinen umfangreichen und sehr anregenden Aufsatz: Prophet, Chalif und Geschichte. Die Muhammed-Biographie des Ibn Isḥāq. Oriens 18-19 (1967), 39-91.

[5] Tilman Nagel: Die *Qiṣaṣ al-anbiyāʾ*, ein Beitrag zur arabischen Literaturgeschichte. Bonn 1967, S.162. 14-15.

(gest.237/851) überlieferte[6]. Daß der Vater bereits dieses Buch oder wichtige Teile davon[7] geschrieben hatte, steht außer Zweifel, zumal da diese Aussage durch unumstößliche Argumente erhärtet wird, auf deren Darlegung hier aus Platzmangel verzichtet werden muß, insbesondere, da dies an anderer Stelle behandelt wurde[8]. Nicht nur handelt es sich dabei um die älteste in Buchform überkommene vollständigere Version, die von den beiden Familienmitgliedern tradiert wurde, sondern sie geht in einem ununterbrochenen *Isnād* (=Überlieferungskette) auf die älteste Vorlage zurück, die im Islam auf diesem Gebiet bekannt ist. Im Kommentar zur Edition des o.a. Textes von ᶜUmāra und Waṯīma habe ich ausführlich diese Frage untersucht und klargestellt, daß Wahb Ibn Munabbih (gest. 118/728 oder 114/732) die erste Quelle dieser Autoren war, dessen Material durch zusätzliche Nachrichten späterer Gelehrter angereichert worden war[9]. Die einzelnen Teile dieser hier besprochenen Version, die Ibn Munabbih am meisten zitieren, bestätigen auch seine Autorschaft eben für die Geschichte Davids, die auf Papyrus in Heidelberg aufbewahrt ist. ᶜUmāras und Waṯīmas parallel zum Papyrus laufende Version konnte dessen Lücken fast vollständig urschließen. Diese Tatsache spricht also eindeutig zugunsten des ursprünglichen, altertümlichen Charakters des Buches von Vater und Sohn und macht daraus das ältest überkommene umfangreiche Buch

---

6 Über Sohn und Vater, s. R.G.Khoury: Les légendes prophétiques dans l'Islam depuis le Ier jusqu'au IIIe siècle de l'Hégire. D'après le manuscrit d'Abū Rifāᶜa ᶜUmāra Ibn Waṯīma Ibn Mūsā al-Furāt al-Fārisī al Fasawī *Kitāb Badʾ al-ḫalq wa-qiṣaṣ al-anbiyāʾ*. Avec édition critique du texte. Wiesbaden 1978 (Codices Arabici Antiqui III) 137 ff.

7 Sein Material wurde mit Sicherheit von anderen und dem eigenen Sohn erweitert, s.a.a.O.150 ff.

8 a.a.O. 147-150.

9 a.a.O. 158 ff.

über die *Qiṣaṣ al-anbiyā'* (Geschichte der islamischen Propheten)[10] im Islam überhaupt.

Dies sei vorausgeschickt, um auf das Alter des hier zu untersuchenden Materials und damit auf seine Bedeutung für die islamischen Gelehrten aufmerksam zu machen. Daß solche Stoffe diese früh, und zwar nach dem Tode ihres Propheten, besonders interessierten, liegt auf der Hand, zumal da sich viele fromme und asketisch geprägte Fachleute unter ihnen der biblischen Welt zuwandten, um von da her einerseits die Geschichten des Koran besser zu verstehen, und andererseits nach mehr Stoff für ihre eigenen erzählerischen und erbaulichen Zwecke in dieser vorbildlichen Vergangenheit zu suchen. So stürzten sich einige von ihnen vehement auf dieses einmalige Material, von dem sie sich Sättigung all ihrer Bedürfnisse auf religiösem und geistigem Gebiet versprachen.

Die hier zu analysierende Version war in zwei großen Teilen bekannt: Einem ersten, der vom Anfang der Schöpfung bis zum Ḫaḍir (nicht eingeschlossen) reichte, verlorengegangen ist, aber einige sichere Spuren in der islamischen Literatur hinterlassen hat. Und einem zweiten der vom Ḫaḍir (Zeit von Moses) bis zum Aufkommen des Propheten Mohammed reicht[11].

Die Informationen über Babylon sind vielfältig und wiederholen sich nach diesen alten Versionen und anderen verloren gegangenen oder bei viel späteren Autoren teilweise erhalten gebliebenen. Sie drehen sich um die Geschichte einzelner Propheten Israels oder um Könige des babylonischen Reiches, deren Schicksale miteinander

---

[10] a.a.O. 163 ff., 174 ff., besonders S.180.

[11] Mit 153 Folien, die von mir auf 347 Seiten publiziert wurden, wobei der erste Teil ungefähr denselben Umfang gehabt haben mußte; dazu: R.G.Khoury, a.a.O. arab. Text.

verknüpft waren und die hier der Reihe nach dargestellt werden sollen.

I. Vor Babylon wird Ninive erwähnt.

Dies geschieht in Verbindung mit der Entsendung von Yūnus (Jonas) als Prophet. Dieser wird hier in Anlehnung an die koranische Stelle angeführt, die durch seine ausführliche Geschichte verdeutlicht wird[12]. Er war "ein frommer Diener und unter den Propheten gab es keinen, der frömmer als er wäre"; er wurde zu den Leuten von Ninive entsandt, um "sie vor der Strafe Gottes zu warnen". Jonas staunte über diesen Auftrag und fürchtete sich davor, zumal da die Bewohner der Stadt Gott verleugnet hatten und er selbst große Angst vor dem Zorn Gottes hatte. Nachdem die Bewohner der Stadt ihn mehrmals zurückgewiesen und mit Steinen beworfen hatten, entschloß sich Gott, sie zu strafen, wobei der Prophet mit der Herbeirufung der Strafe beauftragt wurde. Darauf folgten Bestrafung und Reue, die sie zu den Israeliten führten, welche ihnen die Hinwendung an Jonas empfahlen. Nachdem sie diesen aber nicht gefunden hatten, beschlossen sie, sich Gott reuevoll zuzuwenden und sich in demütiger, asketischer Weise auf einen Platz zu begeben, der *al-Tauba* (Reue) und *Tall al-Ramād* (Asche-Hügel) hieß[13]. Gott ließ sich erweichen und beendete die Heimsuchung. Jonas, der all dies vom Gipfel eines Berges mit den Mitgliedern seiner Familie beobachtet hatte, wurde von Iblīs geprüft, der ihm alles Schlimme für den Fall seiner Rückkehr zu seinen Leuten voraussagte. Diese Prü-

12 Koran, Sure 37, 139; R.G.Khoury, Les légendes prophétiques, 223-237.

13 Namen, die ihre Haltung und den Zustand ihrer mit Asche bedeckten Häupter ausdrücken. Zu diesen Namensbezeichnungen und den Erläuterungen, die die Autoren dazu geben, s. R.G.Khoury, a.a.O.225, 7-11.

fung leitet den zweiten Teil der Geschichte ein, in dem die tatsächliche Heimsuchung von Jonas erfolgte, und zwar zunächst durch den Verlust eines seiner beiden Söhne, der bei einer Bootsfahrt ins Wasser stürzte, und darauf durch die Episode mit dem Wal, in dessen Bauch der Prophet 40 Tage und Nächte verbrachte. In diesem letzten Teil nimmt das Gebet von Jonas einen sehr wichtigen Platz ein, wobei der Gefangene Gott lobte und sich bei ihm über seinen Zustand beklagte. Gott erbarmte sich seiner und Jonas wurde vom Wal an einem Ort namens *al-Qulla* in der Gegend von Mossul[14] an Land gesetzt, wo er einen Baum (eine Kürbisart, arabisch: *yaqṭīn*) fand, der ihm Schatten spendete und ihn durch seine Äste säugte, wie man ein Kind stillt. Dann kam dem Baum eine Bergziege vom Paradies zu Hilfe, sobald Jonas Milch saugen mußte. Die Rückkehr zu seinen Leuten ist auf den letzten Seiten des Berichts beschrieben, nachdem viele Jahre vergangen waren, was eine Beglaubigung seiner Identität durch eine Wundertat erforderlich machte. So blieb Jonas inmitten seiner Leute, bis Gott ihm erlaubte, sie zu verlassen, und Ašaᶜyā (Jesaja), Schüler von Jonas, als dessen Nachfolger auserkor.

II. Babylon und die babylonischen Könige Sanherib, Nebukadnezar und sein Sohn.

A) Sanherib

Er ist der erste babylonische König, den der arabische Text erwähnt. Zunächst erfahren wir die Umstände der Entsendung von Jesaja als Propheten zu den Israeliten, deren Unglaube zum Himmel schrie, ein Umstand, welcher in altbiblischer Tradition sowohl das

[14] al-Mauṣil, zu diesem Ort: a.a.O.231,2.

Auftreten eines Propheten als auch die Bestrafung in Form von Verwüstung des Landes durch einen fremden Herrscher oder gar die Gefangenschaft rechtfertigte, wie man sehen wird. Sanherib, der als "ein König der Könige von Babylon" bezeichnet wird[15], begab sich nach Jerusalem, hier Bayt al-Maqdis genannt wie im Islam generell, an der Spitze von 600.000 *rāya* (Banner), jede *rāya* aus 1000 Mann bestehend, und lagerte um die Stadt herum. Der regierende König der Israeliten, Ṣadīqa, ein frommer, alter und kranker Mann, bat Jesaja um Anweisungen Gottes und erreichte durch seine gottesfürchtige Gesinnung und Gebete, die für sein Ableben gesetzte Frist um 15 Jahre verlängern zu lassen. Als Zeichen für die Erhörung seiner Bitte erfuhr der König von Israel, wie Gott ihm und seinem Volk Sanherib ersparte, dessen Armee am nächsten Tag tot aufgefunden wurde, bis auf den babylonischen Herrscher selbst und fünf seiner Schreiber, die alle die Flucht ergriffen, jedoch von israelitischen Soldaten verfolgt und nach Jerusalem gebracht wurden. Interessant in diesem Zusammenhang ist, daß unter den fünf Schreibern Nebukadnezar war, über den später zu berichten ist. Sanherib berichtete dem König der Juden, daß er über diese Entwicklung Bescheid gewußt, jedoch die Hoffnung gehegt hatte, die Israeliten würden sich ihrem Gott gegenüber ungehorsam zeigen und folglich von diesem im Stiche gelassen werden. Die Gefangenen wurden mißhandelt, Gott jedoch ordnete an, sie sollten gut behandelt und als Mahner für Gottes Taten nach Hause geschickt werden[16]. So kehrte Sanherib mit seinen Leuten nach Babylon zurück, wo er 70 Jahre[17] lang regierte und vor seinem Tod seinen Enkel (von seinem

[15] a.a.O.239,3.

[16] a.a.O.239-243.

[17] sic: 243,11.

Sohn) zum Nachfolger ernannte, der seinerseits 17 Jahre an der Macht blieb. Als aber der König der Israeliten verstorben war, verschlechterte sich die Lage seiner Untertanen, die nicht mehr auf Jesaja hören wollten, der einen göttlichen Sendungsauftrag bekam und eine rhetorisch und sprachlich selten schöne Rede hielt, in der er Gott lobpries und die Geschichte der Sonderstellung des Volkes Israel sowie dessen Erniedrigung und Bestrafung darstellte: Das Volk aber wurde dadurch gegen ihn aufgebracht und verfolgte ihn, um ihn zu töten; jedoch verschwand er in einem Baum, der ihn aufnahm. Als König folgte Nāšiʾa Ibn Mūṣ, an dessen Seite Irmiyā (Jeremia) auftauchte[18].

B) Baḫtanaṣṣar (=Nebukadnezar)

Über ihn wird in unserer Version ausführlich berichtet, und zwar sowohl in Verbindung mit der Geschichte Daniels als auch mit der der Zerstörung Jerusalems.

1. Baḫtanaṣṣar und Daniel

So lautet die Überschrift des ersten Berichts[19]. Dieser beginnt mit Angaben über die Herkunft und Kindheit des Königs, den Daniel[20] im Traume als bedürftiges Kind vom Lande Babylon sah, durch dessen Hände die Zerstörung Jerusalems geschehen sollte. So machte sich der Prophet auf die Suche nach ihm und kam nach Babylon, als noch Sanherib regierte. Ein Bote Daniels entdeckte Baḫtanaṣṣar, der mit einer schlimmen räudeartigen Krankheit behaftet war. Da-

[18] Über die Rede des Ašaᶜyā und die Ereignisse bis zu diesem Zeitpunkt s.a.a.O. 244-250.

[19] a.a.O. 250, wobei das Kapitel bis S.255 geht.

[20] Nicht zu verwechseln mit dem Daniel, den der König später in die Gefangenschaft führen sollte und der derselben Sippe entstammte. S.a.a.O.250,14-15.

niel nahm ihn unter seinen Schutz, ließ ihn pflegen und heilen. Er offenbarte ihm, daß er zum König über Babylon auserkoren sei und bat ihn um Schonung für sich und seine Familie, sobald Jerusalem von dessen Soldaten belagert würde. Der junge Baḫtanaṣṣar, der diese Voraussage nicht glauben wollte, unterschrieb ihm ein solches Dokument und trat danach in den Dienst Sanheribs, den er bei der Ausarbeitung des Feldzugs gegen Jerusalem beraten hatte.

2. Jeremia, der König Nāši'a Ibn Mūṣ, Baḫtanaṣṣar und die Zerstörung Jerusalems[21].

Die Traditionarier beginnen mit Jeremia, der einziger Sohn eines Königs gewesen sein soll[22], jedoch so fromm, daß er den Vorschlag seines Vaters, zu heiraten, zunächst ablehnte, aus Angst, dadurch von den asketischen Pflichten abgelenkt zu werden, schließlich aber einwilligte. Da er aber weder mit seiner ersten noch mit einer weiteren Frau die Ehe vollzog, mußte er vor der Wut seines Vaters fliehen. Später wurde er unter König Nāšiʾa zu den Söhnen Israels entsandt, als er von Gott vom Untergang und der Zerstörung der heiligen Stadt erfuhr. Als aber das Maß der Übertretungen von Gottes Gesetzen durch die Israeliten voll war, befahl ihm Gott, die berühmte Rede zu halten, in der er die schlimmen Ereignisse prophezeite. Die Rede gehört, wie die des Jesaja, zu den schönsten Prosastücken der klassisch-arabischen Sprache und verdiente eine gesonderte Untersuchung[23]. Darauf folgt der Bericht über den Vormarsch des Königs von Babylon gegen das Land der Juden, über die Belagerung der Stadt, sowie über die angerichteten Verwüstungen.

---

[21] a.a.O.255-279.

[22] a.a.O.255,21-22.

[23] Sie geht von S.258-264.

Höhepunkt der Heimsuchungen war die Zerstörung Jerusalems, des Tempels, sowie die Verbrennung der Thora.

Unter denjenigen, die in Gefangenschaft geführt wurden, befand sich Daniel, der als Bestrafung für seine Rednergabe und Weisheit in eine Grube zusammen mit zwei Löwenjungen geworfen wurde, die zugeschüttet wurde. Nach sieben Tagen offenbarte Gott "einem der Propheten der Söhne Israels, der in einer Gegend von Syrien war", sich zu der Grube zu begeben, um Daniel herauszuholen. Wieder auf freiem Fuß, hatte der Prophet den König anzuprangern, der ihn dazu aufforderte, Schweinefleisch zu essen; da er dies ablehnte, wurde er eingesperrt und im Gefängnis vergessen, bis der König den bekannten Traum hatte, der ihm zusetzte und den ihm niemand deuten konnte, außer Daniel, der dadurch die Freiheit wiedererlangte. Eine Gruppe verstreuter Juden erfuhr die Lage des über die zerstörte Stadt weinenden Propheten; sie suchten ihn auf, um ihm mitzuteilen, daß sie zwar an seine Sendung glaubten, jedoch Schutz beim Pharao suchen wollten, aus Angst vor dem babylonischen König. Dieser aber wollte sich ihrer bemächtigen, deswegen bekriegte er den Pharao und tötete dessen jüdische Gäste.

Hier findet die Prophezeiung des Sieges über die Ägypter statt, derzufolge Jeremia die Steine genau an die Stelle legte, an der der Thron Baḫtanaṣṣars aufgestellt werden sollte, was diesem als Beweismaterial für die Echtheit der prophetischen Aussage vorgelegt werden sollte. Darauf erfahren wir, wie Jeremia sich in Ägypten niederließ und dort einen Garten bebaute. Gott stellte ihm anheim, nach Jerusalem zurückzukehren, da er beabsichtigte, die Stadt durch den König der Perser, Kūruš (Kyros), wiederaufbauen zu lassen, da dieser unter allen Königen der einzige war, der die heilige Stadt nicht zu besetzen begehrte, weil seine Mutter eine

Jüdin war[24] und daher eine hohe Meinung davon hatte. So erlebte Jeremia den Wiederaufbau der Stadt 30 Jahre unter der Führung des Perser-Königs und verstarb danach.

3. Daniel und die Rückkehr der Israeliten nach Jerusalem.

Die Geschichte der Traumdeutung durch Daniel ist oben erwähnt, jedoch erst an dieser Stelle ausgeführt[25]. Der König hatte also einen furchterregenden Traum, während Daniel im Gefängnis saß. Er ließ seine Wahrsager und Zauberer zu sich kommen und gab ihnen auf, das zu deuten, was er gesehen hatte, ohne ihnen die Traumesereignisse zu schildern. Sie baten ihn um Erläuterungen, er aber verweigerte sie und gab ihnen drei Tage Zeit, um das Geheimnis zu lüften, sonst würde er sie töten lassen. Daniel hörte von dieser Geschichte und versprach seinem Gefängnishüter, eine Deutung zu finden. Dieser brachte dem König die Nachricht und der Prophet wurde zum Herrscher gebracht; er weigerte sich, vor ihm niederzufallen, um die Gunst seines eigenen Herrn (gerade bei der Traumdeutung) nicht zu verscherzen. Diese Treue gefiel dem König. Dann erfolgte die Traumdeutung mit den folgenden Einzelheiten:

Der Herrscher habe einen gewaltigen Götzen gesehen, dessen Füße auf der Erde standen, dessen Kopf jedoch in den Himmel ragte; sein oberer Teil bestand aus Gold, der mittlere aus Silber und der untere aus Kupfer. Während er ihn betrachtete, bewarf Gott diesen mit einem Stein, der seine Teile so durcheinanderbrachte, daß man sie nicht mehr auseinanderhalten konnte. Der König sah den Stein im Himmel hin- und herfliegen, bis er die ganze Erde füllte, während der König nur ihn und den Himmel in Augenschein nehmen

[24] a.a.O.272,10-11.

[25] Dazu, sowie zur Geschichte der Befreiung der gefangenen Juden und zum Ende des babylonischen Königs, a.a.O.272,14-279.

konnte. Daniel deutete dem bejahenden König dessen Traum wie folgt: Der Götze versinnbildliche verschiedene Völker am Anfang, in der Mitte und am Ende der Zeiten. Das Gold sei die Regierungszeit des Herrschers, das Silber die Zeit des Königssohnes, das Kupfer die der Byzantiner, das Eisen die der Perser, die Tonware die zweier Nationen, die von zwei Frauen (Jemen und Syrien) regiert würden. Der Stein aber stelle die Religion dar, mit der Gott alle Völker und Religionen besiegen werde, wobei sein "arabischer, analphabetischer" Prophet den größten aller Siege erringen werde. Der König zeigte sich sehr beeindruckt von der Deutung und versprach, Daniel als freien Mann nach Hause zu schicken und ihm alles wiedergutzumachen, was zerstört worden war. Der Prophet sagte ihm voraus, was Gott mit ihm vorhatte und in welche Formen er ihn verwandeln wollte: sieben Jahre lang sollte der König in diesem Zustand verbleiben, wobei Gott entschlossen sei, sich nicht durch die Reue des Herrschers von seinem Vorhaben abbringen zu lassen. Nach sieben Tagen voller Kummer wuchsen dem König, während er auf dem Dach seines Hauses weilte, Gefieder und Flügel eines Adlers. Darauf wurde er in ein Pferd verwandelt usw., bis er zum Schluß eine Mücke wurde. Da gab ihm Gott seine ursprüngliche menschliche Form wieder zurück. Nach anderen Versionen hätte er versucht, dem König des Himmels seine Macht streitig zu machen, da hätte Gott eine Mücke auf ihn losgelassen, die ihn quälte und an seinem Gehirn nagte, bis er verstarb. Er befahl aber vorher, die Todesursache zu ergründen, so daß seine Leute seinen Kopf öffneten und die Mücke in seinem Gehirn feststellten.

C. Balṭāšaṣr (Balthasar), Baḫtanaṣṣars Sohn[26].

Zu Anfang werden seine Unsitten aufgezählt, die gegen die Religion verstoßen: Das Trinken von Wein und das Essen von Schweinefleisch in Gefäßen und Geschirr des Jerusalemer Heiligtums. Diese Gegenstände hatten die Babylonier zunächst in ihre Heimat mitgenommen; sie waren dann von den Israeliten wieder nach Jerusalem zurückgebracht worden, um endlich von den Byzantinern in ihr Land weggeschleppt zu werden. Daniel versuchte, Balṭāšaṣr von den Verstößen gegen die Religion abzuhalten, indem er ihm erzählte, wie er sich bemüht hatte, dessen Vater Baḫtanaṣṣar auf die gleiche Weise davon abzuhalten. Die Frau des Königs, als kluge und entschlossene Frau dargestellt, tat ihr Bestes, um die Haltung ihres Gemahls Daniel gegenüber zu ändern, jedoch ohne Erfolg, weil der Herrscher angab, den Propheten nicht ausstehen zu können. In diesem Kontext von schweren moralischen Übertretungen wird über die Geschichte der Handfläche berichtet, die ohne Arm in der Luft hing und an die Wand "drei Buchstaben" den Gesichtern der anwesenden Leute gegenüber schrieb, danach mit dem Schreibrohr verschwand, was alle in Erstaunen und Furcht versetzte. Wiederum war es die Königin, die ihren Gemahl bat, Daniel als einzige Lösung herbeiholen zu lassen; der Herrscher ließ ihn kommen und entschuldigte sich bei ihm damit, daß seine Leute Ursache für die Ungnade gewesen wären. Daniel entzifferte die Schrift der Handfläche wie folgt (ich übersetze): "*Basmala*" (= im Namen des barmherzigen und gütigen Gottes): "*wazana fa-ḫaffa wa-wa ᶜada fa-anǧaza wa-ǧamᶜun mutafarriqun*" (er wog und es war leicht; er versprach und ließ in Erfüllung gehen; und eine (Menschen-)Menge, die sich teilt", was folgendermaßen kommentiert wird: "Gott hat dir deine Taten gewogen und sie waren leicht

---

[26] Über ihn s.a.a.O., 280-284; so bezeichnet im Bericht.

von Gewicht; er gab sein Wort und erfüllte heute das, was er mir versprochen hatte; was aber die sich teilende (Menschen-)Menge angeht, so hatte Gott dir und deinem Vater die Herrschaft vereinigt, welche sich heute zerspaltet, so daß sie sich nie wieder bis zum Jüngsten Tag vereinigen wird"[27].

Als Zeichen der Bestrafung durch Gott sollte der König nach drei Tagen getötet und seines Königreichs verlustig gehen. Der Herrscher trat in seinen Palast ein, befahl einem besonders zuverlässigen Türhüter, einen jeden umzubringen, der durchkommen sollte, selbst wenn dieser sagte, er sei der König. Dieser letztere ging am Ende der Dreitagesfrist erleichtert durch die Tür hinaus; der Türhüter jedoch, der die ganze Nacht Wache gehalten hatte, schlief am Morgen ein, erwachte jedoch, als der König an ihm vorbeiging, und schlug auf diesen mit dem Schwert ein, während der Herrscher sagte: "Ich bin der König". Der Türhüter erwiderte: "Du lügst", bis er ihn tötete. Mit dem Tod des Königs endete auch die Gefangenschaft der Israeliten in Babylon und sie konnten in ihre Heimat zurückkehren.

III. Der Wert des untersuchten Materials und ein neues arabisches Buch über Nebukadnezar.

Am Ende der Darstellung der Berichte über Babylon und über seine großen Könige stellt sich die Frage nach dem Wert dieses Materials. Natürlich kann eine solche Literatur nicht als rein historisch betrachtet werden, denn die ganze Gattung heißt "*qiṣaṣ*", also Erzählungen, Legenden, wie ich mein Buch betitelt habe, in welchem die hier analysierten arabischen Texte zu finden sind. Die

[27] Zu dieser Entzifferung und Exegese, s.a.a.O., 282, 9-14.

Umformungen sind alt und urtümlich, so daß man in einer historischen Betrachtung alle möglichen Teile nicht immer nach ihrer Historizität überprüfen kann. Bei dieser Art Literatur geht es nicht nur um die reinen geschichtlichen Ereignisse, die von Version zu Version besser verständlich werden (vielleicht entdeckt man dabei die einzige ausführliche, die in der betreffenden Kultur keine überkommene Parallele mehr hat), sondern um eine genaue Vorstellung von allen kulturellen Bereichen in solchen alten Zeiten. Auf die Probleme, die eingangs angeschnitten wurden (Studium aller Berichte, synoptische Analyse usw.) kann in diesem Rahmen nicht eingegangen werden. Nun möchte ich ein Buch vorstellen, das 1983 in Bagdad erschienen ist, um festzustellen, wie die bereits besprochenen Abschnitte der arabischen Version dazu stehen, und zwar in Verbindung mit Nebukadnezar. Da es sich um ein auf Arabisch geschriebenes Buch handelt, kann eine solche Darstellung denjenigen unter den Assyriologen dienlich sein, die mit dem Arabischen wenig vertraut sind. Es handelt sich um:

Ḥayāt Ibrāhīm Muḥammad:
Nabūḫaḏnuṣṣar aṯ-ṯānī 604 - 562 q.M. (= v.Chr.)
Bagdad (Ministry of Culture and Information.
State Organization of Antiquities and Heritage)
1983. 141 S.

Im Vorwort erläutert Dr. M. Saᶜīd, Direktor der State Organization of Antiquities and Heritage ... (S. 11-12), das Vorhaben dieses Buches. Es will zum einen die wahre Persönlichkeit dieses Herrschers ergründen und zum anderen die ungefähr seit 2500 Jahren andauernden Versuche, sein Bild zu verunstalten, klarstellen. Die Autorin gibt seiner Ansicht nach eine vorbildliche Antwort, die sowohl der Legende als auch der historischen Wirklichkeit des

Herrschers in einzigartiger Weise gerecht wird. Nur neues Keilschriftmaterial könnte eine Ergänzung oder Änderung nötig machen. Davon später mehr.

Die Einleitung der Verfasserin (S. 13-14) erläutert den Grund für die Beschäftigung mit diesem Thema: Nicht etwa, weil Nebukadnezar ein babylonischer König war, mit dessen Namen sich Großes auf verschiedenen Gebieten verbindet, sondern, weil er besondere politische und militärische Fähigkeiten besaß, die unter seiner Regierung aus Babylon die Erbin aller ruhmreichen altorientalischen Epochen vor ihm (sumerisch, akkadisch und assyrisch) machten, was zum Ausgangspunkt einer kulturellen Renaissance wurde, die diesem Land zu einem Höhenflug in der Entwicklung verhalf.

Auf S. 17 wird die Methode der Arbeit erläutert, die aus vier Kapiteln besteht:

A. Quellen der Studie (S. 19-31).

1. Hauptquellen: Keilschriften, die vor seiner Zeit vorhanden waren (assyr. Annalen und zeitgenössische Aufzeichnungen).

2. Sekundärquellen:
   a. jüdische
      - Altes Testament
      - Rabbinische Schriften
   b. Griechisch-lateinische Schriften, im allgemeinen wenig ergiebig.
   c. Schriften arabischer Historiker:
      aṭ-Ṭabarī (224-310 / 839-923)
      al-Dīnawarī (st. 282 / 895)
      al-Masᶜūdī (st. 346 / 956)

al-Ṯaᶜālibī (350-429 / 961-1038)

al-Bīrūnī (st. 440 / 1048)

Ibn al-Aṯīr (555-631 / 1160-1234)

oder al-Yaᶜqūbī (st. 284 / 897)

Sie geben (nach der Autorin) keine Quellen an und berücksichtigen mündliche Versionen, die unter dem Einfluß jüdischer und persischer Quellen stehen und das große Ansehen des Königs als Teil desjenigen der Perser hinstellen wollen.

B. Die Gründung der Chaldäischen Dynastie (S. 32-52).

In einem ersten Teil werden Herkunft und Entstehung ihrer verschiedenen Scheichtümer untersucht, wobei die Autorin hervorhebt, daß der Begriff *māt Kaldī* (chald. Land) eine allgemeine Bezeichnung für alle Scheichtümer war. Darauf wird auf die Beziehung zwischen den Chaldäern und den assyrischen Königen eingegangen, beginnend mit den Annalen des Aššurnaṣirpal II. (883-859 v.Chr.).

In einem zweiten Teil wird dargestellt, wie Babylon seine politische Unabhängigkeit wiedererlangte und den assyrischen Staat herausforderte: Der Herrscher Nabupolassar, der im November 626 v.Chr. den Thron Babylons bestieg, steht im Mittelpunkt des Interesses. Der dritte und letzte Teil dieses Kapitels behandelt den Fall Aššurs und Ninives in den Jahren 614 und 612 v.Chr.

C. Nebukadnezar II. (S. 53-61)

Es wird die Zeitspanne vor und bis zur Erlangung der Königswürde untersucht: Name, Bedeutung dieses Namens, Herkunft und Familienstand, Besteigung von Babylons Thron.

D. Nebukadnezar als König (S. 62-110)

Das wichtigste Kapitel mit drei Teilen:

1. Die Militär-Politik - Seine Feldzüge:

   Sie waren auf die westliche und süd-westliche Front konzentriert, um die in der Region durch Ägypten geschaffenen Probleme aus der Welt zu schaffen, die Handelswege und -zentren in Syrien zu sichern, die strategischen Pläne des babylonischen Staates bei der Einigung der syrischen Gebiete zu verwirklichen, die eine Einheit mit Babylon bilden sollten, sowie die nordöstliche Front abzusichern, für die er ein Abkommen mit den Medern im Jahre 614 v.Chr. geschlossen hatte, das unter seiner ganzen Regierungszeit in Kraft blieb.

   Die Politik der Babylonier mit ihren Gefangenen:

   Weitgehend setzte er die assyrische Politik der Umsiedlung fort, um rebellische Gruppen besser unterwerfen zu können, und ließ die Gefangenen in die Nähe von Städten und Dörfern bringen, ohne an deren frühere Wohnorte andere Leute anzusiedeln.

2. Die Verwaltung:

   Es werden analysiert:

   Der Sitz der babylonischen Verwaltung, die Macht des Königs, sowie die wichtige Rolle des Tempels, dessen Macht zwar in dieser Epoche zunahm, jedoch unteilbarer Bestandteil der zentralen Regierungsgewalt blieb.

3. Die Bautätigkeit in Babylon:

   Es werden 4 Epochen unterschieden:

   - zwischen 604 und 600

- zwischen 600 und 593
- zwischen 593 und 580
- zwischen 580 und 562.

Die archäologische Bedeutung der drei Hügel, und zwar im Norden, in der Mitte und im Süden Babylons wird hervorgehoben, die die wichtigsten Monumente enthalten. Einige Proben dieser Bautätigkeit werden angeführt: 1. Das südliche Schloß, das eine echte autarke Stadt darstellte, die unter dem Namen der Residenzstadt des Königs Babylons (*Al bīt šar-Babili*) bekannt war. 2. Das Sommer-Schloß, wegen seiner Höhe als Tall Bābil bekannt. 3. Die Stadtmauern Babylons und seine Festungen. 4. Das *Ištar*-Tor, Haupttor für die Innenmauer, an der nördlichen Seite. 5. Die Straße des Umzugs. 6. Der Tempel Esagila, Haupttempel der Stadt und dem Gott Marduk gewidmet.

Das Werk endet mit einigen Schlußbemerkungen (S. 114-115). Es scheint mir sehr sorgfältig durchgeführt zu sein, so daß der Autor des Vorworts, Dr. M. Saᶜīd, schreiben konnte, das Buch stelle eine in ihrer Art einzigartige Untersuchung dar, die ihresgleichen suche und daher verdiene, in Fremdsprachen übersetzt zu werden[28]. Ich überlasse es den Fachleuten, dieses Urteil zu bestätigen oder zu nuancieren.

Nun sollen ein paar Gedanken unterbreitet werden, die die Beziehungen der arabischen Berichte über Babylon zum o.a. Buch betreffen und in der Geschichte der islamischen Propheten enthalten sind:

---

[28] s.S. 12.

Zunächst erhebt sich die Frage nach den Unterschieden in den Bezeichnungen von Nebukadnezars Namen in der assyriologischen und arabischen Literatur: Der Name des Königs lautet in den meisten arabischen Quellen Baḫtanaṣṣar, der merkwürdigerweise etymologisch folgendermaßen erklärt wird: *Bwḫt* bedeute ibn (Sohn) und *Nṣṣr* sei ein Götze. Der Machthaber sei als Kind bei dem Götzen entdeckt worden und da sein Vater nicht bekannt gewesen sei, habe man ihm den Namen "Sohn des Götzen" gegeben[29]. Von der Autorin erfahren wir jedoch nicht, warum sie Nabūḫaḏnuṣṣar mit dem ḫ und ḏ (auch so vokalisiert) einer anderen arabischen Schreibung (Nabukadnaṣṣar) vorzieht, die bei vor allem modernen arabischen Autoren verbreitet ist. Ein paar Zeilen hätten genügt, um ihre Form zu rechtfertigen, zumal da schon aṭ-Ṭabarī sie angibt, allerdings ein einziges Mal[30]

Was die Berichte im Islam nicht nur über diesen König, sondern auch über alle anderen anbetrifft, so hat die Autorin mit ihrer Ansicht Recht, daß diese generell auf mündlichem Wege überkommen sind, bevor sie schriftlich fixiert wurden: Das bedeutet konkret viele Umformungen, Verunstaltungen, bei denen zwar fromme, aber immerhin naive Sagenerzähler das Wort hatten: Sie griffen nach den im Koran angedeuteten Ideen, die sie dann fantasievoll an Hand rabbinischer und sonstiger jüdischer Berichte, an die sie in der Wüste herankamen, stark ergänzten, ja von Fall zu Fall auch islamisierten. Der größte Historiker des Islam, Ibn Ḫaldūn (1332-1406 n.Chr.), erkannte sehr gut die wahren Gründe, die zu solchen Mißstände geführt hatten: Vor einer Fülle von Berichten über die biblische Welt stehend, die er in islamischen Texten seiner Vorgän-

[29] s.a.a.O., 53, wo die Autorin auf Ibn Manẓūr verweist, Lisān al-ᶜarab, Ausg. Beirut 1955-56, II, 9.

[30] s. aṭ-Ṭabarī: Annales = *Tārīḫ ar-rusul wa-l-mulūk.* Ed. de Goeje, Leiden 1879 ff., I, 671.

ger vorfand, schrieb er, daß die Araber der ersten islamischen Generationen Söhne der Wüste ohne schriftliche Tradition waren: Für alle Fragen über die biblische Vergangenheit mußten sie sich automatisch an die zahlreichen jüdischen Gelehrten wenden, die inmitten von ihnen auf der Halbinsel lebten und die ersten gelehrten Konvertiten des Islam darstellten. Diese waren jedoch wie sie selber Bewohner derselben Wüste, lebten also weit weg von den jüdischen Kulturzentren, galten aber in ihrer naiv denkenden Umgebung, ebenfalls ohne schriftliche Tradition, als große Gelehrte, an die sich die Muslime für alle möglichen Informationen wandten[31]. Die Früchte ihrer Mitteilungen sind mehr oder weniger getreu nicht nur in den *Qiṣaṣ al-anbiyā'*, sondern auch in zahlreichen Korankommentaren und historischen Texten bewahrt und legen ein beredtes Zeugnis für die zahlreichen Umformungen ab, denen solche Texte vor ihrer Fixierung ne varietur unterworfen wurden. Deswegen tragen sie in irgendwelcher Weise dazu bei, das historisch belegbare Bild der Personen und Ereignisse, sprich hier Nebukadnezar und die Gefangenschaft der Juden, besser zu verstehen und zu ergänzen, zumal da man nicht wissen kann, ob einzelne Züge dieser Geschichte der Propheten im Islam nicht tatsächliche Bestandteile alter historisch geprägter Texte waren, die die Keilschriften nicht berücksichtigt hatten oder die buchstäblich verloren gegangen sind. Auf jeden Fall bilden sie entweder andere, zumindest in ihrem Kern ernst zu nehmende Versionen, oder sie bezwecken Anpassungen an persische und vor allem jüdische Beschreibungen, wie Frau Ḥ.I. Muḥammad in ihrem oben besprochenen Buch betont, wobei sie einige Beispiele anführt: Aṭ-Ṭabarī soll hier hervorgehoben werden, der aus dem Kö-

[31] s. Ibn Ḫaldūn, *Muqaddima*, Ed. Beirut 1967, S. 786 f.; F. Rosenthal: Ibn Khaldūn. The Muqaddima. An Introduction to History. London 1958, II, 445.

nig einen Perser macht[32]. Sein Bericht, der stark von dem der oben untersuchten islamischen Version abweicht, insbesondere dort, wo die Verbindung zu Persien deutlich wird, ist hier offenkundig von persischen Quellen abhängig und da, wo die Verbindung zu rabbinisch jüdischen Quellen ins Auge springt, eben von diesen letzteren. Alle übrigen von der Autorin angegebenen Historiker befolgen im Grunde genommen mehr oder weniger die Grundlinien des Ṭabarī, was die persische Herkunft des babylonischen Herrschers anbetrifft, und fügen in der Regel Informationen hinzu, die aus Büchern über die Geschichte der Propheten im Islam entnommen sind und sehr stark von eben den erwähnten jüdischen Quellen abhängen: So die Berichte über die Kindheit Nebukadnezars, über die Zerstörung Jerusalems, über die wichtigen Beziehungen Daniels zum König, alle Probleme der Gefangenschaft und den Krieg gegen den Pharao: Es sind Berichte in mehr oder weniger ausführlicher Form, die nicht zu ignorieren sind und sich für Untersuchungen und Vergleiche anbieten und dem historisch Interessierten für manche Detailfragen als Ergänzung zu fehlenden keilschriftlichen Informationen von Bedeutung sein können. Auf jeden Fall sind auch sie ein Mosaikstein im Gesamtbild der alten orientalischen Welt, zu dem die hier vorgestellten Gedankengänge Ansätze sein wollten, die weiterzuführen und zu vertiefen wären.

[32] Zum Bericht aṭ-Ṭabarīs, s. Annales, op.cit. I, 642 ff., 645 ff.

têrtum im Altassyrischen

B.Kienast / Freiburg i.Br.

têrtum, altakkadisch auch *ta'ertum*, ist eine Ableitung der Nominalform *taprīst-* von dem Verbum *(w)âru(m)* "gehen", "schicken". *taprīst-* bildet, ebenso wie das maskuline Gegenstück *taprīs-*, nomina actionis vom D-Stamm mit Übergang der Bedeutung in das Konkrete (vgl. GAG § 56 1). *(w)u'uru(m)* heißt nach AHw 1472 "beauftragen; regieren", aber auch "übersenden, schicken" von Personen und Informationen (vgl. ibid. sub 6); deutlicher ist CAD A/2 320-322 mng. 2 "to send a person, a message" und mng. 3 "to give an order". Für *têrtum* im Altassyrischen gibt AHw 1350 nur die Übersetzung "Anweisung v. Menschen", doch ergeben sich aus den beiden Prämissen, der Bedeutung des Verbums und der Funktion der Nominalform, folgende Anwendungen von *têrtum*:

1. *têrtum* = "Bescheid", "Bericht", "Nachricht", "Information"

têrtum "Nachricht" wird als Folge eines gegebenen Zustandes, eines Geschehens oder einer Handlung erteilt oder versprochen, erbeten oder angemahnt, wobei gegebenenfalls der Handelnde und der Berichterstatter identisch sind. *têrtum* ist dabei überwiegend Subjekt von *alākum* "gehen", mit Ventiv "hingelangen", seltener Objekt zu *šapārum* "senden" (1.2; 1.8; 1.18). Beide Verbindungen begegnen häufig nach satzverbindendem enklitischen *-ma* "und dann" (1.1-1.2; 1.4-1.6) bzw. "aber" (1.10-1.12), im Nachsatz von Bedingungs- (1.17; 1.22; 1.23) und anderen Nebensätzen (eingeleitet mit *ašar*: 1.18; *kīma*: 1.19, 1.20; *mala*: 1.9, 1.16, 1.21), sowie endlich nach

Alternativsätzen (1.24) oder alternativen Ausdrücken (*annītam lā annītam*: 1.25).

1.1. AAA 1 pl. XXVI No. 13A:3-9: *a-na-kam mu-ur-ṣa*[!] *-am / ša* PN / *áš-me a-ma-kam šu-ma / ša-li-im a-mu-ur-šu-ma / a-pu-tum té-er-ta-kà / ú té-er-tù-šu / li-li-kam-ma* "Hier habe ich von der Krankheit des PN gehört. Sieh dort nach ihm, ob er gesund ist, und dann, bitte, möge ein Bericht von dir und von ihm herkommen"; vgl. auch ibid. 16 und 22.

1.2. TCL 19 26:30-35a: *a-na ma-lá ṭup-pí-šu / ša iš-pu-ra-ni a-ša-*⸢*sú*⸣ / *nu-za-kà-ma té-er-tí-ni / za-ku-sà / iš-tí* PN / *ni-ša-pá-ra-kum* "Entsprechend der Urkunde, die er mir geschickt hat, werden wir seine Ehefrau freistellen und dann unseren Bericht über ihre Freistellung mit PN dir zuschicken".

1.3. BIN 4 76:9b-14: *za-ku-ut / a-wi-tim ša a-na* / KÙ.BABBAR *li-bí / lá i-pá-ri-id / té*[!] *-er*[!] *-ta-kà / li-li-kam-ma* "Über die Klarstellung der Angelegenheit möge dein Bescheid zu mir kommen, damit ich mich um das Silber nicht sorgen muß".

1.4. TCL 14 30:19b-21: *a-wi-lá-am / a-ṣa-ba-at-ma té-er-tí / i-lá-kà-kum* "Den Herren werde ich belangen und dann wird mein Bericht (darüber) zu dir gelangen".

1.5. CCT 2 34:23b-25a: *a-li ba-lá-ṭí-a / ep-ša-ma ù té-er-ta-ku-nu / li-li-kam* "Macht jeden möglichen Profit für mich und dann möge euer Bescheid (darüber) kommen".

1.6. KTK ii: 5'b-7'a: *a-šar* KÙ.BABBAR / *il*$_5$ *-qé-ú a-ša-al-ma / té-er-tí i-lá-kà-kum* "Woher er das Silber erhalten hat, werde ich fragen, und dann wird mein Bericht zu dir kommen". Vgl. auch CCT 4 38a:23.

1.7. CCT 4 33b:18-20: *té-er-ta-kà da-mi-iq-tum / a-pá-ni-šu li-li-kam-ma / li-bu-šu lá i-pá-ri-id* "Eine gute Nachricht von dir möge zu ihm gelangen, so daß er sich keine Sorgen zu machen braucht". Vgl. auch CCT 2 20:35, BIN 6 23:34 und CCT 3 34a:23.

1.8. VAT 9224:2: *kīma té-er-tim damiqtim damiqtimma šapārimma uz-nī'a patā'im ḫimṭātim u arrātim taštanapparam* "Statt (mir) eine gute, und nur gute Nachricht zu senden und mich (entsprechend) zu informieren, schreibst du immer (nur) Ausflüchte und Verwünschungen".

1.9. CCT 2 5a:23b-28: KÙ.BABBAR / *ša* TÚG.ḪI.A. *ma-lá / i-ṣé-er* DAM.GÀR / [*t*]*a-na-dí-a-ni ù u₄-me* / [*té*]*-er-ta-ku-nu za-ku-tum / li-li-kam* "Was das Silber für die Stoffe betrifft, wieviel (davon) ihr einem "Kaufmann" übergeben wollt und die Termine, (darüber) möge ein klarer Bericht von euch herkommen". Vgl. auch TCL 14 22:12.

1.10. BIN 4 49:5b-10: *mi-šu / ša ṣú-ḫa-ru ša* PN / *ù a-li-ku a-dí / ší-ni-šu i-li-ku-ni-ma / té-er-ta-ak-nu-ma / lá i-li-kà-ni* "Wie kommt es, daß Angestellte des PN und (andere) Boten schon zweimal hergekommen sind, ein Bericht von euch aber (noch) nicht eingetroffen ist?".

1.11. CCT 4 32a:3b-6a: *iš-tù / ma-lá-šu u₄-me tù-ṣí-ma / té-er-ta-kà-ma / lá i-li-kam* "Seit all' den Tagen bist du weggegangen, aber ein Bericht von dir ist (noch) nicht hergekommen".

1.12. CCT 4 45b:3-5: *a-dí ma-lá ú ší-ni-šu / áš-pu-ra-ku-ma ku-a-tum / té-er-ta-kà-ma lá i-lá-kam* "Ich habe dir (schon) ein-, zweimal geschrieben, aber ein Bericht von dir will nicht kommen". Vgl. auch CCT 3 11:9, CCT 2 47b:28 und TCL 14 12:4.

1.13.BIN 4 86: *a-na Bu-za-zu qí-bi*$_4$*-ma* / *um-ma A-šur-*^{d}UTU^{ši}*-ma* / *a-dí* TÚG.ḪI.A / SIG$_5^{tím}$ *té-*⸢*er*⸣*-tí* / *a-dí ḫa-am-ší-šu i-li-kà-kum* / 35 TÚG SIG$_5^{tum}$ / 5 TÚG *a-bar-ni-ú* / *té-er-ta-kà* / *a-pá-ni-a* / *li-li-kam* "Zu Buzazu sprich! Folgendermaßen (sagt) Aššuršamšī: Wegen der guten Stoffe ist dir ein Bescheid von mir (schon) fünfmal (= mehrfach) zugegangen. Was die 35 guten Stoffe (und) die fünf *abarnī'um*-Stoffe betrifft, so möge dein Bericht (darüber) (endlich) herkommen".

1.14.TCL 4 50:3-9: *mì-šu ša ta-áš-pu-ra-ni* / *um-ma a-ta-ma a-na* KÙ.BABBAR / ⸢*ša*⸣ PN / ⸢*té*⸣*-er-ta-kà ma-tí-*[*ma*] / *lá i-li-kam* / [*a*]*-dí ḫa-am-ší-šu-ma* / [*áš*]*-pu-ra-ku-um* "Wie kommt es, daß du mir folgendermaßen geschrieben hast: "Über das Silber des PN ist noch keinerlei Bericht von dir hergekommen"? Ich habe dir schon fünfmal (= mehrfach) geschrieben".

1.15.ICK 1 63:27-30: *iš-tù* 3 *ša-na-at* ⸢*ma-tí*⸣*-ma* / *ṭup-pá-kà ša-num* / *ú-lá i-li-kam ú-lá* / *té-er-tám ú-lá ta-áš-pu-ra-am* "Seit drei Jahren ist kein anderer Brief von dir hergekommen, noch hast du mir einen Bericht geschickt". Vgl. auch CCT 2 7:22, BIN 6 261:20, TCL 14 12:11 und TCL 19 47:12.

1.16.KTS 14a:3-8: *ma-lá* TÚG.ḪI.A. *ù* AN.NA / ... / *ša ip-qí-du-ni-ku-ni* / *té-er-ta-kà li-li-kam* / *uz-ni pé-té-e* "Wieviele Stoffe und (wieviel) Zinn (es ist), das sie dir anvertraut haben, (darüber) möge dein Bericht herkommen; informiere mich (dadurch)!".

1.17.BIN 6 68:24b-30: *šu-ma a-na nu-a-im / ša ḫa-bu-lá-ku-ni-ma / ša-áp-ra-tí-a ú-kà-lu* / KÙ.BABBAR *ta-áš-qú-lá-ma ša-áp-ra-tí-a / tù-šé-ṣí* <<*a*>> *té-er-ta-kà / li-li-kam-ma / uz-ni pè-té* "Wenn du dem Einheimischen, dem ich mich verschuldet hatte und der Pfandobjekte von mir besitzt, das Silber bezahlt und meine Pfandobjekte ausgelöst hast, möge dein Bericht herkommen, informiere mich (dadurch)!".

1.18.CCT 2 17a:20-22: *a-bi a-ta a-šar* PN / *ta-ša-me-ú té-er-ta-kà / li-li-kam* "Du bist mein Bruder! Wo immer du (von) PN hörst, möge eine Information von dir (darüber) herkommen".

1.19.KTK 64:8-11: *ki-ma a*-ON / *e-ru-bu té-er-tù-šu / a-ṣé-ri-kà / li-li-kam-ma* "Sobald er in ON eingetroffen ist, soll sein Bericht an dich abgehen". Vgl. auch TCL 19 63:35 und CCT 3 23a:19.

1.20.BIN 6 85:5'b-6'a: *té-er-tù-šu ki-ma lu-qú-tám / il₅-qé-ú i-li-kam* "Ein Bericht von ihm, daß er die Ware erhalten hat, ist hier eingetroffen".

1.21.CCT 2 18:10-12a: *ma-lá e-ma-ru i-na-ší-ú-ni / ù té-er-ta-kà ar-ḫi-iš / li-li-kam-ma* "Wieviel die Esel tragen können, darüber möge dein Bericht schleunigst herkommen". Vgl. auch Böhl, Leiden Coll. 2 39 r. 4 und CCT 3 15:31.

1.22.JCS 14 12 No. 6:13-15: *šu-ma lá i-ša-qá-lá-kum / té-er-ta-kà / li-li-kam-ma* "Wenn er (das Silber) dir nicht bezahlen will, möge eine Nachricht (darüber) von dir herkommen. Vgl. auch BIN 6 62:23, TCL 4 111:12' und BIN 4 56:16.

1.23.TCL 19 20:31b-33a: *ší-tí* KÙ *ú-šé-bi₄-lá-ku-ma / lá u-šé-bi₄-lá-ku-um té-er-ta-kà / li-li-kam* "Ob er dir den Rest des

Silbers geschickt hat oder nicht, (darüber) möge dein Bericht herkommen". Vgl. TCL 19 74:23, BIN 4 10:10, TCL 4 40 r. 5 und CCT 3 26a:17.

1.24. BIN 4 68:14-19: *a-šu-mì am-tim / PN šu-ma a-ma-kam / iš-tí-ki wa-áš-ba-at / ú-lá-ma a-a-kam-ma / wa-áš-ba-at té-er-tí-ki / li-li-kam* "Wegen der Sklavin PN: Ob sie sich dort bei dir aufhält, oder wo sonst sie sich aufhält, (darüber) möge dein Bericht herkommen".

1.25. BIN 6 201:21bf.: *a-ni-tám / lá a-ni-tám té-er-ta-kà li-li-kam* "So oder nicht: Dein Bericht (darüber) möge herkommen". Auch passim.

2. têrtum = "Auftrag", "Anweisung", "Anordnung"

têrtum "Auftrag" geht der Handlung eines Dritten voraus, d.h. der Auftraggeber und die den Auftrag ausführende Person sind nicht identisch. Häufig ist das Verlangen nach Beachtung (*na'ādum*: 2.1) der *têrtum* (vgl. auch 2.13); der Beauftragte handelt "gemäß" (*am-mala*: 2.2-2.6, *aššumi*: 2.7, 2.8; *ina*: 2.9) einer *têrtum* und fordert sie als Richtlinie seines Handelns an (2.14-2.15), oder er soll "ohne" (*balum*: 2.10) die *têrtum* bzw. bis zu deren Eintreffen (2.11) bestimmte Aktionen unterlassen. Die Belege für *têrtum* "Auftrag" stehen damit in deutlichem Gegensatz zu den Zeugnissen für *têrtum* "Nachricht".

2.1. JCS 14 2 No. 2:15: *a-na té-er-tí-a i-'i-id* "Beachte meine Anweisung". Auch passim, vgl. CAD N/1 3 sub *na'ādu* mng. 1a3'.

2.2. BIN 6 182:9b-10a: *a-ma-lá / té-er-tí-a ep-ša* "Handelt entsprechend meiner Anweisung". Vgl. auch BIN 4 5:11, CCT 2

28:23 und passim.

2.3. BIN 4 77:4f.: *a-ma-lá té-er-tí-kà / a-wi-li ni-iṣ-ba-at-ma* "Entsprechend deiner Anweisung haben wir die Herren belangt". Vgl. CCT 4 44a:10 und TCL 20 114:8.

2.4. CCT 3 13:14-16: KÙ.BABBAR *ki-ma e-ru-ba-ni / a-ma-lá té-er-tí-kà ší-ma-am / ni-ša-am-ma* "Sobald das Silber hier eingetroffen ist, werden wir gemäß deiner Anweisung den Kauf tätigen". Vgl. auch VAT 13471:7 und 12, TCL 19 43:17 und CCT 5 5b:14.

2.5. CCT 2 37a:28f.: *a-ma-lá té-er-tí-kà* / KÙ.BABBAR *ú-ša-áš-qál* "Gemäß deiner Anweisung werde ich das Silber zahlen lassen".

2.6. BIN 4 92:19-21: *a-ma-lá té-er-tí-kà* / ANŠE PN / *i-ra-dí-a-kum*! "Gemäß deiner Anweisung wird PN die Esel zu dir hinführen".

2.7. TCL 4 29:30f.: *a-⸢šu⸣-mi té-er-tí-ku-nu* / ⸢AN⸣.NA *ba-at-qá-am áš-a-ma* "Gemäß eurer Anweisung habe ich billiges Zinn gekauft".

2.8. CCT 3 3a:19b-21a: *a-šu-mì té-er-tim / ša* PN / *lá té-ra-áb-ma* "(In die Stadt) sollst du gemäß einer Anordnung des PN nicht eintreten".

2.9. TCL 20 131:2'b-4'a: *šu-ma-mì-in / i-na té-er-tí-kà* KÙ.BABBAR *mì-ma / né-pu-uš* "Wenn wir entsprechend deiner Anordnung hätten irgendwelches Silber beschaffen können".

2.10. TCL 19 70:12-15a: *a-na-ku ba-lum té-er-tí-kà / e-ta-lu-tám e-pá-áš-ma / ḫa-ra-an sú-qí-nim e-ra-ab* "Könnte ich ohne deine Anordnung eigenmächtig handeln und die Nebenroute einschlagen?". Vgl. auch BIN 4 64:20 und HUCA 39 17 L29-561:38.

2.11.ICK 1 100:19b-24: *a-dí té-er-tí / ša ki-ma* DAM.GÀR / *ú té-er-tí-ni i-lá-k[à-ku-ni] / a-na* PN / *ú ma-ma-an* KÙ.[BABBAR] / *[l]á tù-šar* "Bis eine Anordnung vom Vertreter des "Kaufmannes" oder von uns zu dir kommt, sollst du weder dem PN noch sonst jemandem das Silber freilassen". Vgl. CCT 2 18:17.19, ATHE 65:12 und CCT 2 29:17.

2.12.TCL 4 27:30bf.: *mì-ma té-er-ta-kà / ša ší-im* ANŠE *dí-šum lá ta-áš-ta-‹áp›-ra-am* "Irgendeine Anordnung von dir des (Inhaltes) "Gib ihm den Preis für den Esel" hast du mir nicht geschickt".

2.13.ATHE 39:9-11a: *a-na té-er-tí-kà*! / *lá-ak-nu-uš-ma ḫa-ra-ni / le-pu-uš* "Deiner Anweisung will ich mich beugen und meine Reise will ich antreten".

2.14.KTS 36a:22-24: *a*! *-da-an lá a-da-an / té-er-ta-kà / li-li-kam* "Ob ich abgeben soll oder nicht, möge deine Anweisung zu mir kommen".

2.15.TCL 20 120:15-19: *té-er-ta-kà ar-ḫi-⌈iš⌉ / li-ik-⌈šu-da⌉-ni / šu-ma lá ik-šu-da-ni / ma-⌈la⌉ ta-aq-bi₄-a-ni / e-pá-⌈aš⌉* "Deine Anweisung möge rasch zu mir gelangen; wenn sie nicht hergelangt, werde ich so, wie du es mir (früher) aufgetragen hast, handeln".

3. *têrtum* = "Auftrag", "Order", "in Auftrag gegebene Ware"

B.Landsberger hat bereits Hebräische Wortforschung, Festschrift Baumgartner, 1967, 180 *têrtum* als Synonym von *luqūtum* "Handelsgut bezeichnet, worin ihm K.R.Veenhof, Aspects, 1972, 143 und 326 folgt. Dennoch hat W.v.Soden, AHw 1350a unter *têrtum* A1a ausdrücklich vermerkt "keine Bed. "goods"!". Daran ist freilich nur soviel richtig, daß *têrtum* sicherlich kein allgemeines Synonym von *luqūtum* "Ware" darstellt; wohl aber gibt es eine Reihe von Stellen, denen zufolge *têrtum* nicht abstrakt "Nachricht" oder "Auftrag" heißen kann, sondern eine konkrete Bedeutung haben muß. So begegnet das Wort im Parallelismus mit anderen concreta (*emārum*: 3.1; *šēbultum*: 3.2; *ṭuppum*: 3.3; *luqūtum*: 3.4), weiter als Objekt von Verben, die sich sonst nur auf konkrete Dinge beziehen (*zakku'um*: 3.3; *abākum*: 3.4; *radā'um*: 3.5) und endlich weist der Kontext deutlich auf das Vorliegen einer nicht-abstrakten Bedeutung (3.6-3.8). Die semantische Entwicklung vom Abstrakten zum Konkreten hat ihre Entsprechung im Deutschen, wo man auf Anmahnung bestellter Ware die Auskunft erhalten mag: "Ihr(e) Auftrag (Order) ist bereits unterwegs"; wir wählen daher hier die Übersetzung "Order".

3.1. BIN 6 114:14-18a: *ku-ṣú-um i-sí-ni-iq-ni-a-tí-ma / e-lu-tum / i-⌈ib⌉-tí-ri / te-er-ta-kà ú e-ma-ru-[k]à / šál-mu* "Der Winter hat uns überrascht und die (Mitglieder der) Karawane haben Hunger gelitten; (aber) deine Order und die Esel sind in gutem Zustand".

3.2. RA 59 169 No. 29:4-8a: *té-er-ta-kà ù šé-bu-lá-tù-kà / lu ša šé-ep* PN / *lu ša šé-ep* PN_2 / *lu ša šé-ep* PN_3 / *šál-ma-at* "Deine Order ist, samt deinen (Waren)sendungen sowohl unter Leitung des PN wie unter der des PN_2 und des PN_3, in Ordnung".

3.3. BIN 6 73:25-27a: *ṭup-pè-e nu-ḫa-ra-ma iš-tí a-li-ki lu ṭup-pè-kà lu té-er-ta-kà nu-za-kà-ma / nu-šé-ba-lá-kum* "Die Urkunden werden wir in Hüllen einschließen und dann mit Boten sowohl deine Urkunden wie deine Orders frei machen und dir schicken". Vgl. auch BIN 4 19:23. In JCS 14 15 No. 11:25-27a ist zu lesen: *a-na za-ku té-er-tí-kà / a-na* ON / *e-tí-tí-iq* "Um deine Order frei zu machen, bin ich nach ON hinüber gegangen". Vgl. auch JCS 14 5 No. 3:24b-27: *a-na* ON / *e-ta-ra-áb té-er-tí / ú-za-kà-ma ḫa-ra-ni / a-na ṣé-ri-kà* "Ich bin nach ON eingereist; meine Order werde ich frei machen und dann (wird mich) mein Weg zu dir (führen)".

3.4. CCT 4 16c:10f.: *lu-qú-tám ší-a-tí iš-tí / té-er-tí-a ab-kà-nim* "Sendet jene Ware her zusammen mit meiner Order". Vgl. TCL 19 13:6f.

3.5. TCL 19 20:12bf.: PN *té-er-tí / a-ṣé-ri-kà i-ra-dí* "PN wird meine Order zu dir geleiten".

3.6. BIN 4 19:42bf.: *i-ma-qá-at té-er-tí-a* KÙ.BABBAR^{áp}*-kà / le-qé* "Beim Eintreffen meiner Order nimm dein Silber".

3.7. RA 59 169 No. 29:21-25: *i-té-er-tí-kà pá-ni-tim / ša i-ma-qú-ta-ni /* KÙ.BABBAR *ša la-qá-im / ni-lá-qé-ma šé-am / ni-ša-a-ma-kum* "Von deiner nächsten Order, die hier eintrifft, werden wir das nötige Silber nehmen und den Weizen für dich kaufen".

3.8. AnOr 6 pl 6 No. 18:16b-23: *šu-ma a-ma-kam / ta-da-gal-ma ḫa-ra-an / sú-qí-nim la ni-ša-ḫu-ut / -ma té-er-tí ma-ma-an / i-la-ak ù a-ta / té-er-ta-kà a-ṣé-er /* PN *ù* PN_2 */ li-li-ik-ma* "Wenn du dort sehen solltest, daß wir die "Nebenrouten" nicht zu scheuen brauchen, ja die Order anderer (dort) geht, so möge auch deine Order (auf diesem Wege) zu PN und PN_2 gehen".

3.9. BIN 4 69:8-12: *šu-ma ku-a-tum / té-er-ta-kà / a-ḫu-ra-at / šu-a-tí mì-šu-um / tu-kà-al-šu* "Wenn deine Order verspätet ist, warum hälst du ihn zurück?".

3.10. TCL 19 71:15-17: *a-na té-er-tí-kà / ù té-er-tí* DAM.GÀR / *mì-ma li-ba-kà lá i-pá-ri-id* "Um deine Order und die des "Kaufmannes" braucht dein Herz sich in keiner Weise zu sorgen".

Die drei verschiedenen Bedeutungen von *têrtum* im Altassyrischen sind also etymologisch leicht abzuleiten und von der Phraseologie wie vom Kontext her zumeist deutlich unterscheidbar; typisch für den Gegensatz von Nachricht : Anweisung ist z.B. das Verhältnis der Belege 1.4 und 2.3 zu einander. Selbstverständlich können verschiedene Bedeutungen von *têrtum* im gleichen Kontext auch nebeneinander vorkommen, wie z.B. in Beleg 1.13; und ebenso selbstverständlich wird es in einzelnen Fällen schwer fallen, sich für eine der drei Bedeutungen zu entscheiden, wenn vom Kontext her keine nähere Umstände genannt werden.

[Der Beitrag ist aus der Arbeit am CAD entstanden; für die Erlaubnis zur Benutzung der dortigen Belegsammlungen danke ich E.Reiner]

Esarhaddon's Attempt to return Marduk to Babylon*

W.G. Lambert / Birmingham

When Hayim Tadmor published "The Sin of Sargon" in 1958[1] the present writer scoured the Geers copies in Chicago and published K fragments for further pieces, and though he found only one new piece of Tadmor's text, three others of the same genre were noted: K 8862 in BA 5, 693, and two unpublished, partly duplicating fragments: K 8323 and K 13383. The new piece of "The Sin of Sargon" will be published by Tadmor in a revised, English-language edition of his article. Since Karlheinz Deller is mainly reponsible for the recent flourishing of Neo-Assyrian studies, it is appropriate to offer the other pieces here in his honour.

The difference between "The Sin of Sargon" and the royal inscriptions of Sennacherib does not lie in the basic form - both tell of events of his reign, spoken by the king in the first person - but in the kind of events described and the manner of their narration. Formality dominates the royal inscriptions. The aim is to present an historical narrative: events of importance are being told for posterity. "The Sin of Sargon" in contrast concerns itself with one episode: Sennacherib's attempt to ascertain by divination why his father fell on the battle field,

* The texts have been copied and are published by kind permission of the Trustees of the British Museum. The author sent a draft of the transliterations to S. Parpola in case he should know of duplicates or joins. He did not, but he made valuable suggestions about the interpretation, many of which have been adopted here, and for which he is thanked.

[1] Ḫeṭ ʾô šel Sargôn, Eretz Israel 5 (1958) 150-163.

an event of ill omen in Assyrian eyes. The whole episode was not an historical event of great moment, and in the modern Western world such a detailed presentation would most likely occur in an historical novel. However, the parallel must not be pushed, since "The Sin of Sargon" may well have been written during Sennacherib's lifetime and may well be historically reliable, allowing for the standards of the time. Perhaps a selection from a diary kept by a public figure with a view to publication would be a better parallel, though we do not know how far (if at all) Sennacherib was involved in the compilation.

K 8323 and K 13383 as first studied were clearly of the same genre as "The Sin of Sargon", but their precise attribution was uncertain. This became certain when R. Borger joined K 6048 to K 8323. The former was first published, in copy only, by Theo Bauer as an Esarhaddon text (Das Inschriftenwerk Assurbanipals pls. 42-43), and was then given in transliteration and translation by R. Borger in his "Die Inschriften Asarhaddons Königs von Assyrien" p.7f. The text is clearly concerned with Esarhaddon's determination to return Marduk's statue to its place in Esagil in Babylon. This interpretation is proved by numerous correspondences between the language of this text and that of the more complete royal inscriptions of Esarhaddon which are given in the notes. Parpola has presented evidence that Esarhaddon's attempt to return the statue took place in Iyar 669 B.C. (LAS II, p. 32), which on present evidence is convincing. As is well known, only early in Ashurbanipal's reign was Marduk finally reinstated in Esagil, and Parpola (loc. cit.) cogently argues that an ominous event on the journey stopped Esarhaddon's plans in Iyar 669. However, one of Esarhaddon's inscriptions, AsBbE, anticipated what did not in fact happen, and states that Marduk reached Babylon (Borger, op. cit. p. 89). The relationship of K 6048+8323 and K 13383 to the royal inscriptions of Esarhaddon is the same as that of "The Sin of Sargon" to the royal inscriptions of Sennacherib. The two duplicating pieces offer details about one topic beyond the narrative of e.g. AsBbE.

Of the two, K 6048+8323 has the remains of two columns on each side, but to judge from the shape there was probably a third column on each side now completely missing. It is in a typical Late Assyrian library hand such as wrote literary texts. In contrast K 13383 is a piece of a tablet similar to Late Assyrian letters: in a small script on a single-column tablet with surfaces curving towards the edges. However, some literary texts are also found on tablets of this format, e.g. Enuma Elis in some copies, such as K 3445+ (CT 13 24-25).

The beginning of the text is lacking, but the bottom of column i of K 6048+ is concerned with oracular consultation over a matter no longer clear. "The royal tiara" in line 2 might suggest that new headgear for Marduk was being planned. But generally Esarhaddon's inscriptions do not specify Marduk's kingship of the gods, presumably to avoid the theological problem that in Assyria the same claim was made for Assur. However, it is doubtful whether Esarhaddon's own tiara could be meant, though he did make a new one for Aššur (Borger, op. cit. p. 83, 32ff). Someone, probably the oil expert of line 3, reveals to Esarhaddon what he planned to do, but only communicated it to the other diviners in writing and under seal, and the next day the processes of oracular consultation were set in motion. In this column and the parallel lines of K 13383 there is some confusion of first and third person grammatical forms. In column ii "the right time" (for whatever) had arrived, and this was confirmed astrologically. In a private communication Parpola writes on line 10: "this must refer to the observations in Esarhaddon's first regnal year, since Jupiter was later not visible in Cancer until Tammuz 668, when Marduk already had been returned to Babylon (cf. LAS II, pp. D)". Column iii makes further references to omens and describes what happened on the 7th and 8th of Iyar 669. Parpola (LAS II, pp. 293, 301) finds other evidence for flooding in Iyar 669. The remainder concerns the revivifying of the statue of Marduk and other gods of Babylon prior to their departure from Assyria. Column iv offers a list of blessings on presumably a later ruler who may find and preserve the inscription. Thus so far as can be seen from what remains, the whole text concerns Esarhaddon's plans to return the statue of Marduk to Babylon. Of course with only a portion of the whole remaining one might have been misled, but comparison with the other inscriptions of Esarhaddon does not suggest that the preserved stretches were separated by large amounts of other interest.

K 6048+8323

Obverse i

1 . . . l u g] a l / l] ú x x m u x x

2 [x x x x (x)] x x [x x x (x) *i-b*] *an-nu-u a-ge-e šarru*(20)*-ti*

3 [x x x x (x)] *māri*^{meš} ^{l}[^{ú}*bārî*(*ḫ* a l) (x) x]*-lu-lu apkal šam-ni*

4 [x x] x-*šu šup-šu-uq e*-x [KUD-*i*]*s purussê ma-li nam-ri-ri*

5 [*la?-pit?*] *puḫādī*(^{udu}s i l a $_{4}$^{meš}) *šuk-lu-lu-ti* [*šá la*] *i-šu-u ti-rik ṣu-ul-me*

6 [*mim*]*-mu-ú ina lìb-bi-šú ba-šu-ú* ⸢*ú*⸣*-šá-an-ni-*⸢*an-ni*⸣

7 [*u*]*l ú-pat-ti ša mārī*^{meš} ^{lú}*bārî*(ḫ a l) *pal-ka-a ḫa-si-sún*

8 *i-na tup-pi iš-ṭur e-ri-im ib-ri-im id-din-šú-nu-ti*

9 [*u*]*l iṣ-lul kal mu-ši a-di ip-pu-ḫa pāris* (KUD)^{is} *purussê bēl bêlē*(e n . e n) ^{d}*šamaš*

10 ⸢*a*⸣*-na šu-te-šur de-e-ni ni-iš qa-ti na-ši-ma*

11 ⸢*e*⸣*-le-nu-u-a māru bi-bil lib-bi-šú ú-ṣal-la* ^{d}*šamaš u* ^{d}*adad*

12 [*e*]*n-qu-ú-ti mārī*^{meš} ^{lú}*bārî*(ḫ a l) *ú-šak-me-*⸢*sa*⸣ *šá-pal-šú-un*

13 [*a-d*]*i qa-a-tu ú-ki-in-nu* ⸢*ib-ru*⸣-[*ú*] x x-*ti*

14 [x x] x *uš-šu-uš* x [. . . . .] x [. . .] x

* * * *

Obverse ii

1 *ina a-š*[*i*? . . .

2 *il-*[. . .

---

3 (vacat) [. . .

4 x x [. . .

5 [. . .

6 [. . .

7 *ú-ma*[*l-* . . .

8 *a-dan-nu* [. . .

9 ^{d}s a g . m e . g [a r . . .

10 *a-šar ni-ṣ*[*ir-ti ik-šu-dam-ma* . . .

11 *a-na sa-l*[*am*? . . .

12 *ina šá-ma-me u q*[*aq-qa-ri* . . .

13 *iḫ/aḫ-su-u*[*s* . . .

[one line missing?]

Reverse iii (?)

1 [. .] x [. . .

2 D[U? . . .

3 *a-lak ilu-ti-š[ú . . .*

4 *ṭè-em ^{d}šam[aš u ^{d}adad . . .*

5 *šīrī*(u z u)^{meš} *ta-kil-ti šal-[mu-(u)-ti . . .*

6 *ik-šu-dam-ma ^{iti}aiaru* (g u [d]) x [. . .

7 *^{d}adad zunnī*(s è g)^{meš}*-šú ú-maš-še-ra[m-ma . . .*

8 *^{íd}idiglat mīl*(e $_{6}$. l a $_{4}$)*-šá iš-š[a-a . . .*

9 u d . 7 . k á m *nu-bat-tu ša ^{d}[marduk ^{d}zar-pa-ni-tum . . .*

10 *ina kisal é-šár-ra a-šar n[ab-nit ilāni^{meš} in-né-ep-šu-ma . .*

11 *ma-ḫar kakkabāni^{meš} šá-ma-me ^{d}é-⌈a⌉ [^{d}šamaš ^{d}asal-lú-ḫi . . .*

12 *ina ši-pir apkalli* k a . l u ḫ . [ù . d a . . .

13 u d . 8 . k á m u d x x x [. . .

14 *ul-tu* x [. . .

15 x [. . .

* * * *

Reverse iv (?)

1 [x x] x x x ^{d}*marduk* AN x x x x x x x x x x x x

*2 [^{d}*za*]*r-pa-ni-tum ina* k á . ḫ i . l i . s ù *ú-še-ši-bu šu-bat né-eḫ-tú*

3 [x] x x a n x x n u / a š *šarru-su li-ṣu-[r]u li-šal-bi-ru palê^{meš}-šú*

4 [^{d}]*a-num an-tum ik-rib* u$_{4}$*-me rūqūte^{meš} lik-[tar-r]a-bu-šú a-na da-ra-a-tim?*

5 [^{d}*en-l*]*íl ^{d}nin-líl šim-tú ṭa-ab-tú ši-mat* ⌈*la*⌉*-ba-ri li-šim ši-mat-su*

6 [^{d}]*é-a bēletilī*(d i n g i r . m a ḫ) *šu-mu li-šar-šu-*⌈*šu*⌉*-ma li-rap-pi-šú zer-šú*

7 [^{d}]*sin* ⸢^{d}*šamaš itta*(i z k i m)⸣ ^{sal}*damiqta*(s i g$_{5}$) *arḫi-šam*
la na-par-ka-a li-tap-pi-lu a-ḫa-m[eš]

8 [^{d} *ada*]*d* ⸢*šàr*⸣ *ḫegalli nuḫša ṭuḫ-du ka-a-a-an liš-tab-ri ina*
māti-šú

9 [^{d}]*nabû*(n à) *tup-*⸢*šar*⸣ x x x ⸢*ši-mat la*⸣*-ba-ri ka-šad lit-tu-*
ti [*li-sa-a*]*d-di-ra ina šari-šú*

10 . . .] x-*si* s i g$_{5}$ ^{meš}*-šú*

11 . . . *li-šam-q*]*í-ta* ^{lú}*nakirī*^{meš}*-šú*

[remainder uninscribed]

* Whole line erased.

K 13383

Obverse

1 z a g [. . .

2 [u] b ? š e ? t ú ? [. . .] x x [. . . . .
puḫādī^{meš}]

3 [*š*]*uk-lu-lu-te šá la i-šu-u ti-r*[*ik ṣu-ul-me* . . .

4 *ul ú-pat-ti šá mārī*^{meš} ^{lú}*bārî*(ḫ a l)^{m}[^{eš} *pal-ka-a ḫa-si-sún*
ina tup-pi áš-ṭur e-rim]

5 [*a*]*b-ri-*‹*im*› *a-din-šú-nu-ti ul aṣ-*[*lul kal mu-ši* . . .

6 [*ú*]*-qa-'-a nam-ru bēl bēlē*(e n . e n) [^{d}*šamaš* . . .

7 [*a-na š*]*u te-šur de-e-ni ni-iš qa-t*[*i na-ši-ma* . . .

8 [*ú-ṣal-l*]*i* ^{d}*šamaš u* ^{d}*adad en-qu-u-te* [*mārī*^{meš} ^{lú}*bārî*(ḫ a l)
ú-šak-me-sa šá-pal-šú-un]

Reverse

9 ⸢*a*⸣*-di qa-tu ú-kin-nu ib-ru-ú* x [. . .

10 *šu-te-mu-qu šap-ta-a-a pal-ḫa-k*[*u?* . . .

11 [*i*]*m-tal-li-ku* ^{d}*í-gì-gì ip-ru-s*[*u* . . .

12 [*šīrī*^{m}]^{eš} *ti-kil-ti šal-mu-u-te* [. . .

13 [x x] x-*ni* ^{d}*šamaš u* ^{d}*adad šu*-[. . .

14 [x x x] x-*ka i-be-el māt* x [. . .

15 . . .] x x x [. . .

K 6048+8323

Obverse i

1 . . . .] . . . . .

2 [. . . . .] x x [. . . .] creating the royal tiara

3 [. . . . .] diviners [. .] . . the oil expert

4 [. .] . . difficult . . [who makes] the decision, filled with awe,

5 [who places his hands] on the perfect lambs that had no black spots,

6 all that was in his heart he communicated to me,

7 but he did not inform the wise diviners,

8 but wrote it on a tablet, put the tablet in an envelope, sealed it and gave it to them.

9 He did not sleep during the night, until the maker of the decision, the lord of lords, Šamaš, shone.

10 To obtain a correct decision hands were raised in prayer.

11 His favourite son prayed to Šamaš and Adad concerning me

12 and made the skilled diviners kneel down before them.

13 Until they had assigned a station and seen . . .

14 [. .] . distressed . [. . . . .] . [. . .] .

* * * *

Obverse ii

1 . . . [. . .

2 . [. . .

---

3 (vacat) [. . .

4 . . [. . .

5 [. . .

6 [. . .

7 I/He filled [. . .

8 The right time [. . .

9 Jupiter [. . .

10 [reached its] hypsoma [. . .

11 to be reconciled(?) [. . .

12 in heaven and earth [. . .

13 I/he thought/remembered [. . .

[one line missing?]

Reverse iii (?)

1 [. .] . [. . .

2 . [. . .

3 his divine coming [. . .

4 the order of Šamaš [and Adad . . .

5 sound, reliable omens [. . .

6 The month Iyar arrived and . [. . .

7 Adad released his rains [. . .

8 The Tigris flood rose [. . .

9 (On?) the seventh day, the vigil of [Marduk and Zarpānītum . .

10 In the court of Ešarra where the [creation of the gods took place . . .

11 Before the stars of heaven, Ea, [Šamaš, Asalluḫi . . .

12 By the craft of the expert, mouth-washing [. . .

13 (On?) the eighth day . . . . [. . .

14 From/After . [. . .

15 . [. . .

* * * *

Reverse iv (?)

1 [. .] . . . Marduk . . . .

*2 Zarpānītum they set down in a restful seat in Kaḫilisu.

3 May they [.] . . . . . . guard his kingship and prolong his reign.

4 May Anu and Antu constantly and for ever pronounce for him a blessing of distant days.

5 May Enlil and Ninlil decree as his destiny a good destiny, one of a long life.

6 May Ea and Bēlet-ilī grant him progeny and multiply his offspring.

7 May Sîn and Šamaš mutually give him a favourable sign month by month without cease.

8 May Adad, lord of abundance, establish persisting fruitfulness and plenty in his land.

9 May Nabû, scribe of ..., by his spirit grant him permanently a destiny of long life and the attainment of a ripe old age.

10 . . .] . . favour for him.

11 [May . . . .] fell his enemies.

[remainder uninscribed]

* Whole line erased.

K 13383

Obverse

1 . [. . .

2 . . . [. . .] . . [. . . . .]

3 perfect [lambs] that had no [black] spots.[. . .

4 I did not inform the [wise] diviners, [but I wrote it on a tablet, put the tablet in an envelope],

5 sealed it and give it to them. I did not sleep [during the night . . .

6 [I] waited for the shining one, lord of lords, [Šamaš . . .

7 [To] obtain a correct decision, hands were raised in prayer [. . .

8 [I prayed] to Šamaš and Adad, and made the wise [diviners kneel down before them].

Reverse

9 Until they had assigned a station and had seen . [. . .

10 with prayerful lips I was in reverence [. . .

11 The Igigi took counsel and decided [. . .

12 sound, reliable [omens . . .

13 [. .] . . Šamaš and Adad . [. . .

14 [. . .] . . will rule the land . [. . .

15 . . .] . . . [. . .

Notes on K 6048+8323

Obv. i 3 *šuk*]-*lu-lu* is an obvious restoration, but without more of the context preserved it is not clear what it would refer to.

Obv. i 4ff. This tablet presents a reasonable development of the narrative. The first person suffixes in 6 and 11 make clear that a person other than the king was conducting the procurement of omens. In lines 6-9 the third person verbs obviously refer to this person, and the *apkal šamni* in 4 is the most likely person so far as can be judged from the incomplete text. There is a difficulty in 4-5, where *pāris purussê* could refer to the official who secured the decision, though it would better fit Šamaš who gave the decision, but *mali namrirri* is less easily applied to even a master diviner. Unfortunately there is no room to insert "Šamaš" in the middle of 4. K 13383 5 offers first person verbs: [*a*]*bri*‹*m*›, *addin*- and *aṣ*[*lul* for the third person of K 6048+, and if these are more than mere slips, its narrative must have been substantially different. Its first person again in 10 perhaps supports this, so we have not restored its line 7b from K 6048+ and have taken its *uṣalli* in line 8 as the first person, but without full assurance.

Obv. i 9 The tenses of *ṣalālu* "sleep" are normally *iṣlal*/*iṣallal*, and the dictionaries quote only one passage for a stem vowel *u*: *i-ṣa-lu-ul*, in an Amarna letter of Rib-Addi (84, 14).

Obv. i 11 In the context the "son" must be the son of the diviner conducting the operations, but the phrase *bibil libbi* is unexpected. Did the man perhaps appoint one of his sons to succeed him?

Obv. i 13 Cf. Ash. p. 82 22: *qa-ta-a-te a-ḫi-in-na-a ú-ki-in-ma têrēti ki-i pi-i iš-ten in-da-ḫar-a-ma* (said when Esarhaddon was beginning to plan the return of Marduk to Babylon). However, while the penultimate sign of the line under discussion could be -*e*- (it could not be -*re*-), there is not enough room for *ib-ru-ú/u te-re-e-ti*.

Obv. ii 8-12 Cf. Ash. p. 16 Ep. 12a, p. 17 Ep. 13.

Rev. iii 3 Cf. Asb. 262 28: *ša a-lak ilu-ti-šú kak-dà-a ú-sa-al-la* (said by Aššurbanipal in his first year while thinking of returning Marduk to Babylon): "I constantly prayed for his divine coming"?

Rev. iii 4 Cf. The Sin of Sargon rev. 12.

Rev. iii 5 Cf. *ina šīr ti-kil-ti šal-mu-te* (Ash. p. 83,25).

Rev. iii 7 Cf. Asb. p. 6,45

Rev. iii 9 Restored from CAD N/2 p. 308b.

Rev. iii 10 Restored from Ash. p. 88 13: *ina qí-rib* uru *aš-šur a-šar nab-ni-it ilāni*meš *in-né-ep-šu-ma*. Cf. U and Ezinu 26: k i SIG_7.ALAM d i n g i r . r e . e . n e . k a m (ASJ 9 (1987) 16).

Rev. iii 11 Cf. Ash. p. 89, 23-24; Asb. p. 268, 20.

Rev. iii 12 Cf. Ash. p. 89, 22; Asb. p. 268, 21.

Rev. iv 2 Kaḫilisu was the gate to the cella of Zarpānītum in Esagil, so this erased line states the return of Zarpānītum to Babylon. Unfortunately we cannot simply say that the text was written in anticipation of Marduk's safe return, and when progress on the way was halted by an ill omen, the line was erased. The verbs in line 3 require subjects, which are most likely Marduk and Zarpānītum. Thus there is some confusion and not simply an erasure of a line which turned out to be incorrect. But the very existence of this line is probably another evidence that Esarhaddon's scribes did anticipate the success of their master's plans.

Rev. iv 3 It is not clear whether the first seven signs are

written over an erasure, or whether the whole group should be treated as erased and so to be ignored.

Rev. iv 9 *tupšar gimri* would be expected from parallels in Esarhaddon and Aššurbanipal, but the traces do not agree.

Note on K 13383

14 Though the sign KUR after *i-be-el* need not necessarily be read *māt*, that is the obvious choice. However, it is not clear how "ruling" comes into the context. Were decisions being sought about the king's succession?

K 8862

This fragment is the bottom piece of one side (probably the obverse) of a single-column tablet. A copy was given by K.D. Macmillan in BA 5, p. 693, but since improvements can be made, a new copy is given here. It is certainly about a Late Assyrian king, and probably Sennacherib, Esarhaddon or Aššurbanipal, though for lack of evidence none is sure. It reads more like the previously treated text than the ordinary royal inscriptions of the period. A military campaign is probably the subject of the oracular inquiry.

1 . . .] x ⸢*la i-du*⸣*-u-k*[*a* . .]

2 . . .] x x *bu?-ú-ma a-be-lu* x x

3 . . .] x x ⸢*tág*⸣*-ru-ú ṣu-la-a-t*[*i*]

4 . . .] x *a-na e-mu-qi* ^{d}*aš+šur bēli-iá at-t*[*a-kil*]

5 . . .] x *ul a-né-'i i-rat-su-un*

6 . . .] x x x *puḫādī*(u d u s i l a$_4$)^{meš} *ellūti*^{meš}
al-pu-ut

7 . . .] x x *ad-ke-e-ma ú-ṣal-la-a ilāni*^{meš} *rabûti*^{meš}

8 [^{d}*šamaš bēl d*]*i-ni* ^{d}*adad bēl bi-ri an-na kīna*(g i . n a)
i-pu-lu-in-ni

9 [x] x x x x *um-ma-na-te-ia* ^{lú}*pāḫatī*(n a m)^{meš} *šu-ut*
re-še-e$^{m[eš]}$

* * * *

1 . . .] . did not kill [. .]

2 . . .] . . . . . which I ruled . .

3 . . .] . . provoked battle

4 . . .] . I trusted in the might of Aššur, my
lord,

5 . . .] . I did not repulse them.

6 . . .] . . . I put my hands on holy lambs,

7 . . .] . . I summoned and prayed to the great gods.

8 [Šamaš, lord of the] judgment, Adad, lord of the extispicy,
answered me with a firm "yes".

9 [.] . . . my troops, governors and officers,

* * * *

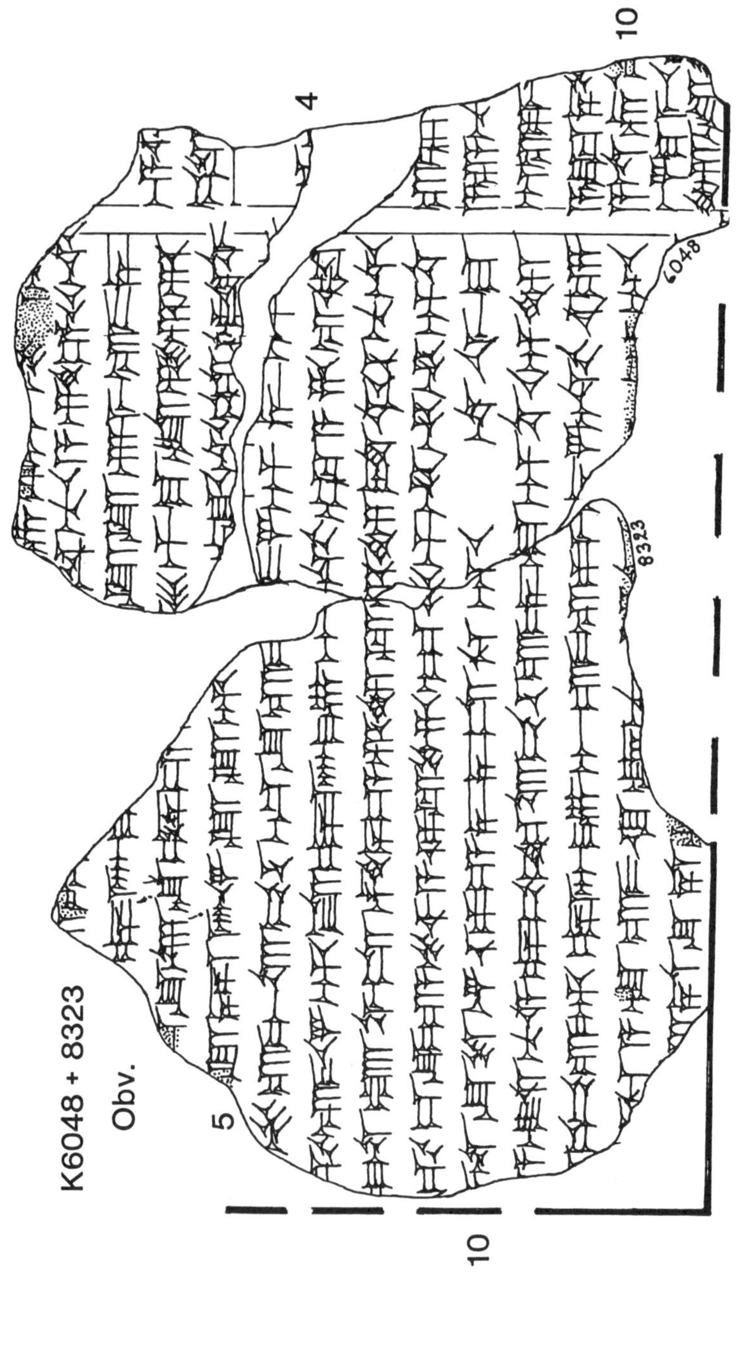
K6048 + 8323
Obv.
5
4
10
10
6048
8323

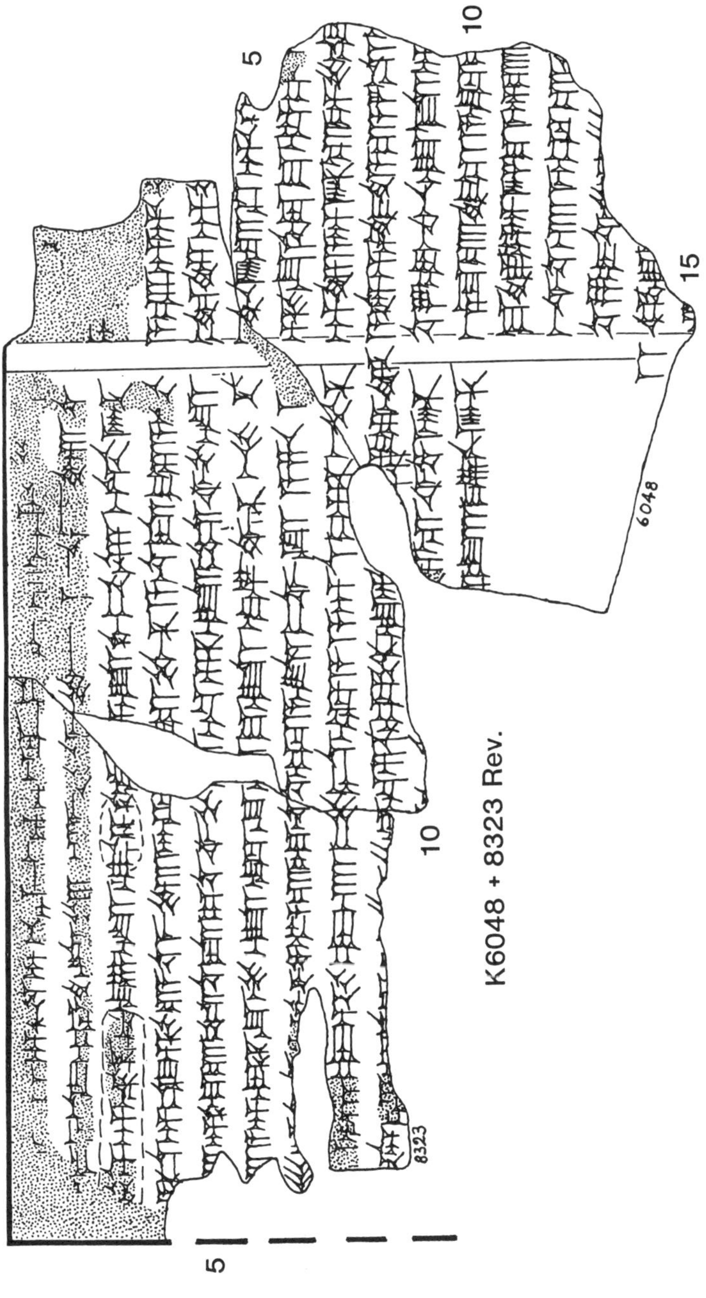

K6048 + 8323 Rev.

K13383

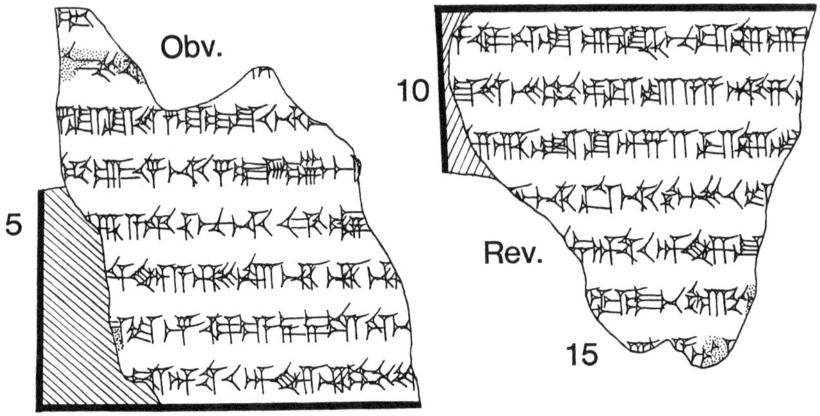

K8862

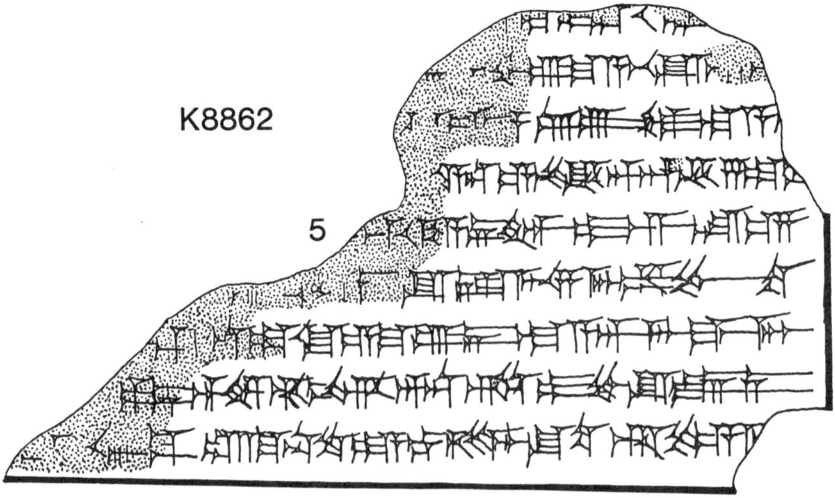

"At the Cleaners" and Notes on Humorous Literature

A. Livingstone / Heidelberg

Considerable attention has recently been given to the topic of humor in ancient Mesopotamia[1], but one of the most interesting and in some ways enigmatic texts has received little attention since its preliminary publication in 1963 by C.J.Gadd ("Two Sketches from the Life at Ur", Iraq 25, pp. 177-88), three years before the tablet appeared in autograph copy (UET VI/414). Presumably this lack of attention is to be accounted for by the presence of a number of rare or technical words for the subject matter itself is appealing. Dubbed by Gadd "At the Cleaners" the OB text consists almost entirely of the speech of two characters, an *ašlāku*, "cleaner, fuller", and a too fussy would be customer who tries to instruct him in his own craft. The purpose here is to present an up to date and improved interpretation of the text, albeit obtained philologically rather than by a knowledge of laundering. The *ašlāku*'s rebuttal of his customer's instructions could lead one to doubt their validity as representing actual practice but some of

[1] F.R.Kraus, "Altmesopotamisches Lebensgefühl", JNES 19 (1960) pp. 117-32; F.A.ᶜAli, "Min al-'adab al-hazil wa-'l-fukāhah ᶜinda al-sūmariyyīn wa'l-bābiliyyīn", Sumer 26 (1970) pp. 87-100; O.R.Gurney, "The Tale of the Poor Man of Nippur and its Folklore Parallels", AnSt 22 (1972) pp. 149-58; B.R.Foster, "Humor in Cuneiform Literature", JANES 6 (1974) pp. 69-85; B.Alster, "Paradoxical Proverbs and Satire in Sumerian Literature", JCS 27 (1975) pp. 201-30; idem. Studies in Sumerian Proverbs (Copenhagen, 1975); J.S.Cooper, "Structure, Humor and Satire in the Poor Man of Nippur", JCS 27 (1975) pp. 163-74; W.H.Ph.Römer, "Der Spassmacher im alten Zweistromland, zum "Sitz im Leben" altmesopotamischer Texte", Persica 7 (1978) pp. 43-68; E.Reiner, "Why do you cuss me?", Proceedings of the American Philosophical Society 130, No. 1 (1986) pp. 1-6; G.Beckman, "Proverbs and Proverbial allusions in Hittite", (1986) pp. 19-30.

the terminology is known to be genuine. Transliteration and translation are followed by some brief comments both on the text itself and à propos the subject of humorous literature.

UET VI/2 414

1 al-kam LÚ.TÚG lu-wa-'i-ir-ka-a-ma ṣu(text: su)-ba-ti zu-uk-ki
2 ša ú-wa-'i-ru-ka la ta-na-ad-di-i-ma
3 ša-at ra-ma-ni-ka la te-ep-pe-eš
4 sí-is-sí-ik-tam qá-ap-si-da-am ta-na-ad-di
5 pa-nam a-na li-ib-bi-im tu-ta-ak-ka-ap
6 qá ši-id-dim ta-la-aq-qa-at
7 me-eḫ-ḫa-am qa-at-nam ta-ra-as-sà-an
8 i-na ma-aš-ḫa-li-im ta-ša-aḫ-ḫa-al
9 sí-sí-kà-at qá-ap-si-di-im tu-pa-aṭ-ta-ar
10 i-na me-e na-am-ru-tim ⌈te⌉-di x x
11 ki-ma ki-im-di-im-ma [ta]-x-ar ù t[e] x
12 ⌈a⌉-na pí-it-tim ta [x] x ki-[m]a šu-tu x [x x] x bi(?)
13 [a-n]a me-es-qé-er-tim (x) ⌈al-ta⌉ [x x x x]
14 x ku te xx IM.BABBAR t[u x x x a]l
15 x x ud ša a[l x x x]
16 ⌈i-na⌉ te-er-ḫi-im ta-⌈ka⌉-ar-x [x x x x]
17 pí-qá zi-im-tam te-me-ṣ[i x x x x] ù tu na[x x x x]
18 i-⌈na GIŠ.GIDRU⌉-MA-NU tu-ta-a[r x x x]
19 š[a-g]a-am na-pa-al-sà-aḫ-tam tu [x x x]
20 šu-ta-am ⌈ši⌉-ip-ra-am ina GIŠ.IGI-DÙ x [x N]I
21 si-si-ik-tam ta-ša-at-ta-aq ù tu-pa-aš-ša-aḫ
22 i-na ṣi-it li-li-im tu-ub-ba-al
23 ki-ma šu-tu-um la uš-ta-ak-ka-zu
24 i-na ša-ad-di-im i-na pi-it-ni-im ta-ša-ak-ka-a[n]
25 lu pu-uš-šu-uḫ-kum bi-lam ú-ḫa-ad-da-ka ma-di-iš ḫu-um-ṭa-am

26 *a-na bi-tim tu-ba-lam-ma* BÁN ŠE *a-na sú-ni-ka i-ša-ap-pa-[ak]*

27 LÚ.TÚG *i-pa*(text: *ip*)*-al-šu aš-šum é-a be-el né-em-qì-im ša ú-ba-la-ṭù-[ni]*

28 *e-zi-ib la ia-ti ša ta-qa-ab-bu-ú um-mé-ni ù mu-ša-[di-ni]*

29 *ša ki-ma ka-a-ti li-ib-ba-am i-ra-aš-šu-ú-ma*

30 *ši-ip-ra-am* ⌈*ri*⌉*-ta-šu i-ka-aš-ša-da ú-la i-ba-aš-ši*

31 *ša tu-wa-'i-‹ra›-an-ni šu-un-na-am da-ba-ba-am*

32 *qá-ba-am ù tu-úr-ra-am ú-la e-li-i*

33 *al-kam e-le-nu-um a-li-im i-na li-it a-li-im*

34 *ma-aḫ-tu-tam lu-ka-al-li-im-ka-ma-me*

35 *ma-na-ḫa-tim ra-bi-tim ša i-na qá-ti-ka i-ba-aš-ši-a i-na ra-ma-ni-ka šu-ku-un-ma*

36 *na-ap-ta-nu-um la i-ba-a et-ru-ba-am-ma*

37 *x-ke-e* LÚ.TÚG *ma-du-tim pu-šu-ur*

38 *šum-ma la at-ta li-ib-bi ra-ma-ni-ka tu-na-ap-pa-aš*

39 LÚ.TÚG *ša i-na-aḫ-ḫi-da-kum ú-la i-ba-aš-ši*

40 *i-me-eš-šu-ni-ik-kum-ma li-ib-ba-ka-mi*

41 *iḫ-ḫa-am-ma-aṭ ù te-er-ši-tam*

42 *pa-ga-ar-ka ša mi-it*

MU.BI ŠID.BI 41

UET VI/2

obv.

1 "Come, fuller, let me instruct you: wash my garment!

2 Don't disregard what I instruct you and

3 don't carry out your own methods!

4 You set in place the hem and the *qapsīdu*;

5 you stitch the front to the inside;

6 you pick the thread of the border;

7 you soak the thin part in beer;

8 you filter through a filter;

9 you loosen the hem of the *qapsīdu*;

10 in pure water, you .. (it)

11 like a piece of *kimdu* cloth and ...

12 To the area ... like ...

13 To the barrier(?) ...

14 ... gypsum ...

15 ...

16 In a beer jug you ...

17 Really ...

18 With a wand of *e'ru* wood you ...

19 You ... the ... the stool.

20 The web, the work with the needle ...

21 You squeeze and let cool down the hem ...

22 In early evening you take (it)

23 - when the web has not been made dry -

24 (and) you place (it) in a receptacle, in a container.

25 Let it be cooled down for you! Bring (this), I will make you rejoice in a great hurry!

26 You will bring (it) to the house and one will pour 10 liters of grain in your lap."

27 The fuller answers him: "By Ea, lord of wisdom, who gives me life!

28 Disregard it! Not me. As to what you say it is my money lender and my tax collector

29 who have a nerve like you, and

30 there's no-one whose hand can achieve the work.

31 What you instructed me I cannot repeat, speak,

32 say or reiterate.

33 Come, at a place upstream from the city, at the outskirts of

the city,

34 let me show you a washery(?) and then

35 carry out yourself the great toils which are on your hands!

36 But let the meal time not pass! Come in and

37 unravel the great ...s of the fuller!

38 If you do not set your heart at ease,

39 there is no fuller who will pay attention to you.

40 They will despise you and your heart

41 will burn. But as to reckless behaviour(?)

42 your body is of the dead(?)"

1.1 For the a s l a g or *ašlāku* in the Ur III period see UNT, esp. pp. 153-4 and RlA s.v. Handwerker §4 "L'artisant du textile" (mostly first millennium sources). The *ašlāku* was a skilled worker and could receive in the OB period as much as 20 % of the value of the garment he processed (Goetze LE §14 B i 8, with the restorations of CAD ad loc., lexical section). Some of this tools are mentioned in lexical texts: a washing utensil, *nimsû*- MU-UD- r a *nim-su-ú šá* LÚ.TÚG.UD (Nabnītu XXIII (+Q) 9', see MSL 16, p. 219), a reed mat, *burû*- TÚG m u - u d - r u m BU MIN (= *b*[*u-ru-ú*]) *šá* LÚ.TÚG.UD (Antagal Tablet F 170-171, see MSL 17, p. 217) and a pole or stake, *timmu*- g i š . d i m . t u r *tim-mu šá áš-la-ki* (Hh. VI 146, see MSL 6, p. 63 and Hg. II 25, see MSL 6, p. 78). The present text mentions a *pitnu*, "container", explained in a lexical list as pertaining in one of its forms to the *ašlāku*'s colleague the *aškuppu*, "reed artisan": [h] a? - a d - g i - g a z - z a MIN (= *pi-it-nu*) *šá* AD.KID (Antagal A 156, see MSL 17, p. 186, cf. MAM p. 207ff.). The OB Lú (MSL 12 pp. 158, 177 and 204) differentiates between specialised activities pertaining to the craft of the *ašlāku*. An OB manual of this craft has been published by S.Lackenbacher "Un texte vieux-babylonien sur la finition des textiles", Syria 59 (1982) pp. 129-49). This text records the time needed (in days or months) for each stage in processing a number of textile items specified by name and weight.

su-ba-ti for *ṣu-ba-ti*: For su(kuš) used for *ṣu* and for *zu* in the Agušaya hymn, see B.Groneberg, Untersuchungen zum hymnisch-epischen Dialekt der altbabylonischen Texte (Münster doctoral thesis, 1971) p.83 (note on Ag.A Kol.III). It could also be noted that the scribe of the present text was not particularly careful. Note the wrong sign in l. 27 (perhaps caused by the eye resting on the next line of the tablet from which the present text was copied), the unexpressed double consonants in ll. 9, 21, 26 and 30, the lack of a divine determinative in l. 27, and the wrong line count.

ll. 4 and 9 *qapsīdu* is a hapax legomenon; the genitive in l. 9 implies that the hem belongs to it.

l.5 This follows AHw. s.v. *takāpu*. One cannot determine whether a Dt of the *nakāpu ša ṣubāti* (Nabnitu I 93, see MSL 16, p. 53) could be meant, since the exact meaning and usage of the word are unknown.

l.7 Against CAD Q p. 175b where this passage is translated "(to clean a garment) you brew thin *miḫḫu* beer (for soaking the garment)", and AHw s.v. *qatnu* 3) (p. 908a) and s.v. *mi/eḫḫu* 1) (p. 651 a). The objection is that *qatnu* is hardly ever if at all used to describe liquids (neither CAD nor AHw cite any other examples), whereas it is abundantly attested of textiles. In this connection it seems to have two basic meanings, either thin being fine and elegant (equated with *banû*, "beautiful" and *rabû*, "great" in Malku VI ll. 39 and 64) or on the other hand being thin because it is worn out (equated with *lābiru* "old" in Malku VI 39 and with *qalpu*, "threadbare" in An VII 156 (cited from CAD Q p. 175b)), and requires rejuvenation as would seem to be the case in the present line.

1.11 A *pirsu* of *kamādu*, which according to CAD ad loc. refers to a specific weaving or preparation of cloth, and according to AHw p. 430a "Stoff schlagen". The word occurs in the *ašlāku* manual (Lackenbacher, op. cit. with discussion on pp. 138-9) where the editor follows AHw on the grounds of the Arabic cognate (Lane p. 2630c "He (a fuller) beat a garment or piece of cloth." quoted from Lisān al-ᶜarab) and the Sumerian equivalent in OB Lú LÚ.TÚG. ŠU.DÚB.DA (MSL 12 p. 177 1.13); she suggests an interpretation "foulage à la main".

1.17 Of *pīqa*, "einmal (wohl)", and *pīqat* "vielleicht" (both AHw p. 864b) the first is cited as jB and the second as a/jB. The present line seems to include an OB occurence, cf. the remarks of W.G.Lambert à propos a similar problem in the Reiner Festschrift (AOS 67), p. 194, to the effect that the surviving quantity of OB literature is so small that it is difficult to be sure what was or was not already current.

1.25 *humṭum* has been understood as derived from *ḫamāṭu*, "hasten, be quick"; according to the form it should be an abstract derived from an adjective (GAG §55d), *ḫamṭum*, "fast", *ḫumṭum*, "haste".

1.27 For Ea as god of the fuller see CT 24 43 126. As god of wisdom Ea was patron of artisans generally and this list attempts to particularise by assigning a specific form of Ea to each craft. The question is whether Ea/Enki had an additional connection by virtue of his watery associations with the washer or fuller. The fuller swears by Enki also in a Sumerian proverb or witticism (UET

VI/2 336 rev. 18-19). In a similar manner Šamaš was god of the *ušandû*, "birdcatcher", as is known from an excerpt (BWL 221) from a text the incipit of which may be the one in the Sidu series (I.Finkel, ZA 76 (1986) p. 252 l.11).

l.28 The restoration *muša[ddinī]* follows AHw p. 1415b, s.v. *ummiānu* 2) "ein Geld und Vorschussgeber vor allem für Gesellschaft. An u m . m i . a LÚ.TÚG.MEŠ, "boss(?) of the fullers" is mentioned in CT 45 36 iii 17 (OB Sippar).

l.37 *puššurum* belongs to the technical vocabulary of the fuller and is discussed by Lackenbacher (op. cit. p. 140), who suggests "'détordre, détorsader', peut-etre 'dénatter'".

l.42 AHw p.1332a s.v. *ta/eršītu* quotes the present line and asks with a question mark whether *šamiṭ* belongs to *šamāṭu* I ("los-, abreissen") or *šamāṭu* II ("spitz herausragen"), the problem being that neither gives a convincing sense. Perhaps the word *mītu* could be considered(in pause). It is clear that in expressions such as *muballiṭ mīti*, literally "he who gives life to the dead", the latter word despite its literal and etymological meaning refers to someone who is seriously ill or dying, but not actually dead (see CAD M/II,p.141 b'). *mītu* is well attested in colloquial contexts (personal letters), see CAD M/II, p.143 a e), and AHw p.663 b, h) "geschäftlich insolvent" with a transferred meaning such as "a hopeless case".

From the point of view of structure the text, as construed here, is not a dialogue comparable with works such as the "Dialogue of Pessimism" or the "Fables and Contest Literature" (BWL Chapters 6 and 7) or the Sumerian a d a m a n d u g$_4$. g a literature, in which a continuing repartee between the two characters is developed, but simply a diatribe in which each of the two protagonists gets only one chance to harangue the other. The humor derives primarily from the fastidious character of the would be customer, his long-winded instructions in technical language, and the sharp reply of the fuller: he could not even repeat the instructions, let alone carry them out[2]. Finer points can be more difficult to be certain of. One could see humor in the unnecessary repetition of words in l. 24: the *ašlāku* knew what a *šaddum* was without explanation. In ll. 31-2 he himself mimics the customer by using four words where one would suffice. ll. 36-7 have been understood here as a facetious invitation on the part of the *ašlāku*. Technical language, being included in lexical lists, formed part of the scribal curriculum, and the present text could be seen as an attempt to put together a humorous exercise using material of this kind. In the context of the limited number of examples of humorous literature, the present text most closely resembles the recently discovered late Babylonian Uruk text in which a doctor from Isin is lampooned for exposing his ignorance of Sumerian while on a visit to Nippur[3]. Both texts have two principal characters, a simple theme, consist predominantly of dialogue, and have roughly the same length.

Compared with other varieties of cuneiform literature humorous texts could be expected to have an immediacy which would cut across the cultural barriers of several millennia - almost four in

[2] One could compare the Risālah fī ṣināᶜat al-quwwād of Jāḥiẓ, in which he pillories professional illiteracy. Representatives of a number of crafts are to recount the events of a battle and compose a love song, and each one does so using the jargon of his own craft, with hilarious effect.

[3] A.Cavigneaux, Texte und Fragmente aus Warka (32. Kampagne), no. 1, Baghdader Mitteilungen 10 (1979) pp. 111-17; cf. the remarks of E.Reiner, op. cit..

the case of the present text. But there is still a danger of misunderstanding or superimposing modern conceptions in discerning humor. B.Foster (op. cit., p. 83) suggests that some examples of "pseudo-scientific speculative theology" should be regarded as humorous in intent, and asks what one is to make of texts such as VAT 17115 (F.Köcher, "Eine spätbabylonische Ausdeutung des Tempelnamens Esangila, AfO 17 (1954/6), pp. 131-35). There is no doubt that word plays and puns were used in literature generally and examples from various genres could be cited, but that the systematic elaborations to which Foster refers had a serious intent is clear from their occasional presence in contexts which are otherwise scientific in a modern sense (e.g. in i . NAM . g i š . ḫ u r . a n . k i . a next to sections which are genuinely astronomical) or deadly serious in ancient cultural terms. It is hardly likely that the contrivance by means of which the earlier rehabilitation of Babylon was explained in a royal inscription (Borger, Esarhaddon, p. 15) was intended to raise a laugh. On the simplest level, the Esagil scholar wanted to prove that the name of the temple was extremely appropriate in so many ways. This type of "pseudo-scientific" speculation, recently discussed by the present writer under the heading "Expositions of Mystical Mathematics and Philology"[4], are perhaps better understood within the context of Babylonian or Assyrian science, a large proportion of which is not scientific in a modern sense[5].

One of the genres of humorous literature which is notoriously dif-

[4] In: Mystical and Mythological Explanatory Works of Assyrian and Babylonian Scholars (OUP, 1986).

[5] J.Bottéro has stressed the need to understand the ancient scientific sense, see for example "La tératomancie babylonienne" in Mythes et Rites de Babylone (Paris, 1985), pp. 1 - 28.

ficult to interpret is that of the proverb collections, simply because there is usually no context to indicate in what circumstances the proverb might be considered apposite[6]. In the case of proverbs occuring in letters one is on safer ground and in conclusion some suggestions are offered on the interpretation of some proverbs in two NA letters, albeit one an *amat šarri* in Babylonian dialect. The *amat šarri* (ABL 403) includes reproaches by an Assyrian king against certain (from the king's point of view) pseudo-Babylonians. The first proverb is the well known one of the potter's dog which was allowed into the kiln to warm itself, and on barking was thrown out (see BWL p. 281 for this and translations of the Syriac and Arabic versions). Clearly the king is accusing the pseudo-Babylonians of lack of gratitude, and the king reinforces his point by insinuating that the pseudo-Babylonians are like the dog, and their talk is like its barking: *en-na at-tu-na ki-i la ka-an-ma ra-man-ku-nu a-na* LÚ.TIN.TIR.KI.MEŠ *tu-ut-te-ra ù dib-bi la dib-bi šá at-tu-nu u* EN-*ku-nu te-tep-pu-šá a-na* UGU ÌR.MEŠ-*já šak-na-tu-nu* (ll. 8-12), "Now (that) is you in that you incessantly return (lit. return yourselves) to the Babylonians and the unspeakable speach which you and your master perpetrate you charge my servants with." The king then resorts to a second proverb, which has perhaps been previously misunderstood: *i-na tel-tim-ma šá* KA *šá-ki-in um-ma* SAL *ḫa-ṭi-tú ina* KÁ É LÚ.DI.KUD KA-*šá al-la šá* DAM-*šá da-an* (ll. 13-15). Taken as a rhetorical question (with a negative answer)

[6] Cf. for example the OB proverb identified by K.Deller in an OB letter (AfO 21 (1966) p. 118); the letter, CT 29 23 is now edited in AbB 2 154 by F.R. Kraus, following Deller's interpretation. Without the context, the meaning of the proverb would have been less certain: [*la*] *na-ṭú-ú a-na mu-še-ṣí-tim me-e ru-ud-du-ú*, "It is unseemly to add water into a drain.", with a meaning such as "It is unseemly to cause loss to someone who has already suffered a great loss."

this seems to yield good sense: "The oral proverb says: Does the word of a sinful woman prevail over her husband's in court?"[7]. The king is then comparing the pseudo-Babylonians to a sinful woman, and their *dibbi la dibbi* to her talk which would not command credence in court. He continues with expostulation to explain why he is returning their tablet still sealed in its envelope and unread. A more enigmatic example is that in ABL 555: GURUŠ *šá si-bat né-ši iṣ-bat-u-ni ina* ÍD *iṭ-ṭu-bu šá si-bat še-li-bi iṣ-bat-u-ni ú-se-zib* (rev. ll. 3-6), "The man who seized the .. of a lion sank, he who seized the .. of a fox escaped." NA *se-bat* for Babylonian *zib-batu*, "tail" presents no difficulty (cf. writings such as *se-qur-ra-te* for *ziqqurratu*) but the problem is one of sense. The context in the letter before the proverb is partly broken and obscure but concerns arrangements in connection with chariots, the temple of Aššur, the s a n g a of Šamaš and the number one charioteer (LÚ.DUMU.SIG$_5$). Then there is asked what should happen and the proverb follows. Then further lines are added by means of much needed clarification: *šu-ú ina* UGU KÙ.BABBAR.MEŠ *tak-lu ina* UGU KÙ.GI.MEŠ *na-ta-ku-lu an-nu-ku ina muḫ-ḫi* LUGAL EN-*ja ta-ku-la-ka* (rev. ll. 7-10, end of letter), "It (is like this): Some trust in silver, some place their trust in gold; I trust in the king, my lord!" Perhaps the enigma lies in the combination of two tropes, that of the river ordeal (survival of the innocent, drowning of the guilty), and the contrast between the characters of the lion (*gitmālu*, "noble", BWL p. 190 l. 11) and the fox (*enqu muštēpišu*, "wise, a sorcerer", BWL p. 200 l. 18). Cunning courtiers who trust in gold and silver are gaining the upper hand, while the noble

[7] There is no paucity of examples of proverbs in the form of questions: BWL 227 19-20 and 35-37; 235 21-22; 240 22-25; 241 40-42 and 45-47; 242 2-3 and 19-20; 244 34-41; 246 39-40; 265 8-9; 268 5-7; 270 7-8; 278 7-8.

correspondent, who trusts in the king, is not receiving his just deserts.

Zu einigen ideographischen Schreibungen im Hethitischen

G. Mauer / Osnabrück

Bekanntlich enthalten hethitische Keilschrifttexte stets Bestandteile der akkadischen, sumerischen und hethitischen Sprache.

In dieser Darstellung sollen die sumerographischen bzw. pseudosumerographischen Schreibungen herausgenommen werden, deren Nomina aus Substantiv und redupliziertem Verbum zusammengesetzt sind. Eine derartige Nominalbildung ist weder bei A.Poebel, GSG, noch bei A.Falkenstein, AnOr 28 und Hdo II/1 belegt und W.H.Ph.Römer bemerkt zu Recht in seiner "Einführung in die Sumerologie", Nijmegen 1984, 41: "Von der Nominalbildung im Sumerischen und damit verbundenen Bedeutungsklassen wissen wir noch immer sehr wenig."

Obwohl sich in den Grammatiken für die o.g. Nominalbildung keine Beispiele finden, sondern nur Nomen und Verbum, cf. AnOr 28 §17, wie z.B. k ù . d í m "Edelmetallarbeiter" (Gudea Zyl. A XVI 26) und offenbar keine Bedeutungsklasse für Berufsbezeichnungen entsprechend akk. *parras* annehmen können, kommt jedoch in altsumerischen Wirtschaftstexten die verwendete Nominalbildung Substantiv und redupliziertes Verbum in i . r á . r á "Salbenmischer" (Förtsch 138:I 3 = J.Bauer, StPohl 9 Nr. 121; CT III 49:86; TSA 6:3) vor, wobei J.Bauer aaO, 334 bemerkt: "Der Lesung von DU als rá liegt zugrunde, daß dieses Wort die besondere Tätigkeit des Salbenmischers umschreibt, die in der Berufsbezeichnung i . r á . r á durch die Verdopplung des Verbums ausgedrückt ist. Hiermit sagt J.Bauer auch aus, daß diese Verbindung - Substantiv und reduplziertes Verbum - als Berufsbezeichnung dient. Auffallend ist jedoch dieser Formenbildung erst wieder bei den Hethitern zu begegnen und zwar bei den Berufsbezeichnungen: l ú . k a b . z u . z u "Schüler", l ú . g u s k i n . d í m . d í m "Goldschmied", l ú . k ù . b a b b a r . d í m . d í m "Silberschmied", l ú . u r u d u . d í m . d í m "Kupferschmied", l ú . a n . b a r . d í m . d í m "Eisenschmied" und l ú . n i n d a . d ù . d ù "Bäcker".

1. k a b . z u . z u

Dieses Wort, das als sumerisches Lehnwort Eingang in das Akkadische gefunden hat, cf. CAD K 29b, in AHw wurde es als *kabzuzu*, 1565a, im Nachtrag aufgenommen. Der älteste Beleg für k a b . z u . z u steht m.W. in einem Text Balmu-namḫes[1] aus der Zeit

[1] Zum Archiv des Balmu-namḫe (Sohn des *Sîn-nūr-mātim*, Vater des *Munawwirum*, *Iddin-Ea* und des *Bal-a/Bal-la-a*, Großvater der *Bēletum* und des BALA-MU-Nam.ḪÉ (=Kinder des Iddin-Ea)), gehören folgende Texte:

a) Rechts- und Wirtschaftsurkunden:
E.Grant, AJSL 34 (1920), 199ff. (= HG 6 Nr. 1470)
S.Langdon, Babyloniaca 7 (1914), S.47
TCL 10 47 (=Jean, Larsa Nr. 62), 74 (=Jean, Larsa Nr. 23)
YOS 5 112, 114, 115 (=Mendelsohn, Slavery, 59f.), 116 (=Mendelsohn, Slavery, 60), 117-119, 122 (=SLB 1/1,15ff.), 123-126, 128 (Eilers, Gesellschaftsformen, 62), 129, 132(Mendelsohn, Slavery, 37), 134, 141 (=Mendelsohn, Slavery,37f.), 143, 145 (=Mendelsohn, Slavery, 15), 146 (=Jean, Larsa, S.19, JESHO 10, S.198f.), 150, 181, 193, 227(=JEOL 15, S.217f.), 253
YOS 8 1-7, 8 (=Mendelsohn, Slavery, 8), 9-11, 12 (HG 6, Nr. 1633, 13 (HG 6, Nr. 1473), 14-16, 17 (=Mendelsohn, Slavery, 15), 18-20, 22 (=Mendelsohn, Slavery, 61), 23 (HG 6, Nr. 1471), 24,25 (=Mendelsohn, Slavery, 60), 26,27 (= Mendelsohn, Slavery, 60f.), 28-30, 31 (=Mendelsohn,Slavery, 31f.), 32-34, 35 (HG 6, Nr. 1471), 36 (HG 6,Nr. 1644), 37,38 (HG 6 Nr. 1601), 39 (HG 6, Nr. 1475, Kärki, SKFZ, 30f.), 40 (=Mendelsohn, Slavery, 16), 41 (Kärki, SKFZ, 92), 42-43, 44 (HG 6, Nr. 1476), 45 (HG 6, Nr. 1479), 46 (HG 6, Nr. 1487), 47,49,56 (HG 6, Nr. 1477, Kärki, SKFZ, 30f.), 57 (HG 6, Nr. 1480), 59 (JESHO 10, S.197), 64 (HG 6, Nr. 1506, Kraus, Viehhaltung, S.9),

Warad-Sîns von Larsa, der einen Sklaven in Obhut gibt, um die Töpferei zu erlernen[2], d.h. k a b . z u . z u wird in diesem Kontext als Verbum gebraucht.

Im lexikalischen Bereich findet sich k a b . z u . z u in MSL 12,

---

69,71 (HG 6, Nr. 1733, Kärki, SKFZ, 64f.), 72 (HG 6, Nr. 1478), 173,176
YOS 14 129
YBC 5724, 6994, 7027 (alle aus der Zeit Warad-Sîns)
YBC 6756 (Zeit Ḫammurapis)

b) Briefe
YOS 2 13 (MAOG 16, S.18, OECT 3, S.39), 77 (MVAeG 36/1, S.58 OECT 3, S.59)
TCL 17 67
TCL 18 119
NBC 5287
cf. Ch.-F.Jean, Larsa (Paris 1931), S.75-77
H.Klengel, Das Altertum 19 (1973), S.199-207
W.F.Leemans, The Old Babylonian Merchant (Leiden 1950)
YOS 5, S.15-16
YOS 8, S.4

[2] YOS 5 253 16.III. 4.Warad-Sîn (Zur Jahresformel s. M.Stol, Studies, 2, 9-10)

1 sag ìr.a.ni *A-ḫu-ú-a* mu.ni.im
2 ìr Bala.mu.nam.ḫé
3 I. Bala.mu.nam.ḫé
4 lugal.a.ni.ir
5 I. *Ri-ba-tum*.šè
6 nam.dug.ga$_5$.bur.šè
7 kab.zu.zu⸢dè⸣?
8 en.nu.un.ak.⸢dè⸣
9 ba.an.sum.mu.uš
10 tukum.bi *A-lí-a-ḫu-ú*
11 ú.gu.ba.an.záḫ!
12 I. *Ri-ba-tum*
13 1/2 ma.na kù.babbar
14 ⸢ì⸣.lá.e
15 igi ir.d.Nanna
16 igi Ararma.ki-*na-ṣir*
17 igi d.En:zu-*ma-gir*
18 igi *Ṣí-ja-tum*
19 igi *I-bi*-d.Nin.šubur
20 igi d.Utu.zi.ma.an.sum
21 igi *A-da-ajja-tum*
22 kišib lú.inim.ma
23 iti.sig$_4$.a u$_4$.16.kam
24 mu gá.nun.maḫ é.d.Nanna
25 ù é.kalam.ta.ní.gùr.ru
26 é.d.Inanna Zabalam.ki
27 ba.dù

S.a. B.Landsberger apud I.G.Lautner, Personenmiete, 13[39].

195:14 [1] ú . g a b . z u . z u = *ta-a[l-m]i-[du]*, im Silbenvokabular A, in dem es als Bedeutung von n i . b a . b a und n u . n u, cf. J.Nougayrol, AS 16, 36+68; E.Sollberger, ibid.; 25, genannt ist; sowie in a.i.III iii 9 k a r (sic) . z u. z u . d è = *a-na tal-me-di*.

Darüberhinaus ist k a b . z u . z u in Kolophonen aus Ras Shamra belegt. So am Ende des lexikalischen Textes RS 22.346 + 22.349, cf. CAD K 29b, jetzt auch MSL X 37[1]:

1 [š u] xxx lú *ṭup-šar-rum*

2 ì r d.*É-a* *ù* d.SAR

3 kab-zu-zu *ša* I.BAD-d.[x]

4 dumu.meš I.Sig₅.ga-d.*Maš-maš*

5 *i-na* iti.*Ḫal-la-ti*

6 *il-ta-tar-šu*

sowie RS 20.196, cf. Ugaritica V, 252

š u I.*Ja-an-ḫa-na*

lú a.ba kab.zu.z[u]

ša I.*Ne-d.Ma-l[ik]*

ìr d.Ad *ù* d.Za.gìn.na

Darüberhinaus findet sich k a b . z u . z u auch in Texten aus Boghazköy, so in KUB XXIII 108 (=CTH 297):7 (in heth. Kontext) als Abstraktum:] *aš-šum* l u . k a b . z u . z u - *ut-tim ad-din*[3], und in Kolophonen als Berufsbezeichnung, wie z.B. in dem medizinischen Text KUB XLIV 61 (cf. StBoT 19,20).

lk.Rd. 4 I.] nu.giš.šar dumu I. sag.gal dub.sar.meš

[3] Cf. H.G. Güterbock, Kumarbi, 41.

5 kab.z]u.zu *ša* I. *Ḫu-u-la-na-pí*

oder der Theogonie KUB XXXIII 120 (= CTH 344 s.a. E. Laroche, RHA 26, 1968, 47)

IV 20-24: šu I.*As-ḫa-pa[?-*
dumu.dumu-*šu* *ša*[
ù dumu.dumu-*šu*[
kab.zu.zu *ša* I[.

oder bei dem Gebet Muwatallis an Tesup von Kummanni KBo XI 1 (= CTH 382, s.a. Ph.Houwink ten Cate, RHA 25, 1967, 110)

Rs 26-27: <<su>> su I.*Lu-ur-ma* lú! a.zu.tur kab[.zu.zu[4]
dumu I.*A-ki*-d.*U-up*

Außerdem ist die Berufsbezeichnung k a b . z u . z u bzw. m í . k a b . z u . z u[5] vor allem in Ritualen aus der Großreichszeit, wie KUB XXIX 7 (= CTH 480) Vs 19.27 oder HTR 94:14, aber auch in den Instruktionen Tudhaliyas IV., KUB XIII 9 (= CTH 258; s.a. E.von Schuler, FS Friedrich, 448) IV 1: k a b . z u . z u [*s*]*a* I. *Zu-wa-a* e n g i š . k i n -*ti* zu finden.

Die Bedeutung des Wortes *kabzuzu* wurde aus dem Sumerischen abgeleitet und aufgrund seines Stellenplatzes in den lexikalischen

---

4 Diese Verbindung von a . z u . t u r (am besten wohl mit Assistenzarzt zu übersetzen) und k a b . z u . z u "Schreiber" weist den Arzt eindeutig als Schreibkundigen aus; eine Tatsache, die bisher nur aus Ägypten bekannt ist und somit auch in der ägyptisch-hethitischen Königskorrespondenz ihren Niederschlag findet, s.KUB III 67 (=CTH 163) Ramses II. an Hattusili III. Vs 12-Rs 1; [*u*]*m-ma-a a-nu-ma a-na-ku aṣ-ṣa-ra-aḫ* l ú . d u b . s a r l ú . *a-zu-ú*, I. *Pa-ri-a-ma-ḫu*... s.a. E.Edel, Ägyptische Ärzte und ägyptische Medizin am hethitischen Königshof. Göttingen 1976, 47, 97-100.

5 Für eine vollständige Belegsammlung s.F.Pecchioli Dadda, Mestieri, professioni e dignità nell'Anatolia Ittita, Roma 1982, 168, 415.

Listen analog in CAD K 29b mit "expert, wise" wiedergegeben. Die Übersetzung bei J.Friedrich, HW, 279b, lautet in Anlehnung an B.Landsberger "Schüler; Gehilfe (?)" und AHw 1565a schlägt "Ausgebildeter" vor.

Betrachtet man die Belege und die Übersetzungsvorschläge liegt der Schluß nahe, daß in den Kolophonen wohl die Bedeutung "expert" ihre Berechtigung hat, während in den Ritualtexten eher an Gehilfe zu denken ist. Vergleicht man jedoch diese Angaben mit denen eines *šamallûm* - im Gegensatz zu *šamallûm* als typischen Helfer des *tamkārum*, wie er von W.F.Leemans, SD 6, 1960, 91, erwähnt wird - so muß man sagen, daß dieser ebenso in Kolophonen genannt wird und auch Opfer darbringt.

Geht man allerdings vom zeitlichen und regionalen Auftreten von k a b . z u . z u und *šamallûm* aus, so ist ersichtlich, daß *šamallûm* bereits in aAk-Zeit bezeugt und auf den mesopotamischen Raum, unter Einschluß von Nuzi und Alalah beschränkt ist; k a b . z u . z u hingegen ist offensichtlich ein Spezifikum von Ugarit und Boghazköy und tritt erst nach 1500 auf.

2. l ú . n i n d a . d ù . d ù

l ú . n i n d a . d ù . d ù ist im Gegensatz zu dem in Verbindung mit é vorkommenden l ú . n i n d a . š e (KUB XXVII 70 II 10 = CTH 628)[6], und der mit Hilfe eines Relativsatzes ausgedrückten Tätigkeit, wie in KUB III 4 (= CTH 41): 14 (*nam-ma* n i n d a . [k u r $_4$] . r a *u$_4$-mi ku-i-e-eš eš-ša-an-zi*) die häufigste

[6] *na-at* a š é . l ú . n i n d a . š e *pí-e-da-an-zi* u$_4$. 2 . k a m (wörtl.) "und sie bringen es in das Haus des Gerstebäckers (=Bäckerei) 2. Tag"

Bezeichnung für Bäcker im hethitischen Kontext[7]. Neben diesem Komplex l ú . n i n d a . d ù . d ù , der sich aus dem Determinativ l ú , sowie n i n d a (akk. *akalum*)[8] und der Reduplizierung von d ù [9] (akk. *epēšum*)[10] zusammensetzt, war auch der Terminus m u ḫ a l d i m (akk. *nuḫatimmu*) in Gebrauch. Dieser Begriff m u ḫ a l d i m, der aus dem mesopotamischen Bereich kommt und dort sowohl für Koch als auch für Bäcker verwendet wurde[11], wird im hethitischen Gebrauch durchaus distinguiert gesehen, wie aus den Instruktionen für Tempelangehörige KUB XIII4 (= CTH 264) hervorgeht. In diesem Text stehen die verschiedenen Bediensteten des Küchenpersonals (III 56) nebeneinander: l ù . s a g i l ú . g i š . b a n š u r l ú . m u ḫ a l d i m l ú . n i n d a . d ù . d ù l ú . d i n . n a .... Daß jedoch auch bei den Hethitern der l ú. m u ḫ a l d i m des Backens kundig war, ist aus KUB II 6 (= CTH 598) I 7-8: u g u l a l ú .

---

[7] Cf. H.Hoffner, Alimenta, 129-131. Für eine vollständige Belegsammlung von l ú . n i n d a . d u . d u s.F.Pecchioli Dadda, aaO, 76-79.

[8] Nach AHw 26b fehlen für ein von *akalu* "Brot" zu unterscheidendes *akālu* "Speise" eindeutige Belege.

[9] Für d u $_8$ als phonetische Schreibung von d ù s. die lexikalischen Belege CAD E 247.

[10] Die Verbindung von *epēšum* in *ēpiš pappasi*, die in dem Gerichtsprotokoll KUB XXVI 69 (=CTH 295; s.a. R.Werner, StBoT 4, 44-45) vorkommt und CAD E 239a mit "cook who prepares *pappasu*" übersetzt wird, ist sonst nicht belegt. Bei *pappasu* handelt es sich nach AHw 824 um einen Gerstenbrei oder Pudding.
H.Hoffner, aaO, 129[1], erwartet auch eine Verbindung *ēpiš akali*, da seiner Meinung nach derartige Konstruktionen in Boghazköy häufig seien, was allerdings nicht den Belegen entspricht.

[11] Wenn auch in den Wörterbüchern für *nuḫatimmu* die Übersetzung "Koch", AHw 801a, CAD N/2 313b, angegeben ist, so wurde jedoch niemals zwischen Koch und Bäcker definitiv geschieden, was auch aus den Texten ersichtlich ist. Die eindeutigen Belege, die den Bäcker (*ēpûm*) und das Backen (*epûm*) bezeichnen, sind relativ selten und gehören dem babylonischen Wortschatz an. Ebensowenig wurde in Mesopotamien zwischen Küche und Bäckerei - dem heutigen Verständnis entsprechend - differenziert; cf. J. Bottéro, RlA 6, 1980-1983, 278a.

m u ḫ a l d i m n i n d a . *pár-šu-ul-li, a-na* d u m u . l u g a l *pa-a-i* "der Chefkoch gibt dem Prinzen Brotbrocken", zu schließen. Trotzdem führen Bäckereien[12] meistens die Bezeichnung é . m u h a l d i m und nur gelegentlich é . l ú . n i n d a . d ù . d ù[13]; auch wird der Aufseher der Bäcker u g u l a m u ḫ a l d i m bzw. g a l . m u ḫ a l d i m[14] genannt.

Inzwischen hat sich durch die Textfunde der Ausgrabungen in Tell Meskene/Emar gezeigt, daß beide Ausdrücke zusammen verwendet werden. In dem Ritual für das *kissu*-Fest der Ninkar, Emar VI/3 338:10 steht l ú . m e š m u h a l d i m n i n d a . d ù . d ù und in Z.12: l ú . m u ḫ a l d i m n i n d a . d ù . d ù[15].

Die Unverständlichkeit des Gebrauchs von m u ḫ a l d i m und n i n d a . d ù . d ù wird somit erhellt, denn dieser Beleg aus Emar stellt ein Bindeglied zwischen Mesopotamien und Kleinasien dar.

Obwohl k a b . z u . z u und n i n d a . d ù . d ù zunächst den Eindruck erweckten, als ob es sich hier um eine besondere Nominalbildung handeln würde, zeigt sich, daß diese Wortformationen kein Spezifikum der Hethiter darstellen, sondern sie kamen auf dem Wege über Ugarit und Emar zu den Hethitern. Ob die Bildung von Nomen und d í m . d í m[16] dann Analogie - d ù .

[12] S.a. J. Schawe, RlA 1, 1932, 388a.

[13] S. StBoT 28, 57:21. Zur Beziehung des é l ú . n i n d a .d ù . d ù zum *ḫalentu*-Raum, s. S. Alp, Beiträge zur Erforschung des hethitischen Tempels, Ankara 1983, 89.

[14] Cf. H.Hoffner, aaO, 130.

[15] Emar VI/2 512:4'ist zu fragmentarisch, um es als weiteren Beleg heranzuziehen.

[16] Da die Belege für diese Bildung im k i . l a m -Ritual (StBoT 28, 186, 198, 203, 221), sowie in KBo XVI 68 III 8'(l ú . m e š a n . b a r . d í m . d í m) vorkommen, ist m.E. auch KBo XVII

d ù und d í m . d í m werden beide mit akkadisch *epēšum* und *banûm* gleichgesetzt - zu n i n d a . d ù . d ù ist oder nur Zufall, muß offen bleiben.

Immerhin läßt sich aufgrund des Gebrauchs von k a b . z u . z u und n i n d a . d ù . d ù sagen, daß die Vermittlung babylonischer Kultur nach der althethitischen Zeit über Syrien erfolgt sein muß.

Abkürzungsverzeichnis:

CTH = E.Laroche, Catalogue des textes hittites. Paris 1964

KUB = Keilschrifturkunden aus Boghazköy

KBo = Keilschrifttexte aus Boghazköy

StBoT = Studien zu den Boghazköy-Texten

kursiv=heth./hurr.

46 (28': l ú . m e š u r u d u . d í m . d í m) gegen E.Neu, StBoT 25, XVIII, in die nachalthethitische Zeit einzuordnen.

Die Frühgeschichte der assyrisch-urartäischen Beziehungen vom 14. bis zur 2. Hälfte des 9. Jhd. v.Chr.

W.Mayer / Münster

1. Einleitung

K. Deller hat jüngst durch die Erschließung der Korrespondenz Sargons II. über Urartu einen der wichtigsten Beiträge zur Erforschung der assyrisch-urartäischen Beziehungen im 8. Jhd. überhaupt geliefert[1]. Während die Grammatik des Urartäischen als weitgehend gesichert angesehen werden kann[2], liegt das größte Hindernis auf dem Wege zum Verständnis urartäischer Texte in der überaus beschränkten Kenntnis des Lexikons, wobei die relative Einseitigkeit des erhaltenen urartäischen Textmaterials noch erschwerend hinzukommt. Jedem Assyriologen, der sich mit urartäischen Quellen beschäftigt, wird eigentlich sehr schnell klar, daß der Weg zu einem besseren Verständnis urartäischer Texte häufig nur über

---

[1] K.Deller, Ausgewählte Neuassyrische Briefe betreffend Urartu zur Zeit Sargons II., in P.Pecorella - M.Salvini, Tra lo Zagros e l'Urmia (Rom 1984) 96-122 [= Incunabla Graeca 78].

Abkürzungen und Zitierweisen im vorliegenden Beitrag richten sich nach W.von Soden, Akkadisches Handwörterbuch [= AHw.]. Außerdem kommen vor:

ASUJ I.I.Mescaninov, Annotirovannyj slovar'urartskogo (biajnskogo) jazyka (Leningrad 1978).

HChI F.W.König, Handbuch der chaldischen Inschriften (Graz 1955-1957) [=AfO Beih.8].

UKN G.A.Meliskisvili, Urartskie klinoobraznye nadpisi (Moskau 1960).

UPD I.M.Djakonov, Urartiskie pis'ma i dokumenty (Leningrad 1963).

[2] I.M.Diakonoff, Hurrisch und Urartäisch (München 1971) [= Münchener Studien zur Sprachwissenschaft, Beiheft 6, Neue Folge].

einen Vergleich mit den entsprechenden assyrischen Inschriften und Urkunden führen kann.

Die Geschichte Urartus läßt sich von der ersten Erwähnung des Namens in mittelassyrischen Königsinschriften bis zu ihrem Ende in der 2. Hälfte des 7. Jhd.[3] in vier Abschnitte gliedern:

1) Die Frühzeit etwa vom 14./13. Jhd. bis zur Verlegung des Zentrums von Arṣaškun nach Ṭušpa am Van-See in der 2. Hälfte des 9. Jhd.

2) Die Zeit der Konsolidierung und langsamen Expansion des Reiches am Van-See bis zur Mitte des 8. Jhd. unter den Herrschern Sardure I., Išpuine, Menua und Argišti.

3) Die Phase des großen assyrisch-urartäischen Konfliktes in der 2. Hälfte des 8. Jhd. Mit Tiglatpileser III. und Sargon II. auf der einen und Sardure II. und Rusa I. auf der anderen Seite. In diese Zeit fallen die assyrischen Feldzüge von 743, 735 und 714. Durch ausführliche assyrische Feldzugsberichte und das Urartu-Dossier Sargons II. ist dieser Abschnitt zugleich besser dokumentiert als die anderen.

4) Die Koexistenz mit Assyrien nach Sargon II. bis zu dem durch die Reitervölker herbeigeführten Ende Urartus.

In den letzten Jahren sind neben die Arbeit mit den Quellen zur Geschichte Assyriens, die letztlich eine bessere Erkenntnis des politischen Geschehens, der Zusammenhänge und der Entwicklungen zum Ziel haben sollte, in zunehmendem Maße Meditationen über Stil,

[3] Vgl. hierzu zuletzt S.Kroll, AMI 34 (1984) 151-170. S.Krolls einleitende Bemerkung zum Untergang Urartus (S. 151) kann so auch auf die Anfänge Urartus übertragen werden.

Propaganda[4] und Ideologie getreten. Dessen ungeachtet soll im folgenden versucht werden, mit den konventionellen Methoden des Historikers auf der Basis der assyrischen Quellen die Frühzeit der assyrisch-urartäischen Kontakte und Beziehungen aufzuzeigen. Für die Skizzierung der Entwicklungen eines so langen Zeitraumes vom 14. bis zum 9. Jhd. sind die vorhandenen Quellen äußerst dürftig. Es sollen daher auch einige allgemeine Überlegungen zum historischen Prozeß der 'Reichswerdung' Urartus und vor allem zum Zeitpunkt und Umfang der Übernahme der assyrischen Keilschrift vorgelegt werden, die das geschätzte Interesse des verehrten Jubilars finden mögen.

Die Interpretation der assyrischen Quellen ist auf das engste verbunden mit der Deutung und Lokalisierung der geographischen Bezeichnungen Ur(u)aṭri/Urarṭu, Muṣri und Muṣaṣir. Die Beschäftigung mit der historischen Geographie ist ohne jeden Zweifel nützlich und auch notwendig. Man sollte sich aber keinesfalls über die sehr engen Grenzen hinwegtäuschen, die der Erkenntnis gerade für die Assyrien benachbarten Bergregionen gesetzt sind. Anders als im übrigen mesopotamisch-syrisch-palästinensischen Raum liegen aus den Bergländern im Osten und im Norden jenseits der assyrischen Grenzen zumeist keine eigenständigen schriftlichen Zeugnisse vor. Wir sind also fast ausschließlich auf die assyrischen Angaben über das 'Barbaricum' angewiesen. Eine Ausnahme stellt dabei nur Urartu mit seiner schriftlichen Überlieferung dar. Aber gerade daran wird in erschreckendem Maße deutlich, welche Schwierigkeiten offenbar jede Seite mit der nach dem Gehör erfolgten Wiedergabe des jeweils

[4] Da Propaganda der Versuch ist, mittels geeigneter Publikationsmittel und Werbemethoden insbesondere die politische Meinungsbildung zu beeinflussen und zu dirigieren, ist der Begriff per definitionem auf den gesamten Bereich der keilschriftsprachlichen Kulturen nicht anwendbar.

gegnerischen Onomastikons gehabt haben muß. Es ist also kaum verwunderlich, wenn ein gequälter Schreiber in dieser Situation gegebenenfalls zu bekannten und ähnlich klingenden Namen oder auch zu Volksetymologien seine Zuflucht nahm[5]. Einige wahllos herausgegriffene Beispiele mögen dies verdeutlichen:

Urartäisch:	erscheint in assyrischen Texten als:
Ardine	Arin(n)a/i, Arinun, Arinuni
Ṭuspa	Ṭurušpa
ᵐIšpuine	ᵐUšpina (I R 30 II 26)
ᵐRusa	ᵐUrsā
ᵐSardure	ᵐSēdure (WO 2 (1954-59) 224, 144)

Assyrisch:	erscheint in urartäischen Texten als:
Aššur-dān (III.)	ᵐ'*A-ar-si-ta-ni* (UKN 127 II 53)

[5] Ein anschauliches Beispiel liefert der Ortsname Arin(n)a. So verzeichnet RGTC 6, 32-36 vier Orte dieses Namens in hethitischen Texten. RGTC 5, 37 bietet eine Stadt und ein Land mit diesem Namen und liefert außerdem noch Arinun und Arinuni (= *Arinu=ne* ?), die wohl beide nicht von Arin(n)a zu trennen sind. Zuletzt kennt AOAT 6, 29 noch eine Festung Arinu in Subria.

Sargon II. berichtet von zwei Regionen namens Sangibutu (AOAT 6, 302): Eine in Medien oder Parsua (MDOG 115 (1983) 70, 39), die bereits bei Tiglatpileser III. erwähnt wird, und einen urartäischen Distrikt am Südende des Urmia-Sees, der auch Bāri genannt wird (MDOG 115 (1983) 86, 184. 188; 92, 231. 233. 247; 96, 269).

Auch bei Ḫubuškia (AOAT 6, 166/7) muß eine Trennung vorgenommen werden zwischen dem Hauptort von Na'iri dieses Namens, der nur bei Sargon II. genannt wird, und der Stadt und der Region, die von Aššurnaṣirpal II., Salmanasar III., Adad-nērārī III. und Asarhaddon erwähnt werden. Die Hauptstadt von Na'iri lag ohne Zweifel westlich des Urmia-Sees im Einzugsbereich des Oberen Zāb. Das Land Ḫubuškia muß dagegen nach Ausweis der Königsinschriften weit südlich des Urmia-Sees gelegen haben - im manäisch-medischen Grenzgebiet, zur Zeit Asarhaddons - etwa am Oberlauf des Unteren Zāb; vgl. dazu auch u.3.2.

Zu den im folgenden aufgeführten Beispielen vgl. die Glossare in UKN und HChI.

Aššur-nērārī (IV.) Sohn des Adad-nērārī (III.) — ᵐ*Aš-šur-ni-ra-ri-ni* ᵐ*A-da-di-ni-ra-re-e-ḫe* (UKN 156 D 8/9)

Weitere Zeugnisse liefern auch die unterschiedlichen Schreibungen ein und desselben Namens zu verschiedenen Zeiten in assyrischen Texten, wie beispielsweise:

Aramalê (Salm. III.), Armarī(a)lî, *Ar-mir-a-li-u* (Sg.)[6]
Eritia (Salm. III.), E/Irtia (Sg.)[7]
Zirtu (Salm. III.), Izirtu (Sg./Asb.)[8]
U/Ú-a-si, Ú-e-si, Ú-a-ja-is, Ú-aja-si, Ú-a-za-un (Sg.)[9]

Ur(u)aṭri (mA), Urarṭu, Uarṭu, Urašṭu, Uraṭru, Uraṭāju, URI (nA)[10]

Auf dem Feldzug in Salmanasars III. 27. *palû* passierte der Turtan Dajjān-Aššur mit seiner Streitmacht URU *am-maš-tu-bi* in Bīt Zamāni[11]. Dieser Ortsname ist nur hier belegt. Es ist durchaus möglich, daß es in dieser Gegend tatsächlich einen Ort dieses Namens gegeben hat. Auf der anderen Seite begegnet in urartäischen Annalen häufig die Formulierung URU.MEŠ *a-ma-(a-)áš-tú-(ú-)bi*/GIBÍL-*bi* "die Städte habe ich verbrannt"[12]. Der Leser kann sich daher zumindest fragen, ob hier nicht ein Mißverständnis von seiten des assyrischen Kriegstagebuchführers vorliegt.

[6] Vgl. AOAT 6, 22 und 30.

[7] Vgl. AOAT 6, 126 und 176; ob es sich dabei um denselben Berg handelt, ist möglicherweise fraglich.

[8] Vgl. AOAT 6, 181.

[9] Vgl. AOAT 6, 362/3.

[10] Vgl. AOAT 6, 370-373.

[11] Vgl. u.2.1.6.

[12] Vgl. dazu ASJU 38; HChI 172a; 183a; UKN 389a; 377a.

Der Bericht enthält zunächst keinerlei Hinweis auf den Anlaß des Zuges. Es wäre also durchaus denkbar, daß er die assyrische Reaktion auf urartäische Plünderungen in grenznahen Gebieten darstellte. Es wird auch nicht von Kämpfen oder der Eroberung von Ammaštubi berichtet. Die Assyrer könnten also an einer zuvor von Urartäern zerstörten Stadt, deren Name ihnen unbekannt war, vorbeigekommen sein und dort eine Stele des urartäischen Königs vorgefunden haben, wobei es sich eigentlich nur um Sardure I. gehandelt haben kann. Die darin enthaltene urartäische Aussage URU *amaštubi* "ich habe diese Stadt niedergebrannt" könnte dann möglicherweise von den Assyrern nicht verstanden und für den Namen der zerstörten Stadt gehalten worden sein.

Ob aber tatsächlich ein Mißverständnis vorliegt, ob es ein Einzelfall ist oder ob dergleichen öfter vorkommt, ist für uns kaum feststellbar - die Möglichkeit kann aber a priori nicht ausgeschlossen werden.

Wenn die Gebiete Diauḫe[13] und Ziuqune[14] der urartäischen Texte richtig lokalisiert sind, so können sie auf keinen Fall mit den in mittel- und frühneuassyrischen Inschriften genannten Dajēni[15] und Zingun/Ziqunu[16] identifiziert werden, da Vorstöße in Gebiete nördlich des Van-Sees absolut außerhalb aller militärischer Möglichkeiten der Assyrer lagen, selbst zu Zeiten Tiglatpilesers III. und Sargons II., als sich die assyrische Armee bereits auf dem Gipfel ihrer Leistungsfähigkeit befand[17].

[13] Vgl. RGTC 9, 25/6.

[14] Vgl. RGTC 9, 105.

[15] Vgl. RGTC 5, 77/8; AOAT 6, 97.

[16] Vgl. RGTC 5, 283/4.

[17] Vgl. dazu u.3.2. und W.Mayer, Assyrische Strategie und Kriegs-

Die angeführten Beispiele sollen nur deutlich vor Augen führen, daß bei solchen Gleichsetzungen und Lokalisierungen größte Vorsicht angebracht ist.

2. Die Quellen

2.1. Ur(u)aṭri/Urarṭu

2.1.1. Salmanasar I. (1273 - 1244)

KAH 1, 13[18]

I 26) . . . . *i-na* u_4*-me-šu-ma*
i-na šur-ru ŠID*-ti-ia* KUR *Ú-ru-aṭ-ri*
ib-bal-ki-tu-ni-ma a-na ᵈ*Aš-šur*
ù DINGIR.MEŠ GAL.MEŠ EN.MEŠ*-ja qa-ti*
30) *aš-ši da-ku-ut* ERÍN.MEŠ*-ja aš-ku-un*
a-na ki-ṣir ḫur-šá-ni-šu-nu dan-nu-ti
lu e-li KUR *Ḫi-im-me*
u. Rd. KUR *Ú-at-qu-un* KUR *Bar/Maš-gu-un*
KUR *Sa-lu-a* KUR *Ḫa-li-la* KUR *Lu-ḫa*
35) KUR NI*-li-pa-aḫ-re*
ù KUR *Zi-in-gu-un 8* KUR.DIDLI
ù ILLAT.MEŠ*-ši-na ak-šud 51* URU.DIDLI
šu-nu aq-qur aš-ru-up šal-la-su-nu
NÍG.GA*-šu-nu aš-lu-ul pu-ḫur*
40) KUR *Ú-ru-aṭ-ri i-na 3-ti* u_4*-me*
II 1) *a-na* GÌR *Aš-šur* EN*-ja lu-še-ek-niš*
ad-me-šu-nu ú-né-seq aṣ-bat

---

kunst.

18 AOB 1, 112/4; ARI 1 § 527.

a-na ar-du-ti ù pa-la-ḫi-ia

ú-ta-šu-nu-ti DUGUD GUN

5) *ḫur-šá-ni a-na da-ra-ti* UGU-*šu-nu*

lu aš-ku-un . . . .[19]

"Damals - im Jahr meiner Thronbesteigung - wurde das Land Uruaṭri gegen mich vertragsbrüchig[20]. Zu Aššur und den großen Göttern, meinen Herren, erhob ich meine Hände. Meine Truppen bot ich auf (und) marschierte wahrhaftig zum Fuß ihrer gewaltigen Berge. Die Bergregionen[21] Ḫimme[22], Uatqun[23], Bar/Mašgun[24], Salua[25], Ḫalila[26],

[19] Zur Fortsetzung dieses Textes s.u.2.2.2.

[20] In den mittelassyrischen Königsinschriften wird bei den erstmaligen Feindseligkeiten das Verbum *nakāru(m)* (AHw. 718b/719a; CAD N_1 161/2) verwandt. Der Besiegte muß einen Vasallenvertrag mit dem assyrischen König schließen. Muß der assyrische König dann erneut ins Feld ziehen, so wird bei der Begründung zunächst *nabalkutu(m)* (AHw. 695; CAD N_1 13/4) und erst an zweiter Stelle *nakāru(m)* verwendet. Ein deutliches Beispiel findet sich in AfO 5 (1928-1929) 90. Der Gebrauch von *nabalkutum* in den Königsinschriften stimmt insofern mit dem in den Rechtsurkunden überein. Aller Wahrscheinlichkeit nach folgen die Assyrer hierin hethitischen Vorbildern; vgl. dazu W.Mayer, Assyrische Strategie und Kriegskunst.

[21] KUR scheint in den Berichten über Feldzüge in das Bergland ein Bergmassiv mit den dazugehörigen Tälern zu meinen. Dies wird deutlich bei Jatqun/Uatqun, das AfO 6 (1930-31) 82, 32 eindeutig einen Berg meint, während bei Salmanasar I. die Region gemeint ist. Eine Übersetzung "Land/Länder" scheint mir den Gegebenheiten nicht ganz gerecht zu werden.

[22] Vgl. RGTC 5, 126.

[23] Vgl. RGTC 5, 269.

[24] Vgl. RGTC 5, 50.

[25] Vgl. RGTC 5, 227/8.

[26] Vgl. RGTC 5, 115.

Luḫu[27], NIlipaḫre[28] und Zingun[29] - 8 Berge und ihre Aufgebote[30] überwältigte ich: 51 ihrer Siedlungen zerstörte (und) brannte ich nieder; Gefangene und ihre Habe führte ich aus ihnen fort. Das ganze Land Uruaṭri unterwarf ich in drei Tagen zu Füßen Aššurs meines Herrn[31]. Eine Auswahl unter ihren Kindern nahm ich vor (und) bestimmte sie für meine Dienste. Den schweren Tribut der Berge erlegte ich (den unterworfenen Gebieten) für immer auf[32]."

2.1.2. Tiglatpileser I. (1114 - 1076)

In den Annalen Tiglatpilesers wird Urartu namentlich nicht erwähnt. Es werden jedoch in dem Bericht über den Feldzug gegen Sugi[33] in Ḫabḫu die bereits aus dem Bericht Salmanasars bekannten Bergregionen Ḫimme und Luḫu genannt[34], die mit zu der 6000 Mann starken Streitmacht beigetragen, haben, die Tiglatpileser am Berg Ḫiriḫu[35] besiegen konnte.

2.1.3. Aššur-bēl-kala (1073 - 1056)

Die Annalen Aššur-bēl-kalas sind nur in sehr fragmentarischem

[27] Vgl. RGTC 5, 180.

[28] Vgl. RGTC 5, 206.

[29] Vgl. RGTC 5, 283.

[30] Es kann sich bei den Gegnern der Assyrer eigentlich nur um die regionalen Aufgebote einer "Landwehr" von Stammeskriegern handeln. Eine Übersetzung "Streitkräfte" dürfte auch hier nicht ganz passen.

[31] Zu dieser Zeitangabe vgl. u.3.2.

[32] Vgl. dazu u.4.

[33] AKA 59, 7-62, 31; vgl. ARI 2 § 27; zu Sugi vgl. RGTC 5, 235.

[34] AKA 60, 10.

[35] Vgl. RGTC 5, 128.

Zustand erhalten[36]. Auf eine Wiedergabe der lückenhaften Texte wird verzichtet - eine Inhaltsangabe mag hier genügen:

Im Jahr seiner Thronbesteigung führte Aššur-bēl-kala einen Feldzug gegen Uruatri durch (I 25-35). Anschaulich werden die Schwierigkeiten des Marsches durch die unwegsamen Bergregionen beschrieben. Der Weg führte dabei auch über die Berge Ḫini [. . .][37] und Jatkun[38], von denen der letztere wohl mit dem Uatqun Salmanasars identisch sein dürfte.

Es folgt eine lange, sehr lückenhafte Liste von urartäischen Ortsnamen, zu denen auch Arinun[39] und Ziqunu[40] gehört, die offensichtlich alle geplündert und zerstört wurden (I 36-53). Nach einer Lücke wird in zerstörtem Kontext auch noch Bar/Mašgun genannt (II 1).

Ein weiterer Feldzug gegen Ḫimme und Bar/Mašgun scheint im 3. Jahr nach der Thronbesteigung durchgeführt worden zu sein (III 15-21)[41]. Auch hier werden wiederum die Geländeschwierigkeiten hervorgehoben. Die Stadt Uruniaš in [Ḫimme] wird eingeschlossen, erobert, geplündert und niedergebrannt. Bei den Ruinen läßt Aššur-bēl-kala eine Siegesstele zurück (III 20-21).

2.1.4. Adad-nērārī II. (911 - 891)

[36] Vgl. E.F.Weidner, AfO 6 (1930-31) 75-94.

[37] Vgl. RGTC 5, 127.

[38] Vgl. RGTC 5, 144.

[39] Vgl. RGTC 5, 37.

[40] Vgl. RGTC 5, 284.

[41] AfO 6 (1930-31) 84; ein verkürzter Bericht liegt in Ass. 9008 vor; vgl. AfO 6 (1930-31) 86-88 und 91; EAK 1, 136-138; ARI 2 § 255.

Ein Feldzug gegen Urartu ist von Adad-nērārī II. nicht überliefert. Lediglich in seinem großen Selbsthymnus in der Einleitung zu den Annalen bezeichnet er sich als:

KAH 2, 84[42]

23) *eṭ-lu qar-du ša ina tukúl-ti* [d]*A-šur* EN-*šu iš-tu*
e-ber-ta-an [id]*Za-be šu-pa-li-i ši-di* KUR *Lu-lu-me-i*

24) KUR *Ḫab-ḫe* KUR *Za-mu-a a-di né-re-bi šá* KUR *Nam-ri*
il-li-ku-ma KUR *Qu-ma-ni-i* DAGAL-*ta a-di* KUR *Mé-eḫ-ri*

25) KUR *Sa-lu-a ù* KUR *Ú-raṭ-ri a-na* GÌR.MEŠ-*šú ú-šék-né-šu*

"der kriegerische junge Mann, der mit der Unterstützung Assurs, seines Herrn, von der vom jenseitigen Ufer des Unteren Zāb den Bereich des Landes der Lullumû[43] die Länder Ḫabḫe[44] (und) Zamua[45] bis hin zu den Pässen des Landes Namri[46] durchzogen und das weite Land Qumani[47] bis zu den Ländern Meḫri[48], Salua[49] und Uraṭru zu seinen Füßen niedergeworfen hat."

2.1.5. Aššurnaṣirpal II. (883 - 859)

Auch bei Aššurnaṣirpal II. erscheint Urartu nur in den Einleitungen zu den Annalen und der 'Bankett-Stele'. Er sagt dabei von sich

[42] Vgl. J.Seidmann, MAOG 9/3 (1935) 6-35; ARI 2 § 411-440.

[43] Vgl. AOAT 6, 228/9 und RGTC 5, 188/9.

[44] Vgl. AOAT 6, 140 und RGTC 5,112-114.

[45] Vgl. AOAT 6, 382/2.

[46] Vgl. AOAT 6, 257/8 und RGTC 5, 202.

[47] Vgl. AOAT 6, 287 und RGTC 5, 222/3.

[48] Vgl. AOAT 6, 244 und RGTC 5, 194.

[49] Vgl. AOAT 6, 300 und RGTC 5, 227/8.

selbst:

AKA 194/5[50]

14) TA SAG *e-ni* [íd]*Su-ub-na-at a-di*

15) KUR *U-ra-ar-ṭi* ŠU-*su* KUR-*ud*

"Er eroberte von der Quelle des Subnat[51] bis hin zum Lande Urarṭu."

2.1.6. Salmanasar II. (858 - 824)[52]

3. *palû* (856)

Dieser Feldzug ist in allen erhaltenen Annalenversionen[53] überliefert. Hinzukommt der 'Poetic Account' STT 1,43, den W.G. Lambert in AnSt. 11 (1961) 143-158 ausführlich behandelt hat, wobei auch der umfangreiche Bericht auf dem Kurkh-Monolithen zur Auswertung mit herangezogen wurde. Der Feldzug des 3. *palû* ist somit von allen am besten dokumentiert. Auf eine Wiederholung der Texte an dieser Stelle wird verzichtet. Der Ablauf des Feldzuges soll jedoch in seinen Stationen kurz skizziert werden.

Von Til Barsip[54] in Bīt Adini führte die Marschroute über Bīt Za-

[50] Gleichlautend findet sich dieser Satz auch in AKA 216,9 und Iraq 14 (1952) 33, 13/4 ('Bankett-Stele').

[51] Vgl. AOAT 6, 315

[52] Zum umfangreichen Inschriftenwerk Salmanasars III. vgl. EAK 2, 70-105.

[53] Vgl. dazu die Tabellen EAK 2, 87-90.

[54] Vgl. AOAT 6, 353.

māni[55], Enzite[56], Dajēni[57] in das Gebiet des Arramu, des "Urartäers". Arramu floh von den Assyrern hart verfolgt in die Berge. Seine Hauptstadt Arṣaškun[58] wurde zerstört. Nach der Aufstellung einer Stele am Eritia-Berg[59] führte der Weg über Aramalê[60] zum "Meer von Nairi". Nach der kultischen Waffenreinigung, Opfern und der Aufstellung einer weiteren Stele ging der Marsch weiter durch Gilzānu[61], wo eine 3. Stele aufgestellt wurde, vorbei an Ḫubuškia[62], über Enzi(te)[63] nach Kirriuri, um schließlich östlich von Arbela wieder assyrischen Boden zu erreichen.

15. *palû* (844)

Auch über diesen Feldzug liegen mehrere Berichte vor[64]: Anders als im 3. *palû* führte dieser Zug den Tigris aufwärts bis in das Quellgebiet. Von hier ging es zum Euphrat. Auf diesem Wege wurden urartäische Siedlungen zerstört. Mit Dajēni, dessen Fürst Pferde als Tribut ablieferte, Suḫni und Enzite wurde der Weg durch Gebiete genommen, die schon im 3. *palû* berührt worden waren. Der Marsch führte schließlich den Euphrat abwärts, vorbei am Gebiet

---

55 Vgl. AOAT 6, 91.

56 Vgl. AOAT 6, 125.

57 Vgl. AOAT 6, 97 und RGTC 5, 77/8.

58 Vgl. AOAT 6, 33.

59 Vgl. AOAT 6, 126 und 176 (Irtia).

60 Vgl. AOAT 6, 22 und 30.

61 Vgl. AOAT 6, 132.

62 Vgl. AOAT 6, 166/7.

63 Vgl. AOAT 6, 125.

64 Vgl. dazu die Tabellen in EAK 2, 87/8.

von Melīdi/Malatya[65], das vorsichtshalber Tribut errichtete.

27. *palû* (832)

Ein Bericht über die Kampagne dieses Jahres ist nur auf dem Schwarzen Obelisken enthalten[66]:

141) . . . . *ina 27* BAL-*ia* ^{giš}GIGIR.MEŠ ERÍN.ḪI.A-*ia ad-ki* ^{m}DI.KUD-*aš-šur*

142) ^{lú}*tur-ta-a-nu* GAL ERÍN.ḪI.A DAGAL *ina pa-na-at* ERÍN. ḪI.A-*ja a-na* KUR *U-ra-ar-ṭí ú-ma-'e-er*

143) *áš-pur a-na Bit* KUR *Za-ma-a-ni it-ta-rad ina né-re-be ša* URU *Am-maš-tu-bi* ^{íd}*Ar-za-ni-a e-bi*[*r*]

144) ^{m}*Se-e-du-re* KUR *U-ra-ar-ṭa-a-a iš-me-ma a-na gi-piš um-ma-ni-šú ma-a'-di*

145) *it-ta-kil-ma a-na* DÙ-*eš* MURÚ ME *a-na* GABA-*ja it-ba-a it-ti-šú am-daḫ-ḫi-iṣ*

146) BAD_5.BAD_5-*šú áš-kun* ^{lú}AD_6 *qu-ra-di-šú* EDIN DAGAL-*šú ú-mal-li*

"In meinem 27. Regierungsjahr bot ich meine Streitwagen und Truppen auf. Dajjān-Aššur, den Turtān, bestimmte ich zum Oberbefehlshaber der zahlreichen Armeen (und) sandte ihn an der Spitze meiner Truppen gegen das Land Urarṭu. Er zog hinunter nach Bīt Zamāni. An der Furt bei der Stadt Ammaštubi überschritt er den Arzania[67].

[65] Vgl. AOAT 6, 244/5.

[66] Vgl. E.Michel, WO 2 (1954-59) 137-157 und 221-233; 27. *palu*: S. 224

[67] Objekt zu *ebēru* ist der Fluß Arzania. Ein Fluß wird normalerweise an einer Furt überschritten, an der sich zumeist auch eine Befestigung oder eine Stadt findet, von der aus der Übergang kontrolliert werden kann. Im vorliegenden Fall bieten sich für *nērebu* zwei Deutungsmöglichkeiten an: Entweder hat das Wort auch die in der Wörterbüchern nicht verbuchte Deutung "Übergang, Furt" oder es liegt eine Verschreibung *né-re-be* für *né-*

Sardure, der Urartäer, hörte (davon), vertraute auf die Masse seiner zahlreichen Truppen und erhob sich gegen mich, um Kampf und Schlacht zu entfesseln. Ich kämpfte mit ihm (und) bereitete ihm eine Niederlage. Mit den Leichen seiner Krieger füllte ich das weite Schlachtfeld."

31. *palû* (828)

Auch der Bericht über diese Kampagne ist nur auf dem Schwarzen Obelisken erhalten. Es handelt sich dabei um den letzten Feldzug, der in den Annalen Salmanasars erwähnt wird, und auch er wird wie die vorangegangenen unter dem Oberbefehl des Turtāns Dajjān-Aššur durchgeführt.

177) *a-na* URU.MEŠ-*ni šá* ᵐ*Da-ta-a* KUR *Ḫu-bu-uš-ka-a-a* *iq-ṭí-rib ma-da-tú-šú am-ḫur-šú*

178) *a-na* URU *Zap-pa-ri-a* URU *dan-nu-ti-šú šá* KUR *M*[*u*]-*ṣa-ṣi-ra a-lik* URU *Zap-pa-ri-a a-di*

179) *46* URU.MEŠ-*ni šá* URU *Mu-ṣa-ṣi-ra-*[*a*] KUR-*ud a-di* [*bi-ra*]-*a-te šá* KUR *U-ra-ar-ṭa-a-*[*a*]

180) *al-lik 55* URU.MEŠ-*ni-šú-nu ap-pùl a-qur i-na* GI[BIL GIBIL]-*up a-na* KUR *Gíl-za-a-ni at-ta-rad ma-da-tú*

181) *šá* ᵐ*U-pu-ú* KUR *Gíl-za-na-a-a* KUR *Man-*[*na-a-a* UR]U *Bu-ri-sa-a-a* KUR *Ḫar-ra-na-a-a*

182) KUR *Šá-áš-ga-na-a-a* KUR *An-di-a-a* KUR [....]-*ra*(?)-*a-a* GUD.MEŠ UDU.MEŠ ANŠE.KUR.RA.MEŠ

183) LAL-*at* ᵍⁱˢ*ni-ri am-ḫur* . . . . . .

be-re "Furt" vor. Zu URU *Ammaštubi* vgl. o.1. Es läge nahe, wenn eine Stadt, die ein Furt kontrolliert, auf einem urartäischen Kriegszug zerstört worden wäre.

"Den Ortschaften des Datā von Ḫubuškia[68] näherte er sich (und) ich empfing seinen Tribut. Nach Zapparia[69], einer befestigten Stadt des Landes Muṣaṣir, zog ich. Zapparia nebst 46 Ortschaften von Muṣaṣir nahm ich ein. Bis zu den Befestigungen Urartus zog ich. 55 von ihren Ortschaften riß ich ein, zerstörte ich (und) brannte (sie) nieder. Nach Gilzānu[70] zog ich hinunter. (Als) Tribut des Upū von Gilzānu (und der Fürsten) von Manna[71], Burisa[72], Ḫarrania[73], Šašgana[74], Andia[75] (und) [...]ra empfing ich Rinder, Schafe (und) Streitwagengespanne."

2.2. Muṣri

2.2.1. Aššur-uballiṭ I. (1363 - 1328)

Aššur-uballiṭ hat - zumindest nach Aussage seines Urenkels Adad-nērārī I. - das Land Muṣri unterworfen, d.h. in ein Vasallenverhältnis gebracht, das bis zum Ende der Regierungszeit Adad-nērārīs ungebrochen zu bestehen scheint. Zumindest wird Muṣri erst wieder bei Salmanasar I. erwähnt. Adad-nērārī bezeichnet seinen Urgroßvater als denjenigen,

[68] Vgl. AOAT 6, 166/7. Ḫubuškia erscheint zur Zeit Sargons II. als Name der Hauptstadt des Fürstentums Na'iri im Grenzbereich von Urartu, Muṣaṣir und Assyrien; vgl. MDOG 115 (1983) 98, 306-308 und o.1.

[69] Vgl. AOAT 6, 382.

[70] Vgl. AOAT 6, 132.

[71] Vgl. AOAT 6, 236/7.

[72] Vgl. AOAT 6, 95.

[73] Vgl. AOAT 6, 153.

[74] Vgl. AOAT 6, 333.

[75] Vgl. AOAT 6, 19. Andia erscheint später zusammen mit Zikirtu als mannäischer Vasall Rusas I. von Urartu und als Gegner Sargons II.

KAH 1, 5[76]

31) *mu-še-ek-ni-iš* KUR *Mu-uṣ-ri*

"der das Land Muṣri zur Unterwerfung gezwungen hat."

2.2.2. Salmanasar I. (1273 - 1244)

KAH 1, 13[77]

II 6) . . . . . URU *A-ri-na ki-ṣa šur-šu-da*
ki-ṣir ḫur-šá-ni šá i-na maḫ-ra
ib-bal-ki-tu i-še-ṭu Aš-šur
i-na tukúl-ti Aš-šur ù DINGIR.MEŠ GAL.MEŠ
10) EN.MEŠ*-ja* URU *šá-a-tu ak-šud aq-qur*
ù ku-di-me e-li-šu az-ru ip-ri-šu
e-si-pa-ma i-na KÁ.GAL URU*-ja Aš-šur*
a-na aḫ-ra-at UD.MEŠ *lu aš-pu-uk*
i-na u_4-me-šu-ma KUR *Mu-uṣ-ri ka-li-šá*
15) *a-na* GÌR *Aš-šur* EN*-ja lu-še-ek-niš*

"Die Stadt Arinna[78], die festgegründete heilige Stadt am Fuß des Gebirges, die vordem vertragsbrüchig geworden war[79] (und) Aššur mißachtet hatte: Mit der Unterstützung Aššurs und der großen Götter, meiner Herren, eroberte und zerstörte ich diese Stadt und säte *kudimmu*[80] über sie. Erde von ihr sammelte ich auf und schüt-

[76] AOB 1, 62; ARI 1 § 384.

[77] AOB 1, 114/6; ARI 1 §§ 528/9.

[78] Vgl. o.Anm.5; RGTC 5, 37.

[79] Vgl. o.Anm.20.

[80] Vgl. AHw. 499a und CAD K 493a.

tete sie in einem Tor meiner Stadt Aššur für alle Zukunft hin.

Damals unterwarf ich das ganze Land Muṣri zu Füßen Aššurs, meines Herrn."

Leute aus Muṣri erscheinen in der Wirtschaftsurkunde KAJ 314,5, die wohl aus der Zeit Salmanasars stammen dürfte[81].

2.2.3. Tukulti-Ninurta I. (1243 - 1207)

Feldzüge gegen Muṣri sind aus der Ära Tukulti-Ninurtas nicht überliefert. Aus der Zeit Salmanasars oder Tukulti-Ninurta stammt jedoch die Wirtschaftsurkunde KAJ 239a, in der ein Transport von Wolle nach URU *A-ri-nu-ni*<<*-ni*>> verzeichnet ist (Z. 13-16)[82].

2.2.4. Tiglatpileser I. (1114 - 1076)

AKA 75 - 78[83]

V 67) *a-na ka-šad* KUR *Mu-uṣ-ri* ᵈ*A-šur* EN
ú-ma-'e-ra-ni-ma bir-ti KUR *E-la-mu-ni*
KUR *Ta-la ù* KUR *Ḫa-ru-sa lu aṣ-bat*
70) KUR *Mu-uṣ-ri a-na se-ḫér-ti-ša ak-šud*
qu-ra-di-šu-nu ú-šem-qít
URU.MEŠ*-ni i-na* GIBIL.MEŠ *áš-ru-up ap-pul*
aq-qur um-ma-na-at KUR *Qu-ma-ni-i*
a-na na-ra-ru-ut KUR *Mu-uṣ-ri*
75) *lu il-li-ku-ni i-na* KUR*-e it-te-šu-nu*
lu am-da-ḫi-iṣ a-bi-ik-ta-šu-nu áš-kun

[81] Zum Eponymen Bēr-bēl-līte vgl. BiMes. 9(1979) 93.

[82] Zur Datierung vgl. BiMes. 9 (1979) 110.

[83] ARI 2 §§ 36/7.

a-na 1-en URU URU *A-ri-ni šá* GÌR KUR *A-i-sa*
lu e-si-ir-šu-nu-ti GÌR.MEŠ-*ja*
lu iṣ-ba-tu URU *šu-a-tu e-ṭí-ir*
li-i-ṭí.MEŠ GUN *ù ma-da-at-ta*
i-na muḫ-ḫi-šu-nu áš-ku-un

---

i-na u_4*-mi-šu-ma kul-lat* KUR *Qu-ma-ni-i*
ša a-na re-ṣu-ut KUR *Mu-uṣ-ri iš-šá-ak-nu*
nap-ḫar KUR.KUR.MEŠ-*šu-nu lu id-ku-ni-ma*
a-na e-peš MURÚ *ù ta-ḫa-zi*
lu iz-zi-zu-ni-ma i-na šu-mur ^{giš}TUKUL.MEŠ-*ja*
ez-zu-te it-<ti> 20 LIM *um-ma-na-te-šu-nu*
DAGAL.MEŠ *i-na* KUR *Ta-la lu am-da-ḫi-iṣ*
a-bi-ik-ta-šu-nu lu-ú áš-kun
ki-ṣir-šu-nu gaba-ša lu-par-ri-ir
a-di KUR *Ḫa-ru-sa ša pa-an* KUR *Mu-uṣ-ri*

ab-ku-su-nu lu ar-du-ud . . . . .

"Das Land Muṣri zu erobern, hatte mich Aššur, mein Herr, beauftragt und zwischen den Bergen Elamuni[84], Tala[85] und Ḫarusa[86] nahm ich meinen Weg. Das ganze Land Muṣri eroberte ich. Seine Krieger fällte ich, seine Städte brannte ich nieder, riß (sie) ein (und) zerstörte (sie). Die Truppen des Landes Qumanu waren Muṣri zu Hilfe gekommen. In den Bergen kämpfte ich mit ihnen und bereitete ihnen eine Niederlage. In eine einzige Stadt schloß ich sie ein - in die Stadt Arinu am Fuße des Berges Aisa[87]. Sie unterwarfen sich

[84] Vgl. RGTC 5, 103.

[85] Vgl. RGTC 5, 257.

[86] Vgl. RGTC 5, 121.

[87] Vgl. RGTC 5, 7.

mir (und) ich verschonte diese Stadt. Geiseln, Abgabe und Tribut erlegte ich ihnen auf.

Damals hatte das ganze Land Qumanu, das zur Hilfe für Muṣri eingesetzt worden ist, alle seine Bergregionen aufgeboten und Stellung bezogen, um Kampf und Schlacht zu entfesseln. Mit dem Ansturm meiner wütenden Waffen schlug ich mich am Tala mit 20 000 Mann ihrer zahlreichen Truppen. Ich bereitete ihnen eine Niederlage (und) zersprengte ihre gesamte Hauptstreitmacht. Bis zum Berg Ḫarusa, der vor Muṣri liegt, verfolgte ich die Geschlagenen."

Im weiteren Verlauf wird von der Eroberung und der Zerstörung der Stadt Ḫunusa[88] und der Kapitulation und der Verschonung des Herrschers von Qumanu in seiner Stadt Kipšuna[89] berichtet.

2.2.5. Aššur-bēl-kala (1073 - 1056)

AKA 133[90]

3) . . . . *ina* ^{iti}G[U$_4$] *li-me* ^{md}*A-šur*-ÁG-UN.MEŠ-*šu*

4) URU *Tu-ur-*[...]-*ta* KUR *Mu-uṣ-ri ik-ta-šad* . . . . . .

"Im Monat Ajjar, im Eponymat des Aššur-rīm-nišēšu, eroberte er die Stadt Tur[...]ta im Lande Muṣri."

AKA 134[91]

---

88 Vgl. RGTC 5, 131.

89 Vgl. RGTC 5, 158.

90 ARI 2 § 237.

91 ARI 2 § 240.

10) . . . . *ina* MU-*ma* *ši-a-ti*

11) *ina* SIG₄.GA ERÍN.MEŠ *ša* KUR *Mu-uṣ-ri it-ta-saḫ* . . .

. . . .

"Im Monat Siman dieses Jahres (= Aššur-rīm-nišēšu) deportierte er Leute aus Muṣri".

2.2.6. Aššur-dān II. (934 - 912)

AfO 3 (1926) 158[92]

42) [*ina qí-bit Aš-šur* EN-*ja di-ku-ut um-ma-na-te-ja*] *áš-kun* KUR *Mu-uṣ-ra-a-ja*

43) [*šá* . . . .] *ak-šud* URU.MEŠ-*šu-nu* [*a*]*p-pu-ul aq-qur*

44) [*ina* GIBIL.MEŠ *áš-ru-up šal-la-su-nu a-na l*]*a mi-ni ú-še-ṣa-a*

45) [*a-na* URU-*ja Aš-š*]*ur ub-la*

"[Auf Geheiß Aššurs, meines Herrn], musterte ich [meine Armee]. Das Land Muṣri, [das zuvor vertragsbrüchig geworden war und Aššur mißachtet hatte(?)] eroberte ich. Seine Städte riß ich ein, zerstörte (und) [brannte ich nieder. Beute ohne] Zahl führte ich [aus ihnen] fort (und) brachte (sie) [in meine Stadt Aššu]r."

Dies ist die letzte Erwähnung eines Landes Musri in den Annalen assyrischer Könige. Nur in zwei Briefen aus der Zeit Sargons II. erscheint KUR *Mu-u*[*ṣ-ri* in zerstörtem Kontext[93].

---

92 ARI 2 § 365.

93 ABL 1048 Rs. 4; CT 53, 918 A 2'.

2.3. Muṣaṣir

Das Land und die Stadt Muṣaṣir begegnen erst in neuassyrischer Zeit. KUR *Muṣaṣir* wird je einmal bei Aššurnaṣirpal II. und bei Salmanasar III.[94] erwähnt - URU *Muṣaṣir* je einmal bei Salmanasar III. und bei Asarhaddon. Alle übrigen Belege stammen aus der Zeit Sargons II., wobei die Zahl der Zeugnisse für die Stadt die für das Land (6) bei weitem überwiegt[95].

2.3.1. Aššurnaṣirpal II. (883 - 859)

Iraq 14 (1952) 35[96]

Unter den insgesamt 69 574 Gästen des Königs bei dem 10 Tage währenden Bankett anläßlich der Einweihung des Palastes in Kalaḫ werden neben den 1 500 Palastbediensteten und den 16 000 Einwohnern der Stadt auch genannt:

143) *5* LIM ^{lú}MAḪ.MEŠ ^{lú}*šáp-ra-a-te ša* KUR *Su-ḫi*
144) KUR *Ḫi-in-da-na-a-a* KUR *Ḫat-ti-na-a-a* KUR *Ḫat-ta-a-a*
145) KUR *Su-ra-a-a* KUR *Si-du-na-a-a* KUR *Gúr-gu-ma-a-a*
146) KUR *Ma-li-da-a-a* KUR *Ḫub-uš-ka-a-a* KUR *Gíl-za-na-a-a*
147) KUR *Ku-ma-a-a* KUR *Mu-ṣa-ṣi-ra-a-a* . . . .

"5 000 Würdenträger (und) Gesandte aus Suḫu, Ḫindānu, Ḫattinu, Ḫatti, Tyros, Sidon, Gurgumu, Malīdu, Ḫubuškia, Gilzānu, Kumme

---

[94] Salmanasar erwähnt Muṣaṣir in dem Bericht über den Feldzug des 31. *palû*; vgl. o.2.1.6.

[95] Vgl. AOAT 6, 250.

[96] ARI 2 §§ 674-682.

(und) Muṣaṣir, ..."

3. Geographische Auswertung

3.1. Muṣri und Muṣaṣir

In der mittel-und neuassyrischen Zeit gibt es in den assyrischen Quellen mindestens 4 Gebiete mit dem Namen Muṣri[97]:

1) Ägypten
2) ein Gebiet in Nordmesopotamien, im Bereich der Mündung des Unteren Zāb in den Tigris,
3) ein Gebirge nordöstlich von Ninive (Ǧabal Maqlūb) und
4) ein Gebiet im Nordosten Assyriens, das hier allein behandelt werden soll.

Dieses Land Muṣri ist in den mittelassyrischen Königsinschriften mehrfach bezeugt. Aššur-uballiṭ, Salmanasar I. und Tiglatpileser I. haben es heimgesucht und in ein Vasallenverhältnis mit Tributleistung gepreßt. Das wichtigste kultische und machtpolitische Zentrum dieser Region scheint in dieser Zeit die Stadt Arin(n)a/i gewesen zu sein. Ob das Muṣri Aššur-bēl-kalas mit dem seiner Vorgänger identisch ist, muß wohl fraglich bleiben. Die Berichte über diese Kampfhandlungen stehen im Kontext der Aktionen gegen die Aramäer. Immerhin wird jedoch in dem Bericht über den Feldzug des Jahres der Thronbesteigung gegen Urartu in zerstörtem Kontext eine Stadt Arinun erwähnt[98]. Auch der wenig aussagekräftigen Mitteilung Aššur-dāns II. läßt sich nicht sicher entnehmen, welches Muṣri

[97] Vgl. dazu RGTC 5, 198/9 und AOAT 6, 249 und 250-252.

[98] Vgl. RGTC 5, 37 und o.2.1.3.

hier gemeint ist. Damit verschwindet Muṣri jedoch aus den assyrischen Königsinschriften. Was die beiden Belege aus den Sargonzeitlichen Briefen angeht, so ist bei beiden Briefen der Absender und damit auch dessen Wirkungsbereich nicht zu ermitteln.

Das Land und die Stadt Muṣaṣir erscheinen erstmals bei Aššurnaṣirpal II. und seinem Sohn Salmanasar III. in den assyrischen Quellen[99]. Letztmalig wird es in einer Inschrift Asarhaddons erwähnt. Durch die zweisprachigen, urartäisch-assyrischen Steleninschriften von Kelišin[100] und Topzāwa[101] ist zweifelsfrei erwiesen, daß der urartäische Name für Muṣaṣir Ardine lautete[102]. R.M.Boehmer hat durch seine Untersuchungen deutlich gemacht, daß die Stadt Muṣaṣir mit dem heutigen Ort Medjesir nördlich von Rawāndūz zu identifizieren sein dürfte[103].

Mit der Frage nach der Lokalisierung des Landes Muṣri eng verbunden ist das in neuassyrischen Texten aus der Zeit Sargons II. und Sanheribs mehrfach erwähnte Gebirge Muṣri oberhalb Ninives[104]. Ob und inwieweit hier ein Zusammenhang mit dem Namen des Landes besteht, soll hier nicht weiter behandelt werden. Für eine Klärung dieser Frage reicht das überlieferte Textmaterial nicht aus. Es spricht im Prinzip nichts gegen eine Identifizierung des Muṣri-Gebirges mit dem Ǧabal Maqlūb, wie sie E.Forrer vorgenommen hat[105].

[99] Vgl. AOAT 6, 250.

[100] UKN 19; HChI 9; W.C.Benedict, JAOS 81 (1961) 359-385.

[101] UKN 264; HChI 122; M.Salvini, Incunabla Graeca 78, 79-95; W.Mayer, AMI 21,1988(im Druck).

[102] Vgl. RGTC 9, 9 und 58.

[103] BagM 6 (1973) 31-40; 10 (1979) 143/4.

[104] Vgl. AOAT 6, 249/50.

[105] Vgl. E.Forrer, Die Provinzeinteilung des assyrischen Reiches (Leipzig 1921) 34/5.

Während jedoch der Ǧabal Maqlūb in der Luftlinie nur 25 bis 30 km von Ninive entfernt liegt und damit wohl noch zum assyrischen Kernland gerechnet werden muß, wird das gleichnamige Land, gegen das sich mehrfach assyrische Feldzüge richteten, viel weiter im Nordosten Assyriens, in Richtung auf den Urmia-See zu suchen sein.

M.Wäfler[106] folgt - wie auch andere - E.Forrer und lokalisiert Muṣri zwischen dem Oberen Zāb und dem Ǧabal Maqlūb. Er nimmt wiederholte Eroberungen des Landes durch Aššur-uballiṭ, Salmanasar I. und Tiglatpileser I. an. Unter Aššur-bēl-kala und zuletzt zur Zeit Aššur-dāns II. sei es noch als selbständiges Land faßbar. Aus der Tatsache, daß der Name nach Aššur-dān II. nicht mehr zu belegen ist, folgert Wäfler, daß das Gebiet vielleicht Teil des assyrischen Reiches geworden sei.

Die Lokalisierung Muṣris zwischen Oberen Zāb und Ǧabal Maqlūb stützt sich weitgehend auch auf den Bericht Tiglatpilesers I.[107]. Aus ihm wurde gefolgert, "daß Qumani nahe Muṣri lag, und daß letzteres das zu Assyrien näher gelegene Land war"[108]. Was die erste Behauptung anlangt, so ist sie ohne Zweifel zutreffend. Da Tiglatpileser nach der Unterwerfung Muṣris Qumani verwüstet und unterwirft, muß es an Muṣri gegrenzt haben. Die Logik der zweiten Behauptung ist zumindest anhand des Textes nicht nachvollziehbar. Der Befund stellt sich wie folgt dar:

Tiglatpileser passiert auf seinem Zug nach Muṣri die Gebirge 1) Elamuni, das am Oberen Zāb gelegen haben muß, da dieser Name schwerlich von dem von Sargon II. überlieferten einheimischen Na-

---

106 AOAT 26, 171-176.

107 Vgl. o.2.2.4.

108 RGTC 5, 198.

men Elamunia für diesen Fluß getrennt werden kann[109], 2) Tala und 3) Ḫarusa, hinter dem Muṣri liegt. Nach der Unterwerfung Muṣris hatte Tiglatpileser offenbar die Absicht, auf demselben Weg zurückzukehren. Er muß demnach das Ḫarusa-Gebirge bereits passiert gehabt haben, bevor er am Tala auf 20 000 Mann eines Aufgebots von Qumanu trifft, die ihm ganz offensichtlich den Rückweg verlegen wollen. Nach der für Tiglatpileser siegreichen Schlacht fliehen die geschlagenen Qumanu in Richtung Muṣri, wobei sie von den Assyrern bis zum Ḫarusa an der Grenze von Muṣri verfolgt werden. Nach dem Abbruch der Verfolgung zieht Tiglatpileser zerstörend durch Qumanu und akzeptiert am Ende die Unterwerfung des Herrschers.

Diese Abfolge der Ereignisse kann aber nur bedeuten:

1) Muṣri liegt östlich des Oberen Zāb

und

2) Qumanu liegt näher an Assyrien.

Ein auffallendes Faktum bleibt das Verschwinden Musris aus den assyrischen Königsinschriften gegen Ende des 10. Jhd. und das Erscheinen Musasirs nach der Mitte des 9. Jhd. I.M.Djakonov hat eine Gleichsetzung von Muṣri und Muṣaṣir und des mittelassyrischen Arin(n)a/i mit dem späteren urartäischen Ardine erwogen[110]. Zumindest die letzte Annahme hat viel für sich. Aus Sargons Bericht über seinen 8. Feldzug[111] ist bekannt, daß Muṣaṣir in seinen Mauern das Heiligtum des Ḫaldi beherbergte, das für das urartäische Königshaus, das im weit entfernten Ṭušpa am Van-See residierte,

[109] MDOG 115 (1983) 100, 323.

[110] VDI 1951/2, 267[9]

[111] MDOG 115 (1983) 102, 336; 106, 367 ff.

von höchster Bedeutung war. Der König von Urartu mußte sich in Muṣaṣir krönen lassen[112]. Auch die Beute, die die Assyrer 714 aus dem Tempel des Ḫaldi und aus dem Palast wegführten, spricht für den Reichtum und das Ansehen des Heiligtums und des Fürsten[113]. Bestätigt werden die Angaben Sargons bis zu einem gewissen Grade durch die Stelen, die Menua und Išpuine bei Kelišin und Rusa I. bei Topzāwa anläßlich ihrer Besuche in Muṣaṣir errichten ließen. Schließlich berichtet auch der Brief ABL 409 des Fürsten Urzana von Muṣaṣir an den *nāgir ekalli* von urartäischen Kulthandlungen in der Stadt[114].

Ohne Zweifel war Ardine/Muṣaṣir auch bereits zur Zeit Išpuines und Menuas im ausgehenden 9. Jhd. eine Kultstätte des Ḫaldi von altehrwürdiger Tradition. Dies und das Vorkommen Ḫaldis in urartäischen Personennamen in mittelassyrischen Urkunden bereits im 13. Jhd.[115] paßt gut zu der Aussage Salmanasars, der Arin(n)a als *kiṣ-ṣum* "Heiligtum; heilige Stadt"[116] bezeichnet. Tiglatpileser schließt auf seinem Muṣri-Feldzug die Gegner in der Stadt Arin(n)a ein. Auch diese Tatsache weist darauf hin, daß hier möglicherweise das kultische und politische Zentrum der Region lag, auf das man sich zurückzog, um es bis zuletzt gegen die vordringenden Assyrer zu schützen. Das Heiligtum des Ḫaldi in Ardine/Muṣaṣir war offenbar für die Bergbewohner von einer ähnlich überregionalen Bedeu-

112 MDOG 115 (1983) 102, 336-342.

113 Vgl. dazu W.Mayer, UF 11 (1979) 571-595.

114 Vgl. K.Deller, Incunabla Graeca 78, 114 b.

115 Beispielsweise Kidin-Ḫalde, Ṣilli-Ḫalde, Ḫalde-[.., Errimena, Urad-Inua; vgl. H.Freydank, Drevnij Vostok 2 (1976) 86-88 und Or. 45 (1976) 178-181.

116 Vgl. AHw. 489b; CAD K 443b-445a.

tung wie anderenorts etwa das des Dagān von Tuttul[117], des Wettergottes von Aleppo oder der Šauška von Ninive.

Sind aber, woran m.E. nicht gezweifelt werden kann, Ardine und Arin(n)a gleichzusetzen, so ergeben sich daraus zwangsläufig zwei Konsequenzen:

1) Eine Ableitung des Namens von hurritisch *arte-ni* "die Stadt", wie sie M.Salvini vorschlägt[118], wird im höchsten Grade unwahrscheinlich, da die Assyrer des 13. Jhd. mit ihren engen Kontakten zu einer hurritisch geprägten Umwelt diesen Namen vermutlich verstanden und ihn daher auch kaum zu Arin(n)a umgeformt hätten[119].

2) Aus den Berichten Salmanasars und Tiglatpilesers geht deutlich hervor, daß die Stadt Arin(n)a das Zentrum von Muṣri ist. Damit müssen aber auch KUR *Muṣri* und KUR *Muṣaṣir* identisch sein. Während des Hiatus in der Überlieferung vor Aššurnaṣirpal II. hat sich in Assyrien - aus welchen Gründen auch immer - offenbar eine neue Bezeichnung für diese Region durchgesetzt. Es besteht natürlich durchaus die Möglichkeit, daß der alte Name gelegentlich noch verwendet wurde - so etwa in den beiden sargonischen Briefen ABL 1084 und CT 53, 918 A. Möglicherweise ist aber auch in diesen Briefen, deren Absender und Herkunft nicht zu ermitteln ist, vom Gebirge Muṣri (Ǧabal Maqlūb) die Rede.

3.2. Ur(u)aṭri/Urarṭu

Urartu ist der Name, mit dem die Assyrer vom Ende des 9. Jhd. an

---

117 Vgl. dazu W.Mayer, UF 19, 1987 (im Druck).

118 Incunabla Graeca 78, 18a.

119 Vgl. dazu auch o.Anm.5.

das Reich am Van-See mit der Hauptstadt Ṭušpa bezeichnet haben. Die Eigenbezeichnung der Urartäer in dieser Zeit lautete "*Biai*-Länder"[120]. Durch den Gebrauch einer pluralischen Form kommt bereits ein Charakteristikum dieses Reiches zum Ausdruck: Es besteht aus einer Vielzahl von Einheiten, die durch die Natur vorgegeben sind[121]. Täler und Hochebenen werden durch Gebirgszüge voneinander getrennt. Diese Bergketten sind nur mühsam auf Pässen zu überqueren, die zudem mehrere Monate im Jahr unpassierbar sind. Diese isolierenden Faktoren begünstigen eigenständige Entwicklungen und die Bewahrung eigener regionaler Traditionen. Sie prägen auch ganz entscheidend die Organisation des gesamten Staatswesens. Auf der anderen Seite ist die gesamte Region - anders als Mesopotamien - begünstigt durch reichhaltige Rohstoffvorkommen - in erster Linie Kupfer und Eisen. Ohne Zweifel ist in dem hier behandelten Zeitraum auch noch mit einem großen Waldreichtum zu rechnen, aus dem sich der in Mesopotamien ebenfalls knappe Rohstoff Holz gewinnen ließ.

Bevor sich aber dieses Reich Urartu mit dem Zentrum Ṭušpa am Van-See herausbildete, bezeichnet der assyrische Name Ur(u)aṭri nicht die Region um den Van-See. Hier ist ganz offensichtlich ein Landstrich im Nordosten Assyriens und westlich des Urmia-Sees gemeint. Drei Hinweise auf die Lage dieser Region sind dem Bericht Salmanasars I. zu entnehmen:

1) Das Salmanasar von Ur(u)aṭri nach Muṣri, dessen Lage als bekannt gelten kann, zieht und es im Anschluß unterwirft, müssen

[120] Vgl. RGTC 9, 19-21.

[121] Zu den geographischen Bedingungen Urartus vgl. ausführlich P.E.Zimansky, Ecology and Empire: The Structure of the Urartian State (Chicago 1985) 9-31 [= SAOC 41].

diese beiden Regionen eine gemeinsame Grenze gehabt haben.

2) Der den Assyrern bekannt gewordene Teil Ur(u)aṭris, der sich unterworfen hat, besitzt eine Ausdehnung von drei Tagesmärschen - also etwa 60 km[122].

3) Ex silentio - Salmanasar hätte nicht versäumt, als erster assyrischer König den Urmia-See zu erwähnen, wenn er ihn erreicht hätte. Daraus, daß er ihn nicht erwähnt, muß der Schluß gezogen werden, daß das Gebiet westlich des Sees, aber nicht direkt an ihm lag. Dies schließt nicht aus, daß die Assyrer nur einen Teil des Landes kannten und daß das ganze Ur(u)aṭri tatsächlich bis zum Urmia-See gereicht haben kann.

Für eine Lage der Region Ur(u)aṭri nördlich von Muṣri, westlich des Urmia-Sees und östlich des Oberlaufes des Oberen Zāb - also etwa in der Gegend der Wasserscheide zwischen Urmia-See und Oberen Zāb - sprechen zwei weitere Indizien:

4) Hätte sich Ur(u)aṭri auf ein Gebiet westlich des Oberlaufes des Oberen Zāb erstreckt, würde sich der Name ohne Zweifel häufiger in den Inschriften assyrischer Könige finden. Es bedurfte offen--sichtlich besonders assyrischer Anstrengungen, um in dieses Gebiet vorzustoßen.

5) Gegen die rein theoretisch denkbare Möglichkeit einer Ansetzung von Ur(u)aṭri in den Gebieten südlich des Urmia-Sees und südöstlich von Muṣri spricht, daß diese Region wenigstens dem Namen nach

---

[122] Diese Stelle ist so zu deuten und nicht als eines der vielen Zeugnisse für die angeblichen Übertreibungen in den assyrischen Königsinschriften.

weitgehend bekannt ist. Dazu gehören Kirriuri[123], Gilzānu[124], Ḫubuškia[125] und Zamua[126]. Bei Salmanasar III. werden schließlich auch noch erstmals Mannäer, Meder und Parsua genannt.

Fraglich bleibt, ob die von Salmanasar I. namentlich aufgeführten acht Bergregionen, deren Namen teilweise auch noch bei anderen Herrschern begegnen, Bestandteile Ur(u)aṭris waren oder ob sie nur auf dem Wege dorthin passiert wurden. Der Bericht Aššur-bēl-kalas ist für eine geographische Auswertung zu schlecht erhalten. Die Nachrichten Adad-nērārīs II. und Aššurnaṣirpals II. besagen nur, daß ihre Feldzüge bis an die Grenzen Urartus, nicht aber in das Land selbst führten.

Ergiebiger sind erst wieder die Berichte Salmanasars III. Dabei darf jedoch nicht vergessen werden, daß die Geschichte nicht stehenbleibt. Zwischen dem 13. und dem 9. Jhd. haben sich in den Bergländern Entwicklungen und Verschiebungen vollzogen, die für die Assyrer entweder nicht wahrnehmbar oder nicht überliefernswert waren. Dies gilt ohne Zweifel auch für Ur(u)aṭri, das Einfluß auf benachbarte Regionen gewonnen und sein Gebiet ausgedehnt haben kann. Eine nicht geringe Rolle wird dabei auch die Übernahme der assyrischen Keilschrift, aber auch assyrischer Formen und Modelle für eine staatliche Organisation und Verwaltung gespielt haben[127].

Wenn auf dem Feldzug des 15. *palû* auf dem Weg durch die Quellgebiete des Tigris urartäische Siedlungen zerstört werden, so

---

123 Vgl. RGTC 5, 168 und AOAT 6, 208/9.

124 Vgl. AOAT 6, 132.

125 Vgl. AOAT 6, 166/7 und o.Anm.5.

126 Vgl. AOAT 6, 381/2.

127 Vgl. dazu u.4.

besagt dies, daß zu diesem Zeitpunkt in den Gegenden südlich und westlich des Van-Sees eine Bevölkerung wohnte, die sich als Urartäisch verstand. Gegenüber dem 13. Jhd. und selbst noch gegenüber den Gegebenheiten beim Feldzug von Salmanasars 3. *palû* bedeutet dies eine gewaltige Veränderung.

Bereits im Jahr seiner Thronbesteigung führte Salmanasar III. einen Feldzug nach Osten[128]. Er zog dabei nach Ḫubuškia und von dort an den Urmia-See. Der See scheint das geographische, möglicherweise aber nicht das strategische Ziel der Kampagne gewesen zu sein. Auf dem Rückweg wurde Tribut von Gilzānu in Empfang genommen. Urartu wird im Zusammenhang mit dieser Expedition nicht genannt.

Der Feldzug des 3. *palû* ist seit Aššur-bēl-kala der erste Vorstoß, der Urartu direkt und unmittelbar trifft. Nachdem die Armee in Til Barsip zusammengezogen worden war, führte der Marsch zunächst am Euphrat entlang nach Norden und dann durch die Gebiete südlich des Murad-Su und des Van-Sees nach Osten. Durch die Gleichsetzung von ähnlich lautenden urartäischen und assyrischen Ortsnamen wird für diesen Feldzug in der wissenschaftlichen Sekundärliteratur eine Route nördlich um den Van-See herum angesetzt[129]. Dies ist jedoch bei den dort herrschenden Gelände- und Wegebedingungen absolut unmöglich. Ein Vergleich aus der klassischen Antike mag dies verdeutlichen.

Für den Marsch von Sardis nach Kunaxa - etwas über 1 800 km -

---

[128] WO 1 (1947-52) 458, 28-40; vgl. dazu auch u.4.

[129] Beispielsweise W.G.Lambert, An St. 11 (1961) Pl. 19b und H.F.Russell, AnSt. 34 (1984) 171-201.

benötigte der jüngere Kyros fast 6 1/2 Monate. Mehr als die Hälfte dieser Zeit entfiel auf Ruhetage. Dabei verfügte Kyros über hart gedrillte "Professionals", die bei Bedarf auch über 35 km am Tag marschieren konnten. Er zog durch bekanntes Gelände, das zumeist keine Schwierigkeiten bot, und es kam zu keinen nennenswerten Kampfhandlungen.

Salmanasar bewegte sich dagegen auf weitgehend unbekanntem Terrain, wobei er jederzeit mit schweren Kämpfen rechnen mußte. Die tägliche Marschleistung und die Zahl der Ruhetage wurden durch die Grenzen der menschlichen Leistungsfähigkeit bestimmt. Auch die Zeiten, die für das Fouragieren und die sonstigen Bedürfnisse einer ganzen Armee benötigt werden, lassen sich nicht willkürlich verkürzen. Schließlich mußte der assyrische Generalstab vor allem bei Feldzügen in die Bergländer zeitliche Sicherheitsspielräume einbauen. Die Dauer und damit auch die Route mußte so geplant werden, daß nicht durch Wettereinbrüche, die Pässe, Furten und Wege unpassierbar machen konnten, die Rückkehr der Armee gefährdet wurde. Diese Faktoren sind bei der Rekonstruktion assyrischer Feldzüge generell zu berücksichtigen. Einen Vorstoß nach Ṭušpa am Van-See scheint in der Tat nur Tiglatpileser III. riskiert zu haben[130]. Er konnte einen vorher errungenen Sieg über die urartäischen Truppen ausnutzen, näherte sich der Stadt selbst aber von Süden her - er ist also nicht nördlich um den Van-See herumgezogen.

Salmanasar stößt in das bisher als Ur(u)aṭri bekannte Gebiet vor und zerstört die Hauptstadt Arṣaškun. Nach dem Abzug von Arṣaškun überquert das assyrische Heer ein Gebirge. Auf dem Berg Eretia wird dabei eine Stele aufgestellt. Sargon II. erwähnt in seinem

[130] Im Jahre 743 nach dem Sieg über Sardure II. in der Kommagene.

Bericht über den 8. Feldzug einen Berg E/Irtia in dem auch Bari genannten urartäischen Distrikt Sangibutu[131]. Sollten Eritia und E/Irtia identisch sein, dann befand sich Salmanasar auf seinem Weg durch das Gebirge zu dieser Zeit bereits ein beträchtliches Stück südlich des Urmia-Sees[132]. Von Eretia aus gelangten die Assyrer zu der Stadt Aramalê. Vom Namen dieser Stadt dürfte sich wohl mit Sicherheit auch der des bei Sargon erwähnten urartäischen Distriktes Armarī(a)lî herleiten[133]. Während Sangibutu, dessen Name bei Salmanasar nicht genannt wird, am Südende des Urmia-Sees lag, schloß sich Armarī(a)lî im Nordwesten daran an - es lag also am südwestlichen Ende des Sees. Dieses Sangibutu[134] wird nur bei Sargon erwähnt. Es fragt sich, ob Bāri/Sangibutu nicht ein jüngerer Name für das nur in der Zeit von Adad-nērārī II. bis Salmanasar III. bezeugte Gilzānu ist. Es ist auch denkbar, daß die Urartäer in der Zeit zwischen Salmanasar III. und Sargon II. Gilzānu zur Provinz gemacht und in mehrere Verwaltungsbezirke aufgeteilt haben, zu denen Bāri/Sangibutu und Ušqaja[135] gehörten. Der Fürst Asû/Sūa von Gilzānu liefert als Tribut Pferde und Kamele ab[136]. Nun gehören zwar Pferde häufig zu den Tributen der Bergländer. Aus Sargons Be-

131 MDOG 115 (1983) 94, 254.

132 M.Salvini hat in Incunabla Graeca 78, 16a, die Ortsnamen aus Salmanasars 3. und Sargons 8. Feldzug in Parallele gesetzt. Dabei wurde jedoch nicht berücksichtigt, daß die Könige in entgegengesetzter Richtung gezogen sind. Auch werden das Land Ḫubuškia und die spätere Hauptstadt von Na'iri gleichgesetzt. Auf dieser Route hätte sich Salmanasar III. im Kreis bewegt und wäre kaum jemals östlich von Arbela wieder nach Assyrien gelangt.

133 Vgl. AOAT 6, 30.

134 Vgl. AOAT 6, 303.

135 Vgl. AOAT 6, 377.

136 WO 2 (1954-59) 140 A.

richt[137] wird jedoch deutlich, daß in diesem Gebiet der absolute Schwerpunkt der urartäischen Pferdezucht lag. Daneben bezeichnet er die Region aber auch als "Heimstätte seiner (Rusas/Urartus) Herden"[138] und spricht von Kamelzucht, wenngleich er deren Einführung wohl irrtümlich Rusa zuschreibt[139]. So scheinen alle Belege für Gilzānu ziemlich eindeutig für eine Lage in dieser Region am Südufer des Urmia-Sees zu sprechen. Salmanasar muß offensichtlich die Richtung geändert haben, um einen begrenzten Vorstoß in nördlicher Richtung zu führen, wobei ihn der Rückweg nach Gilzānu direkt über das Seeufer führte. Sowohl auf dem Vorstoß nach Norden als auch in Gilzānu empfängt Salmanasar Tribute, darunter auch den der Stadt Ṭu(ru)špa[140].

Für die Lage Ur(u)aṭris ist der weitere Verlauf und der Abschluß des Feldzuges ohne Belang. Wichtig ist, daß zum zweiten Mal innerhalb von drei Jahren ein assyrisches Heer am Ufer des Urmia-Sees stand. Einen Fixpunkt bildet die Erwähnung von Aramalê/Armarī(a)-lî, dessen Lage durch Sargons genauen Bericht als gesichert gelten darf. Bāri/Sangibutu und Armarī(a)lî sind dabei für Sargon urartäische Provinzen und nicht etwa Vasallenfürstentümer. Aus Salmanasars Schilderung geht nicht hervor, ob er Aramalê eventuell als eine urartäische Stadt betrachtete. Unter den Städten von Armarī(a)lî nennt Sargon zwei - Arbu, die Stadt von Rusas Vaterhaus, und Riar, die Stadt des Sardure. In sieben Ortschaften der Umgebung hatten Rusas "Brüder" ihren zugewiesenen und stark bewachten

137 MDOG 115 (1983) 84, 167-194, 268.

138 MDOG 115 (1983) 86, 184.

139 MDOG 115 (1983) 88, 210.

140 AnSt. 11 (1961) 152, 57.

Aufenthalt[141]. Dies besagt eindeutig, daß das urartäische Herrscherhaus - mindestens die Dynastie des Sardure I., Sohn des Lutibri - aus Armarī(a)lî stammt. Von Armarī(a)lî aus führen aber direkte Wege über Kelišin und Topzāwa nach Ardine/ Muṣaṣir mit seinem Heiligtum des Ḫaldi.

Die Berichte über die Feldzüge des 15. und 27. *palû* zeigen eigentlich nur, daß die Assyrer inzwischen - anders als noch im 3. *palû* - auch Gebiete südlich und südwestlich des Van-Sees als urartäisch betrachten. Das Zagros-Gebiet wird auf diesen beiden Feldzügen nicht berührt. Dagegen stimmt der Bericht über den Feldzug des 31. *palû* mit dem Befund für den 3. weitgehend überein. Erste Station ist das Land Ḫubuškia[142]. Von dort aus dringt Dajjān-Aššur nach Muṣaṣir vor und gelangt durch urartäische Randgebiete nach Gilzānu. Mit anderen Worten bedeutet dies, daß der Turtān durch Muṣaṣir über die Pässe durch die Randzone von Aramalê/Armarī(a)lî nach Gilzānu/Bāri/Sangibutu und von dort in das Gebiet der Mannäer gezogen ist. Unter den Tributären wird auch Andia genannt, das zu Sargons Zeit zusammen mit Zikirtu als Vasall auf der Seite Rusas I. von Urartu stand[143].

Zusammenfassend läßt sich feststellen, daß Ur(u)aṭri ursprünglich eine Bergregion unmittelbar nördlich von Muṣri/Muṣaṣir bezeichnete. Am ehesten kommt das Gebiet der Wasserscheide zwischen dem

141 MDOG 115 (1983) 96, 277/8. Sollte dieser Hinweis auf die zugewiesenen und bewachten Wohnsitze von Rusas Brüdern dahingehend gedeutet werden können, daß in Urartu die Brüder des Thronfolgers bei der Thronbesteigung interniert wurden, um Machtkämpfe zu vermeiden? Dies wäre den osmanischen und safawidischen Verfahrensweisen der Ermordung oder Blendung der männlichen Verwandten des neuen Herrschers vergleichbar.

142 Vgl. dazu o.Anm.5.

143 MDOG 115 (1983) 68, 14; 74, 76; 82, 154 und 84, 162.

Oberen Zāb und dem Urmia-See dafür in Betracht. Darüber hinaus besteht die Möglichkeit, daß auch schon zur mittelassyrischen Zeit Gebiete jenseits des assyrischen Horizontes zu Urartu gehörten, wie etwa Aramalê/Armarī(a)lî zwischen Muṣri/Muṣaṣir und dem südwestlichen Ende des Urmia-Sees.

4. Historische Auswertung

Im 14. Jhd. vollzieht sich in Assyrien ein grundsätzlicher Wandel im politischen Denken[144]. Aus dem *iššak Aššur*, dem Stadtfürsten von Aššur, wurde der *šar māt Aššur*, der König von Assyrien. Aus dem Stadtfürstentum ist ein Königreich, ein Territorialstaat geworden. Damit stand Assyrien aber auch vor dem Problem, sich als machtpolitischer Neuling einen Platz unter den bereits etablierten vorderasiatischen Reichen Babylonien, Ḫatti und Mitanni sichern zu müssen. Zum Vorbild und Lehrmeister der Assyrer in Sachen Machtpolitik wurden die Hethiter - das kassitische Babylonien hatte hier wenig zu bieten.

Die Hethiter hatten unter den besonderen geographischen Bedingungen und Erfordernissen des anatolischen Berglandes spezielle politische Verfahrensweisen entwickelt. Diese mußten sich von den im ganz andersgearteten Syrien anzuwendenden zwangsläufig unterscheiden. Nicht zuletzt auch wegen der großen Ausdehnung des Reiches mußten sich die Hethiter im Gegensatz zu den Babyloniern einer Politik bedienen, die überwiegend auf militärischer Stärke basierte. Diese Praxis einer Politik der Stärke war es, die sich die Assyrer zum Vorbild nahmen. Zwei Faktoren mögen neben anderen für diese Wahl ausschlaggebend gewesen sein. Zum einen hatte Assyrien in

144 Vgl. dazu W.Mayer, Assyrische Strategie und Kriegskunst.

dieser Zeit keine natürliche Grenze zum hethitischen Einflußbereich in Syrien - es grenzte unmittelbar an den hethitischen Vasallenstaat Ḫanigalbat. Zum anderen war das assyrische Kernland vom Nordwesten über den Norden bis in den Osten von Gebirgen umgeben. Um das eigentliche Kernland wirkungsvoll sichern zu können, mußten Teile der benachbarten Bergländer unmittelbar unter assyrische Kontrolle gebracht werden. Die Verteidigung Assyriens mußte im Gebirge erfolgen, sollten nicht die Gebiete mit den wichtigen Städten zum leichten Ziel beutehungriger Bergbewohner werden. Es mußte also in den benachbarten Gebirgsregionen eine Art Glacis geschaffen werden. Eine dauernde Besetzung und eine Verlegung der Grenzen in die Berge wäre wohl undurchführbar gewesen - bis in die Endzeit hinein unternahmen die Assyrer jedenfalls keine ernstlichen Versuche diesre Art. Das Ziel konnte nur sein, die benachbarten Bergstämme durch Verlockungen oder Einschüchterung einer durch Verträge gesicherten Kontrolle zu unterwerfen. Der Krieg im Gebirge - sollte er erfolgreich sein - erforderte spezifische strategische und taktische Maßnahmen und Erfahrungen. Solche waren nur bei den Hethitern zu lernen - nicht bei den Babyloniern.

Von den Hethitern hatten die Assyrer unter anderem auch die Praxis übernommen, unterworfene Nachbarn durch Verträge als Vasallen zu binden. Der Vasall wurde vertragsbrüchig, wenn er beispielsweise seinen Tribut nicht entrichtete, und dementsprechend wurde er dann auch bestraft. Ein deutliches Beispiel für dieses Vorgehen liefert Ḫanigalbat. Adad-nērārī I. sagt von Šattuara I. von Ḫanigalbat[145], er habe sich mit ihm verfeindet (*ikkir*). Er wird besiegt und als Vasall vereidigt. Von Šattuaras Sohn Wasašatta wird dagegen gesagt, "er wurde vertragsbrüchig und verfeindete sich mit mir" (*ib-*

145 AfO 5 (1928/9) 97, 7-20.

balkitamma ittīja ikkir).

Als erster assyrischer König soll Aššur-uballiṭ Muṣri in ein Vasallenverhältnis gebracht haben. Seine Nachfolger beschränkten sich ganz offensichtlich auf die Sicherung des Einflußbereiches im Bergland - die Hauptinteressen und Konfliktpunkte lagen an den anderen Grenzen.

Die Bergländer waren für die Assyrer vor allem als Rohstofflieferanten von größter Bedeutung. Der Eigenbedarf Assyriens an Metallen muß gegenüber dem des Stadtfürstentums Assur allein aufgrund der für die ständig wachsende Armee benötigten Bewaffnung enorm gestiegen sein. Es muß daher wohl angenommen werden, daß neben Muṣri auch Ur(u)aṭri schon in der Zeit vor Salmanasar I. vertraglich zu Metallieferungen verpflichtet worden ist, selbst wenn dafür keine direkten inschriftlichen Zeugnisse erhalten sind[146].

Am Ende der Regierungszeit Adad-nērārīs I. war das restliche Ḫanigalbat soweit geschwächt, daß es für sich allein zunächst keine akute Gefahrenquelle darstellen konnte. Selbst lokal begrenzte Erfolge, wie die Rückeroberung von Taide[147], bedeuteten keine ernstliche Bedrohung der von den Assyrern erreichten Positionen. Binnen Jahresfrist wäre der status quo ante wiederherzustellen gewesen. Jedes weitere Vordringen der Assyrer in der Ǧazīra barg aber immer die Gefahr eines Konfliktes mit den Hethitern. Ein solcher Konflikt hätte aber jederzeit zu einem Totalen Krieg - im Sinne von C.von Clausewitz[148] - werden können. Als solcher hätte er die Mo-

146 Diese Vermutung wird durch die Verwendung des Verbums *nabalkutu(m)* in Salmanasars Bericht nahegelegt; vgl. dazu auch o. Anm.20.

147 Vgl. dazu W.Mayer, UF 18 (1986) 231-236.

148 C.von Clausewitz, Vom Kriege (Bonn 1980[19]) 191-266.

bilisierung aller Kräfte erfordert. Welch gefährlicher Gegner die Hethiter aber allein durch eine bewegliche und unorthodoxe Führung sein konnten, hatten sie 1285 bei Qadeš gegen die Ägypter unter Beweis gestellt[149]. Es mußte daher das vorrangige Ziel der assyrischen Führung sein, einen Zwei- oder gar Dreifrontenkrieg zu vermeiden. So ist es auch absolut folgerichtig, wenn Salmanasar I. seinen ersten Feldzug nach Nordosten gegen Muṣri und Ur(u)aṭri führte. Bevor er sich seinen syrischen Zielen zuwenden konnte, mußte er dafür sorgen, daß er nicht im Rücken durch etwaige Einfälle von Bergvölkern bedroht werden konnte.

Unmittelbarer Anlaß für diesen Kriegszug könnten möglicherweise Behinderungen oder Verweigerungen von Metallieferungen gewesen sein. Diese Annahme liegt nahe, zumal Salmanasar behauptet, Ur(u)aṭri sei vertragsbrüchig geworden (*ibbalkitunimma*). Die Tatsache, daß für die Aktion gegen Arin(n)a und Muṣri keine besonderen Gründe angegeben werden, könnte darauf hindeuten, daß Ur(u)aṭri und Muṣri bereits zu dieser Zeit mindestens in den Augen der Assyrer und wohl auch de facto bevölkerungsmäßig fast eine Einheit bildeten.

Nach der Unterwerfung Ur(u)aṭris wird dem Land der "schwere Tribut der Berge" auferlegt. Unter diesem Begriff können die Assyrer eigentlich nur Metallieferungen verstanden haben - zunächst noch überwiegend Kupfer und später auch Eisen. Der Transport von Erzen über unwegsame Strecken war unwirtschaftlich. Will man den Aufwand, den dieser Tribut für die betroffene Bevölkerung bedeutete, richtig einschätzen, so muß dabei berücksichtigt werden, daß dies

---

149 Vgl. W.Mayer, Eine Schlacht zwischen Ägyptern und Hethitern bei der syrischen Stadt Qadesch im Jahre 1285 v.Chr., in: Land des Baal (Mainz 1982) 342-345.

den Abbau des Erzes, die Gewinnung und den Verbrauch von großen Mengen von Brennmaterial und schließlich die Verhüttung des Erzes einschloß. Hinzukommen letztlich auch noch das technische Wissen und die Erfahrung, die die Bewohner dieser Regionen zur Verfügung stellen mußten.

Bevölkerungsteile der von den Assyrern durchzogenen Bergregionen wurden, soweit sie eingefangen worden waren, zusammen mit der Beute deportiert. Außer der Auflage von Tributen wurde nach der Unterwerfung Ur(u)aṭris auch eine Auslese unter urartäischen Kindern vorgenommen, die der König für seinen Dienst bestimmte. Eine solche Selektion wird hier erstmals erwähnt. Wahrscheinlich wurde ein Teil der Jungen kastriert und nach einer entsprechenden Ausbildung als *ša rēši* in der nächsten Umgebung des Königs eingesetzt. Gestützt werden diese Aussagen Salmanasars nicht zuletzt durch das Erscheinen urartäischer Personennamen in mittelassyrischen Urkunden aus der Zeit seines Nachfolgers Tukulti-Ninurtas[150].

Im weiteren Verlauf dieser Kampagne wurde auch Muṣri unterworfen, wobei die heilige Stadt Arin(n)a nachhaltig zerstört wurde. Diese Zerstörung stellt einerseits die Strafe für einen Vertragsbruch dar. Andererseits kann sie aber auch konzipiert gewesen sein als ein Versuch, dieses überregionale Kultzentrum als möglichen Kristallisationspunkt eines Widerstandes in diesem wegen der Rohstoffe strategisch wichtigen Randbereich des assyrischen Einflusses zu liquidieren. Auf die Dauer war diesem Versuch jedoch kein Erfolg beschieden.

An den Grundzügen der assyrischen Politik änderte sich in der Folgezeit kaum etwas. Tiglatpileser I. und Aššur-bēl-kala demonstrie-

---

[150] Vgl. o.Anm.116.

ren nochmals gegenüber den Bergländern nachhaltig ihre Macht. Seit dem 14. Jhd. standen die Assyrer im Kampf mit den Aramäern. Diese gewinnen gegen Ende des 2. Jtd. zunehmend an Macht und Stärke. Der Machtzuwachs der Aramäer geht einher mit einem Machtverfall Assyriens unter den Nachfolgern Aššur-bēl-kalas. Dies führt schließlich auch zu gewaltigen territorialen Verlusten Assyriens im Bereich der Gazira. Für die Bergvölker von Ur(u)aṭri und Muṣri bedeutete die Verstrickung Assyriens in verlustreiche und erfolglose Abwehrkämpfe eine Phase der Ruhe und zugleich die Möglichkeit, Bedingungen zu schaffen, die es den Assyrern künftig schwermachen würden, einfach zu erscheinen und Metalle und Menschen zu rauben.

Über die Vorgänge, die sich in dieser Phase in Ur(u)aṭri abgespielt haben müssen, kann in Ermangelung von Quellen nur spekuliert werden. Wahrscheinlich haben sich energische Fürsten von Ur(u)aṭri, über dessen politische Strukturen auch nichts bekannt ist, in Verbindung mit Muṣri und damit zugleich gestützt auf das über die Region hinaus wichtige Heiligtum des Ḫaldi mit Erfolg versucht, die unmittelbaren Nachbarn für eine "Sammlung der urartäischen Erde" zu gewinnen. Dies war ohne Zweifel ein recht langwieriger Prozeß. Zugleich bedingte er aber die Auffindung und Realisierung einer Organisationsform, die trotz der naturbedingt bestehenden isolierenden Faktoren eine zentrale und effiziente Führung erlaubte. Für die Realisierung jedweder Organisationsform war jedoch die Einführung einer Schrift unabdingbare Voraussetzung. Die desolate machtpolitische Situation Assyriens bewirkte keineswegs einen Abbruch der Kontakte - sie gestaltete sich nur anders. Der assyrische Bedarf an Metallen dürfte kaum wesentlich zurückgegangen sein. Im ausgehenden 11. und im 10. Jhd. mußte er aber wohl auf dem Handelsweg gedeckt werden, da für die Erzwingung von Tributen der Bergvölker im Nordosten kaum Kräfte frei gewesen sein dürften. Nur durch solche Handelsbeziehungen war es den Urartäern möglich, assyrische Verwaltung, Organisation und politische Praktiken zu studieren, zu adaptieren und sie wenn nötig nach ihren eigenen Bedürfnissen zu modifizieren - so wie die Assyrer mehr als drei Jahrhunderte zuvor Hethitisches studiert, adaptiert und modifiziert hatten.

Aufgrund der geographischen Lage bot sich Assyrien den Urartäern ohnehin als Vorbild an. Damit stellt sich aber zugleich die Frage nach dem Zeitpunkt der Übernahme assyrischer Muster und damit auch der Schrift, zumal kaum jemand einen Verlierer kopieren wollen wird ebensowenig wie einen erklärten Feind.

Der erste König, der wieder Erfolge bei der assyrischen Reconquista zu vermelden hat, ist Aššur-dān II. (934 - 912). Mit einiger Berechtigung darf wohl angenommen werden, daß die Grundlagen für seine politischen und militärischen Erfolge in der langen aber inschriftslosen Regierungszeit seines Vaters Tiglatpilesers II. (966 - 935) gelegt worden sind. In dieser waren die Assyrer nach wie vor in schwere Kämpfe mit den Aramäern verwickelt - diesmal jedoch mit Erfolgen. Möglicherweise basierten diese Erfolge auch auf organisatorischen Veränderungen gegenüber der mittelassyrischen Zeit, die jedoch in den Quellen nicht faßbar werden. Da die Assyrer sich voll auf ihre westlichen und südlichen Fronten konzentrieren mußten, kam eine entspannte Lage im Osten und Norden mit geregelten Beziehungen ihren Interessen sehr entgegen. Diese Verbindung von erfolgreicher assyrischer Politik und friedlichen Beziehungen dürfte die im Verlauf von mehr als hundert Jahren gefestigte und gereifte urartäische Führung, die sich inzwischen in Arṣaškun ein politisches Zentrum geschaffen hatte, nachhaltig beeinflußt haben. Damit lernten sie zugleich aber auch, wie man beispielsweise eine Königsinschrift inhaltlich und stilistisch abfaßt. Mit dem Schriftsystem fanden auch assyrische Titulaturen und Termini Eingang und wohl auch 'Assyrogramme'. Die ersten aus Ṭušpa erhaltenen Inschriften Sardures I. sind noch in Neuassyrisch abgefaßt - erst sein Nachfolger Išpuine scheint konsequent urartäisch zu schreiben. Ohne Zweifel dauerte es eine nicht unbeträchtliche Zeit, bis sich eigenständige urartäische Schreibertraditionen entwickelt und auch durchgesetzt hatten[151].

Sofern es sich bei dem von Aššur-dān II. genannten Muṣri tatsächlich um das spätere Muṣaṣir und nicht um eines der anderen Länder dieses Namens handelt, kann sich die politische Situation in seiner Regierungszeit bereits wieder zugunsten gespannter Beziehungen geändert haben. Adad-nērārī II. und Aššurnaṣirpal II. behaupten, daß sich ihre Eroberungen bis nach Urartu erstreckten. Dies besagt aber, daß sie keine Vorstöße auf urartäisches Territorium unternommen haben, sondern vor den Grenzen umgekehrt sind. Ein Angriff auf die urartäischen Kerngebiete war für die Assyrer auch mit solch großen Schwierigkeiten verbunden, daß die Könige es sich nicht hätten nehmen lassen, ausführlich darüber zu berichten.

Zu kriegerischen Auseinandersetzungen größeren Ausmaßes zwischen Assyrern und Urartäern kam es erst wieder in der Regierungszeit

---

[151] Zu den wenigen urartäischen Tontafeln (UPD und Bastam 1: Nr. 1-3 mit der Neubearbeitung in UF 12 (1980) 299-304) kommen auch noch einige wenige neuassyrische Briefe aus Ninive, die den Eindruck erwecken, als stammten sie von urartäischen Schreibern, auch wenn es sich bei den Absendern zumeist um assyrische Beamte handelt. Eine urartäische Besonderheit, die diesen Tafeln abgesehen von sprachlichen und graphischen Absonderlichkeiten gemein ist, besteht in der Verwendung eines Worttrenners. Zu diesen Tafeln gehören beispielsweise die Briefe des Urzana von Muṣaṣir ABL 409 und 768 (K.Deller, Incunabla Graeca 78, 114-116) und sicherlich auch ABL 205.

Salmanasars III. Die Interessen dieses Königs lagen eindeutig in Syrien - die assyrische Reconquista war dort zur Conquista geworden. Wie Salmanasar I. versuchte er sich gegen Unruhen und Übergriffe in seinem Rücken zu sichern, bevor er sich seinem Hauptinteressensgebiet zuwandte. So führte denn auch der Feldzug im Jahr seiner Thronbesteigung nach Osten in Richtung Ḫubuškia und weiter nach Gilzānu und zum ersten Mal an den Urmia-See[152]. Es sind dies im wesentlichen die Gebiete, über die auch die letzte Etappe des Feldzuges vom 3. *palû* führen sollte. In den beiden folgenden Kampagnen von 858 und 857 wurde mit Til Barsip in Bīt Adini eine strategisch wichtige Ausgangsbasis für Kampagnen flußauf- und flußabwärts und in das westliche Syrien geschaffen. Es ist durchaus möglich, daß diese vier ersten Feldzüge als eine einheitliche und zusammenhängende Operation geplant und durchgeführt worden sind. Der schon oben beschriebene Feldzug von 856[153] fällt hinsichtlich der Länge der Route völlig aus dem Rahmen. Gegenüber dieser 'Tour d'Horizon' scheinen alle anderen Kampagnen in die Bergländer eine wesentlich begrenztere Zielsetzung gehabt zu haben:

Jahr	7	(852)	Tigrisquellen;
	15	(844)	Tigris - Euphrat - Melīdi;
	16	(843)	Zamua[154];
	24	(835)	Namri - Medidi;
	27	(832)	Tigris - Arzania - Euphrat;
	29	(830)	Ḫabḫu;

152 Vgl. dazu auch o.3.2.

153 Vgl. o.2.1.6.

154 Ein Feldzug gegen Zamua fand auch im 4. *palû* (855) neben der gegen Aḫuni von Bīt Adini gerichteten Hauptkampagne statt; vgl. dazu WO 1 (1947-52) 462, 3-15.

30 (829) Ḫubuškia und

31 (828) Ḫubuškia - Muṣaṣir - Gilzānu - Parsua - Diyālā.

Abgesehen von den babylonischen Unternehmungen der Jahre 8 und 9 (851/50) richteten sich alle übrigen Aktionen gegen den syrischen Raum. Daraus wird deutlich, daß die Bergländer für Salmanasar III. eine eher marginale Rolle spielten und im wesentlichen der Sicherung der Rückenfreiheit dienten.

Gravierende Folgen hatte der Feldzug des 3. *palû* aber wohl für die Urartäer. Die Zerstörung der Stadt Arṣaškun, der assyrische Sieg über Arrame und seine Verfolgung haben gezeigt, daß sich die bisherige Zentrale in der Reichweite der Assyrer, die inzwischen über eine beträchtliche Erfahrung im Gebirgskrieg verfügten, befand. Wollten die Urartäer eigene Wege der Unabhängigkeit und Freiheit vor assyrischen Angriffen gehen, mußte ein Zentrum außerhalb der assyrischen Reichweite eingerichtet werden. Es ist nicht bekannt, ob Arrame seine Niederlage überlebt hat, ob er in den Kämpfen gefallen ist oder ob er inneren Unruhen als Folge der Niederlage zum Opfer fiel. Wenn wir Sargon glauben dürfen - und es spricht nichts dagegen - dann muß die Führerrolle unter den urartäischen Stämmen Männern aus Armarī(a)lî zugefallen sein. Es kann sich dabei um den Fürsten dieser Region oder auch um einen Usurpator gehandelt haben. Unklar ist auch, ob dies bereits Lutibri oder erst sein Sohn Sardure I. war. Dieser neue König von Urartu fand in der Stadt Ṭušpa am Van-See seine neue Residenz. Kultisches Zentrum blieb jedoch nach wie vor Muṣaṣir. Vom neuen Regierungssitz aus vermochte er die Region um den Van-See, am Urmia-See und in den dazwischenliegenden Bergländern zum Reich der *Biainele*, das die Assyrer *Urarṭu* nannten, zu einen. Die Annahme, daß die neue Hauptstadt für die Assyrer unangreifbar und uneinnehmbar sei, erwies sich im wesentlichen als richtig. In Salmanasars 15. *palû* muß diese Entwicklung bereits voll im Gang gewesen sein, da Salmanasar von der Zerstörung urartäischer Siedlungen südwestlich des Van-Sees berichtet. Im Bericht über den Feldzug des 27. *palû* wird Sardure namentlich erwähnt und, wenn die oben vorgeschlagene Deutung des Ortsnamens Ammaštubi richtig ist, dann zeigt dies, daß das Reich von Urartu inzwischen zu einer offensiven Politik in der Lage war. In der Folgezeit wurde das Reich am Van-See zunächst zu einem Konkurrenten, dann aber zu einem gefährlichen Gegner Assyriens.

Legende:

o MOSSUL	=	moderner Ort
o Kalaḫ	=	antiker Ort
(NN)	=	Landschaftsnamen aus dem 8. Jhd. (Sargon II.)
1	=	Stele von Kelišin (Išpuine und Menua)
2	=	Stele von Topzāwa (Rusa I.)
3	=	Mudjesir/Muṣaṣir/Ardine
4	=	Hasanlu

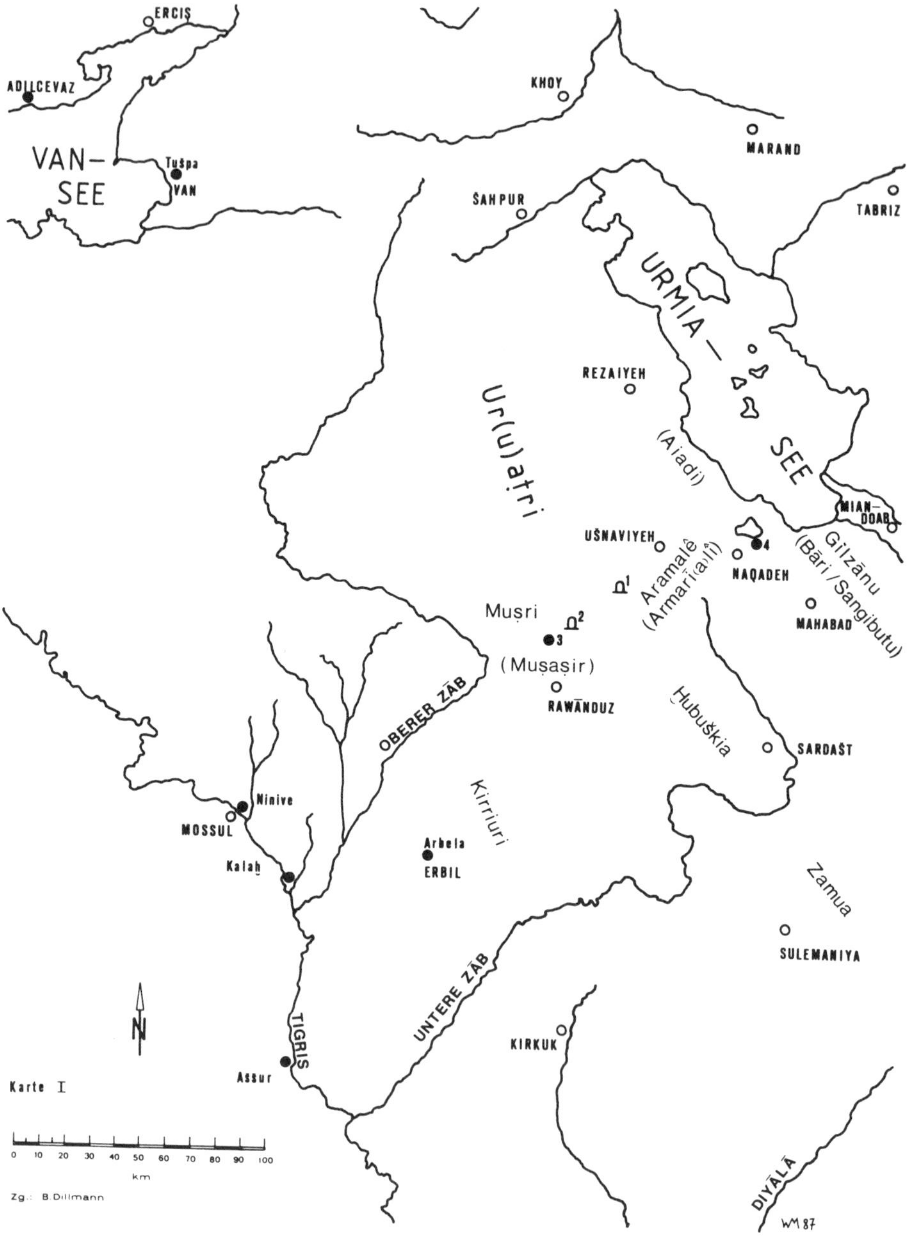

ERCIŞ
ADILCEVAZ
VAN-SEE
Tušpa
VAN
KHOY
MARAND
ŠAHPUR
TABRIZ
URMIA-SEE
REZAIYEH
Ur(u)aṭri
(Aiadi)
MIAN-DOAB
UŠNAVIYEH
4
NAQADEH
Aramalê (Armarī(a)lî)
Gilzānu (Bāri/Sangibutu)
Muṣri
3
(Muṣaṣir)
MAHABAD
RAWĀNDUZ
Hubuškia
OBERER ZĀB
SARDAŠT
Ninive
MOSSUL
Kirriuri
Arbela
ERBIL
Kalaḫ
Zamua
SULEMANIYA
UNTERE ZĀB
TIGRIS
N
KIRKUK
Assur
Karte I
0 10 20 30 40 50 60 70 80 90 100
km
Zg.: B.Dillmann
DIYĀLĀ
WM 87

Gedanken zur Bedeutung frühdynastischer Rundbilder*

R.Mayer-Opificius / Münster

Als Ausgangspunkt für einige Überlegungen zur Bedeutung frühdynastischer Rundbilder soll hier ein kürzlich im Kunsthandel wieder aufgetauchter Kopf eines bärtigen Mannes dienen (Abb.1-4). Er befindet sich in einer Privatsammlung in Nordrhein-Westfalen und ist seit den dreißiger Jahren bekannt, bis heute allerdings m.W. nicht publiziert worden[1]. Zu diesem Stück seien hier zunächst einige Angaben gemacht.

Der Kopf ist 21 cm hoch, besteht aus kristallinem Kalkstein und wiegt 4,8 kg. Insgesamt befindet er sich in einem hervorragenden Erhaltungszustand, doch sind einige Teile, die Bruch auf Bruch zusammenpassen, wieder hinzugefügt worden: Ein Teil der Schädelkalotte ist abgeschlagen und wieder eingefügt, darunter befindet sich - an der linken Hälfte des Hinterkopfes - eine kreisrunde Beschädigung. Ebenfalls wieder eingesetzt wurde ein Stück an der Kopfkalotte. Das linke Ohr ist am oberen Teil der Ohrmuschel anscheinend durch Lagerung in der Erde an der Oberfläche stark abgerieben, die Umrisse des Ohres sind erhalten. Risse befinden sich an der Stirn und in der Höhlung des linken Auges. Ebenso sind am Hals und Bartende Teile abgebrochen und wieder angesetzt. Schlagspuren an der unteren Fläche des Halses dürften als Begradigungsversuch moderner Zeit gewertet werden. Es sollte vermutlich

* **Abbildungen und Karten befinden sich auf den Tafeln am Ende des Bandes.**

[1] Für die Publikationserlaubnis möchte ich dem Eigentümer sehr herzlich danken.

auf diese Weise eine größere Standfestigkeit für den Kopf gewährleistet werden.

Bei einer Höhe unseres Kopfes von 21,5 cm dürfte mit einer Gesichtslänge von 18,5 cm ohne Bart zu rechnen sein. Im Vergleich zu den vollständig erhaltenen frühdynastischen Statuetten, bei denen ein durchschnittliches Maßverhältnis von 1:7 für Kopf und Körper (mit Sockel gemessen) zu errechnen ist, müßte demnach die Gesamtgröße dieser Statuette 1.40 m betragen haben, d.h. "unser" Weihbild war noch größer als das bisher als größtes Bild aus Mari bekannte des Ikunšamagan, das 1,14 m mißt.

Erhaltene Maße von Skeletten aus dem frühbronzezeitlichen Friedhof von Halawa geben uns nun wichtige Aufschlüsse in bezug auf die künstlerische Konzeption der frühdynastischen Weihfiguren. In Halawa werden Schädellängen bei Männern von 18 bis 20 cm angegeben. Danach dürfte "unser" Kopf ungefähr lebensgroß gewesen sein. Die Gesamtkörpergröße von dort bestatteten Männern wird aufgrund aller Knochenfunde jedoch auf 1,70 bis 1,76 m geschätzt[2]. Diese realen Größenverhältnisse entsprechen nun weder den alten noch den modernen künstlerischen Normen. Die beim heutigen anatomischen Zeichnen angewandten Maße sind als 1:8 für das Verhältnis von Kopf und Körper festgesetzt[3]. So zeigt es sich deutlich, daß unsere Statuette - wäre sie vollständig - zwar einen lebensgroßen Kopf gehabt hat, daß dieser jedoch im Vergleich zum Körper zu groß dargestellt wurde. Diese mit einigen Ausnahmen stets zu beobachtende Eigenart frühdynastischer Statuetten wird vielleicht darauf zurückzuführen sein, daß der Kopf als wichtigster Körperteil größer

[2] W.Orthmann, Halawa 1977-1979, Saarbrückener Beiträge zur Altertumskunde, Band 31, 1981, S.71,80.

[3] Freundliche Auskunft von Frau Thea Ross.

als in Wirklichkeit dargestellt werden mußte.

Der Kopf gehört eindeutig in die Kunstprovinz von Mari in Syrien und ist zeitlich in die Periode der Fara/Ur I Periode bzw. nach amerikanischer Nomenklatur in die Zeit ED III a einzuordnen. Er ist Teil eines ehemaligen Weihbildes[4]. Statuetten dieser Art sind durch Funde in Syrien und im mittleren Zweistromland aus der Mitte des dritten Jahrtausends am häufigsten zu belegen (vgl. Karte II). Nach 2350 v.Chr. sind sie nicht mehr nachweisbar. Kunsthistorische Vergleiche mit zeitgleichen Werken machen deutlich, daß zwar ähnliche Rundbilder in Assur und im Diyala-Gebiet gefunden wurden[5], doch sind die besten Vergleichsbeispiele zu dem hier behandelten Stück unter den Köpfen von Mari zu finden. Betrachtet man nebeneinander die Köpfe des Abiḫ-il[6] (Abb.5) und den des Iddin-Nârum (Abb.6 und 7), zeigt sich, daß beide mit dem hier behandelten Kopf große Ähnlichkeit haben: der kahlrasierte Kopf und die in zwei Halbkreisen über der Nasenwurzel zusammenstoßenden eingetieften Linien, die - ursprünglich durch Bitumen ausgefüllt - die Augenbrauen darstellten, sind identisch. Alle drei Männerköpfe zeigen einen ähnlich leicht lächelnden Mund und einen in geschwungener Linie scharf vom Gesicht abgesetzten Bart, der aus wellenförmigen Strähnen besteht. Ihr Verlauf ist so angeordnet, daß zwischen den einzelnen Strähnen "Löcher" entstehen. Jede Strähne endet in einer Locke, die von der Mitte des Gesichtes aus

4 Daß ein solches Stück in den Kunsthandel gelangen konnte, dürfte vor allem in der Frühzeit der Ausgrabungen von Mari nicht sehr verwundern, wenn man die Beschreibungen der ersten Skulpturenfunde an diesem Ort aufmerksam liest. Vgl. A.Parrot, Rückkehr in die Vergangenheit, 1981, 103.

5 Vgl. E.Braun-Holzinger, Frühdynastische Beterstatuetten, ADOG 19, 1977.

6 Für die Veröffentlichungserlaubnis der Fotografie des Kopfes des Abiḫ-il danke ich dem Leiter der Vorderasiatischen Abteilung des Louvre, Herrn P.Amiet.

gesehen geteilt - jeweils nach rechts oder links - gedreht ist, so daß mittig eine schwache Unterteilung des Bartes zu sehen ist. Die wohlgeformten Ohren sind - wie in der Zeit üblich - seitlich des Kopfes unterhalb der Augenhöhe - der Natur abgesehen - korrekt angebracht[7]. Im Gegensatz zum Bart des Abiḫ-il ist der unseres Kopfes ebenso wie der des Iddin-Nârum etwas länger und nicht so spitz zulaufend. Unser Kopf hat ferner wie der des Iddin-Nârum drei Schläfenlocken an jeder Seite, die bei Abiḫ-il fehlen. Der hervorragend dargestellte Mund unseres Kopfes wirkt leicht lächelnd durch die Form der eingetieften Mundwinkel, ein typisches Zeichen der Skulpturen Frühdynastisch III a. Vergleichbar mit unserem Stück sind außerdem einige andere Köpfe, die in Mari gefunden wurden, wie z.B. der eines im Šamaš-Tempel gefundenen Mannes[8]. Bei feinerer zeitlicher Einstufung würde man sich unser Stück nach dem Sitzbild des Abiḫ-il und gleichzeitig mit dem des Iddin-Nârum oder des Mannes aus dem Šamaš-Tempel entstanden denken.

Trotz der großen Ähnlichkeit des hier behandelten Kopfes mit denen der bereits bekannten Statuetten aus Mari sollte festgestellt werden, daß mir nicht ein einziges absolut identisches Beispiel bekannt ist. Das Stück paßt sich aber gerade deshalb besonders gut in das bekannte Repertoire der Weihbilder ein, denn jeder hier bisher ausgegrabene Kopf weicht in Kleinigkeiten von jedem anderen ab. Wirklich porträthafte Züge kommen jedoch weder in Mari noch an anderer Stelle im Alten Orient vor. Wenn man zuweilen - vor allem bei iranischen Stücken[9] - den Eindruck hat, daß eine unverwechsel-

[7] Vgl. E.Braun-Holzinger Anm. 2 46.

[8] A.Parrot, Mari, Capitale Fabuleuse, 1974, Tf. XI 2.

[9] Frühdynastische Statuetten wurden auch im Iran gefunden, vgl. z.B. P.Amiet, Die Kunst des Alten Orient, 1977, Abb.370 und 373. Die Tendenz, individuellere Züge abzubilden, scheint hier

bare Person im Bild festgehalten werden soll, wird dennoch immer die "Dauer im Wandel" durch fest geprägte Typen der Menschen versinnbildlicht[10].

Eine vergleichsweise gute Möglichkeit, die Einmaligkeit eines Denkmals zu gewährleisten, bot sich den Stiftern in der Anbringung von Inschriften auf den Statuetten. Bereits seit den Anfängen der hier behandelten Bildgattung in der Mesilim- bzw. Frühdynastisch II-Zeit treten Beispiele mit Inschriften auf, die zumindest immer den Namen des Dargestellten nennen. Obligatorisch für eine Differenzierung der menschlichen Bilder voneinander waren die Inschriften jedoch nicht. Anfänglich waren sie noch sehr selten und kommen insgesamt nicht sehr häufig vor. Wie E.Braun-Holzinger ausführt[11], sind von den mehr als 600 erhaltenen Weihstatuetten nur 87 Beispiele mit Inschriften versehen[12]. Es ist daher denkbar, daß das Anbringen von Weihinschriften die Herstellung des Bildes derart verteuerte, daß nur die reicheren und bedeutenderen Persönlichkeiten sich diesen "Luxus" leisteten. Ebenso wird man annehmen dürfen, daß besonders große Stücke besonders teuer waren. So darf man vielleicht aufgrund der Maße unseres Kopfes annehmen, daß der

bis in das zweite Jahrtausend hinein nachweisbar zu sein, vgl. P.Amiet, Elam, 1966, Abb. 348 ff. Sie könnte mit dem Brauch zusammenhängen, diese Bilder im Grabkult zu verwenden. Diese Stücke wurden - im Gegensatz zum übrigen Vorderen Orient - alle in Gräbern gefunden.

10 Zu dem Begriff: "Dauer im Wandel" vgl. P.Calmeyer, Ikonographie und Stil urartäischer Bildwerke im Katalog "Urartu", 1976, 51. Er wird hier in anderem Zusammenhang verwendet, ist aber im Bereich der Kunstgeschichte alter Kulturen vielfach anzuwenden.

11 E.Braun-Holzinger Anm. 2 16.

12 Nicht nur die verhältnismäßig kleine Zahl beschrifteter Weihbilder zeigt, daß die Schrift - selbst in Kombination mit persönlichen Zügen - keine gesicherte Identifikation des Dargestellten gewährleistete. Es war möglich - allerdings verpönt - ein völlig fremdes Bild mit seiner eigenen Inschrift einer Gottheit zu weihen, vgl. dazu E.Strommenger, ZA 53 (1959) 27 ff.

Weihende besonders "reich" war und sein Bild deshalb möglicherweise ursprünglich auch mit einer Inschrift versehen - eine besonders wichtige Person in Mari repräsentierte. Vergleichbar in der Größe mit unserem Stück ist nur die Statuette des Ikun-Šamagan[13] (Abb. 8), die uns mit Kopf erhalten ist. Daß eine andere Statuette in gleicher Größe ohne Kopf nicht gefunden wurde, muß nicht verwundern. Zahlreiche Bildfragmente, die ausgegraben wurden, blieben ohne Kopf, für andere Köpfe fand man nie den dazugehörigen Körper. Der Ausgräber Parrot nimmt an, daß Mari am Ende der Frühdynastischen Zeit einem Angriff zum Opfer fiel, wofür viele archäologische Indizien sprechen. Kämpfende und plündernde Soldateska dürfte die Statuen zerstört und verworfen haben.

Zur Deutung der Weihfiguren

Seit der ersten Auffindung der Denkmälergattung der Weihbilder in Assur[14] wurden sie vielfach behandelt und häufig als "Beterstatuetten" bezeichnet. Einer der Gründe dafür ist in unserer europäisch neuzeitlichen Vorstellung zu suchen, die Personen mit gefalteten Händen, die darüber hinaus auch noch im Tempel gefunden wurden, zwangsläufig der eigenen Sitte gemäß als Beter in unserem Sinne deuten läßt[15]. Daß diese Auffassung abzulehnen ist, hat sich mehr und mehr durchgesetzt, wie z.B. auch B.Hrouda ausführt[16]. Ein umfassender Deutungsversuch aller Figuren, der weiblichen und männlichen Rundbilder[17], ist seit A.Moortgat[18] nie mehr vorgenom-

[13] E.Braun-Holzinger, Anm. 2, Tf. 23 c.

[14] W.Andrae, Die Archaischen Ischtartempel, WVDOG 39, 1922, 58 ff.

[15] So z.B. auch E. Strommenger, BagM 1 (1960) 8 f.

[16] B.Hrouda, Methoden der Archäologie, 1978, 35.

[17] E.Braun-Holzinger, Anm. 2 behandelt die Stücke in kunsthistori-

men worden. Seine Deutung, daß sich alle Weihbilder im Zusammenhang mit dem Innin-Tammuz-Kult und der "Heiligen Hochzeit" erklären ließen, ist heute nicht mehr zu halten und wird auch nicht mehr vertreten. Ein Hauptfehler seiner Theorie lag m.E. darin begründet, daß er nicht berücksichtigte, daß der Innin-Tammuz-Kult zunächst wohl auf Uruk beschränkt blieb und erst in der dritten Dynastie von Ur, durch die Herkunft ihrer Herrscher aus Uruk erklärbar, "weltweite" Verbreitung erfuhr[19].

Aus diesem Grund wird man sich nun - über die bisher vorgenommenen zeitlich-stilistischen Einordnungsversuche hinaus - nach dem Sinn und Verwendungszweck aller frühdynastischen Weihbilder fragen müssen. Soweit ich sehe, könnte man sie aufgrund verschiedener Fundumstände und ikonographischer Eigenarten auch verschieden erklären.

a) Deutung der im Diyala-Gebiet gefundenen Beispiele

Die ältesten Weihbilder wurden im Diyala-Gebiet und in Nippur - häufig als Hortfund - in Tempeln entdeckt. Dargestellt werden Männer und Frauen, gelegentlich auch Paare. Einige von ihnen tragen Becher oder Zweige in den Händen (Abb.8). Die Pflanzen lassen sich wohl als Dattelrispen erklären. Eben diese "Attribute" halten die Symposiasten auf den sog. Weihtafeln (Abb.9), deren älteste ebenfalls aus dem Diyala-Gebiet stammen (vgl.Karte II), in den Händen. Die auf den Tafeln dargestellten Feste sind zumeist im Zusammen-

scher Sicht ohne Deutung. Ebenso E. Strommenger Anm. 11. J. Asher-Greve, Frauen in altsumerischer Zeit, Bibl. Mes. 18 (1985) 85 ff. bringt nur eine Deutung der weiblichen Figuren.

18 A.Moortgat, Die Kunst des Alten Mesopotamien, 1967, 40.

19 Vgl. J.Renger, RlA 4, 1972, s.v. "Heilige Hochzeit".

hang mit den Rundbildern zu sehen. Dies wurde bereits sowohl von A.Moortgat als auch von S.Pelzel[20] und J.Asher-Greve so gesehen[21]. Daß es sich jedoch bei den dargestellten Festen nicht um die Abbildung der "Heiligen Hochzeit" handeln wird, hatte ich bereits oben erwähnt. Einen Hinweis auf die Zelebrierung des Innin-Tammuz-Kultes im Diyala-Gebiet gibt es nicht. In den verschiedenen Tempeln der einzelnen Städte dürften verschiedene Götter verehrt worden sein, deren Kulte von dem in Uruk gewiß abwichen. J.Asher-Greve schlägt verschiedene Möglichkeiten für eine Deutung des Festes vor: Es könnte gefeiert worden sein aus Anlaß der Inthronisation eines Fürsten, der Heirat oder der Geburt eines Kindes oder der Einweihung von Bauten. Andere wollten hier ein Totenmahl erkennen[22]. Mit Sicherheit ist keiner der Gründe für eine Feier in dieser so gut wie schriftlosen Zeit nachweisbar. Die Rolle der männlichen Hauptperson als Sieger wird durch verschiedene Hinweise deutlich. Sehr häufig ist im unteren Streifen der Reliefs ein Kriegswagen abgebildet - auch andere Darstellungen an dieser Stelle, wie z.B. die Abbildung eines Figurenbandes mit Tierkampfszenen, machen eine Deutung auf siegreich durchgeführte Kämpfe möglich[23]. Welche Rolle darüber hinaus der Fürst spielt, kann jedoch nicht mit Sicherheit gesagt werden. Daß das Fest auch einen sexuellen Aspekt gehabt haben könnte, läßt sich aus der Darstellung auf einer Weihtafel aus Tell Asmar schließen. Hier ist neben

[20] S.Pelzel, Perforated Sumerian Votive Plaques, Ann Arbor 1987, 291 ff.

[21] A.Moortgat, Anm. 14. J.Asher-Greve Anm. 13.

[22] Zitiert bei P.Amiet, La Glyptique Mésopotamienne Archaique, 1980, 127 Anm .49.

[23] Die Gleichsetzung von Tierkampfszenen mit menschlichen Kriegen läßt sich m.E. an zahlreichen frühdynastischen Rollsiegelbildern erkennen. Ein Zusammenhang zeigt sich auch bei dem Bild einer Siegesfeier auf einer Weihplatte aus Nippur, J.Boese, Altmesopotamische Weihplatten, UAVA 6, 1971, XVI 1.

der Trinkszene ein Bett mit einer darauf liegenden Person abgebildet[24]. Nicht auszuschließen wären natürlich auch Inthronisationsfeiern des Stadtoberhauptes, die dann aber in schneller Reihenfolge stattgefunden haben müßten, wenn man bedenkt, daß die Lebensdauer einer Tempelschicht, aus der gelegentlich mehrere Tafeln belegt sind, nicht allzu hoch - maximal 40 Jahre - zu veranschlagen sein wird. Der wahrscheinlichste Grund für die Abbildung einer Feier im Tempel scheint mir im Zusammenhang mit einem Tempelneubau oder seiner Renovierung zu stehen. Die Beendigung solcher baulicher Tätigkeiten könnte sehr wohl als Anlaß für ein Fest gedient haben, an dem der Fürst, seine Frau und Gefolge teilnahmen[25]. Eine Schicksalsbestimmung mag damit Hand in Hand gegangen sein[26]. In der gesamten altorientalischen Geschichte rühmen sich die Oberhäupter der "Staatlichen Gebilde", Tempel für die Götter errichtet oder erneuert zu haben. Diese für die Götter so wichtigen "guten Taten" könnte man sehr wohl auf Dauer im Bild haben festhalten wollen. Die Funde mehrerer Tafeln in einem Tempel ließen sich dann durch Renovierungen oder Veränderungen der Bauten erklären. Die Errichtung von Tempeln oder ihre Erweiterung war ohne Zweifel mit materiellen Opfern verbunden, die vom Stadtoberhaupt, seinem Ge-

---

24 J.Boese, Anm. 17 IV 1. Dazu demnächst: N. Cholidis. Es handelt sich hier gewiß nicht um die Darstellung der Heiligen Hochzeit zwischen Innin und Tammuz. Ein solcher Kult ist in Nippur nicht nachgewiesen. Vgl. J. Renger Anm. 15.

25 Ebenfalls aus Nippur stammt eine Weihtafel, die zeigt, daß mehr als ein Paar an einem solchen Fest teilnahm, J.Boese Anm. 17 XVII 1.
Die zahlreichen Darstellungen von Festen auf Rollsiegeln müssen hier unberücksichtigt bleiben, da sie offenbar ganz verschiedenen Charakter haben können. Einige sind gewiß mit gleichzeitig dargestellten Kriegsszenen zu kombinieren und vielleicht als Siegesfeier zu deuten, vgl. die Zusammenstellung von P.Amiet, "Le Banquet" in Glyptique Mésopotamienne, 1980², Tf. 88 ff.

26 Vgl.J.Renger, RlA 4, 1972, s.v. Heilige Hochzeit.

folge und vielleicht auch von anderen Menschen dargebracht wurden. Zur Erinnerung an diese "guten Taten" hat man dann vielleicht für die Götter sowohl die Tafeln als auch die Stifterbilder im Tempel geweiht. Die so "zufrieden gestellten" Götter wurden um ein glückliches und langes diesseitiges Leben - gelegentlich für sich selbst aber auch für die Familie[27] - gebeten. Dieser Bitte wurde vermutlich verstärkt durch die Aufstellung der Statuen Ausdruck gegeben. So schreibt M.Müller über die frühdynastischen Rundbilder in ihrem Aufsatz über eine ältere frühgeschichtliche Weihstatuette: "Ihre Inschriften belehren uns darüber, daß der Dargestellte, vertreten durch sein steinernes Ebenbild, unaufhörlich im Angesicht der Gottheit zu verbleiben wünscht. Denn der Gott ist der Herr des Lebens, und wer in seiner Gegenwart ist, hat dadurch Teil an seiner unbegrenzten Dauer"[28]. Ähnlich deutet P.Amiet Bankettszenen auf den Siegeln sehr umfassend als Ausdruck der Kommunikation von Menschen und Göttern[29]. In Anlehnung an eine Vorstellung aus dem 2. Jahrtausend[30] könnte man auch daran denken, daß die dargestellten Personen ein Symbol ihrer selbst sein sollten, die "täglich (dienstbereit) für ihre Götter dastehen" wollten.

---

[27] Es ist bekannt, daß die Unterweltsvorstellung im Alten Orient so wenig erfreulich war, daß weitaus begehrenswerter ein langes Leben im Diesseits erschien. Vgl. dazu A.Tsukimoto, Untersuchungen zur Totenpflege (kispum) im Alten Mesopotamien, AOAT 216, 1985, 1 ff. 10. 18 mit Anm. 80.

[28] M.Müller, Frühgeschichtlicher Fürst aus dem Iraq, Züricher Archäologische Hefte 1, 1976, 26.

[29] P.Amiet, Glyptique Mésopotamienne Archaique, 1980, 121 ff.

[30] In der Literatur ist seit der Isin Zeit die Vorstellung "täglich (dienstbereit) dastehen" bzw. "täglich zur Verfügung (der Götter) stehen" = u_4-da/u_4-šu-še = gub nachweisbar. Vgl. M.J.Seux, Epithètes Royales Akkadiennes et Sumérienne, 1967, 407 f. s.v. gub. Akkadische Entsprechungen 122. Diesen Hinweis verdanke ich M.C.Ludwig.

Mit Sicherheit dürfen wir jedoch annehmen, daß die Feste in den Tempeln gefeiert wurden. Depotfunde von Bechern, deren Gestalt denjenigen in den Händen der Festteilnehmer auf den Tafeln und im Rundbild gleichen, lassen darauf schließen[31].

Mit aller gebotenen Vorsicht dürfen wir daher die im Diyala-Gebiet und in Nippur gefundenen Statuetten als Bilder von Festteilnehmern ansehen. Ihre Opfer sollten vermutlich den Göttern durch die Aufstellung der Skulpturen in ewiger Erinnerung bleiben und den Opfernden ein langes und glückliches diesseitiges Leben sichern.
Wie in der Periode Frühdynastisch II sind in der folgenden Zeit Frühdynastisch III a im Diyala-Gebiet neben Personen, die die Hände falten auch solche zu belegen, die Becher[32] oder Zweige[33] tragen. Auch die Art der Aufstellung dürfte dieselbe wie in der davorliegenden Periode gewesen sein. So dürfte wohl ihrer Deutung als Festteilnehmer ebenfalls nichts im Wege stehen.

b) Deutung der in Syrien und Nordmesopotamien gefundenen Beispiele

Nur wenig jünger als die ältesten Weihbilder aus dem Diyala-Gebiet in der Periode Frühdynastisch II sind die in Tell Chuera gefundenen zu datieren[34]. Trotz großer Entfernung zwischen beiden Gebieten möchte man Zusammenhänge zwischen dem Auftreten der neuen Bildgattung hier und dort vermuten, wie auch immer sie zu rekon-

[31] Ein Depot mit Gefäßen wurde z.B. im Sin Tempel III von Chafadschi gefunden: P.Delougaz/S.Lloyd, Presargonid Temples in the Diyala-Region, OIP 58, 1942, 20. Weitere Depots im Abu Tempel von Tell Asmar ebda. 166, Abb. 125.

[32] H. Frankfort, More Sculpture from the Diyala Region, OIP 60, 1943, Tf. 25.

[33] H. Frankfort, Anm. 23 Tf. 26.

[34] A.Moortgat, Wissenschaftliche Abhandlungen der Arbeitsgemeinschaft für Forschung in Nordrhein-Westfalen 31, 1965.

struieren sein mögen[35]. Der Verbindungsweg vom Diyala zum Chabur dürfte Euphrat-aufwärts verlaufen sein. Zwischenstationen, in Gestalt von Funden, sind bisher nicht nachzuweisen, es sei denn, man würde hier die überlebensgroße Statue des TAG.GE aus der Periode ED II und ein weiteres Beispiel dieser Zeit, die beide in Mari gefunden wurden, nennen[36]. Gegenüber der großen Zahl jüngerer Beispiele aus diesem Fundort sind die beiden ältesten also an Zahl verschwindend gering. Ob es daran liegt, daß die Schichten dieses Abschnittes der frühdynastischen Zeit in Mari nicht erreicht bzw. nicht untersucht wurden, oder ob es tatsächlich nur so wenige Statuen aus dieser Zeit hier gab, ist bisher nicht zu sagen. Der Fund einer Tafel der Uruk-Zeit, Funde von Ninive V Ware[37] und einiger frühdynastischer "Steatitgefäße"[38] sowie von Scarlet Ware[39] zeigen, daß der Ort mindestens seit der Uruk-Zeit bzw. der Periode ED I besiedelt worden sein muß[40]. Mari, als eine Zwischenstation zwischen den Orten im Diyala-Gebiet und Tell Chuera anzusehen, wäre daher durchaus möglich. Den in Tell Chuera entdeckten Statuetten fehlen die aus dem Diyala-Gebiet bekannten Attribute in Gestalt von Bechern oder Zweigen. Wie A. Moortgat ausführte[41], wurden sie in einem Zusammenhang aufgestellt, der an eine Flüssigkeitsopfer-

[35] Reizvoll wäre die Theorie, daß frühe Churriter auf ihrer Wanderung von Ost nach West über das Diyala-Gebiet in das Chabur-Dreieck einwanderten und so die Kenntnis der Diyala-Kultur mitbrachten und umdeuteten. Eine andere Erklärung der Verbreitung derartiger kultureller Güter durch Handel oder wandernde Künstler ließe sich ebenfalls vermuten.

[36] Vgl. A.Parrot, Syria 16 (1935) Tf. XXI 2.

[37] A.Parrot Anm. 4, Abb.3. Ders. Syria 42 (1965) 1ff., Abb. 10.

[38] A.Parrot Anm. 4, Abb.8-12.

[39] A.Parrot, Le Temple d'Ishtar, MAMI, 1956, 10 ff.

[40] Vgl. zu diesem Komplex auch E.Strommenger Anm. 11.

[41] A.Moortgat, BagM 4 (1968) 221 f.

spende vor den Bildern denken läßt. Es ist anzunehmen, daß auch hier in Tell Chuera hochgestellte Persönlichkeiten, evtl. das Stadtoberhaupt und seine Umgebung dargestellt wurden. Auffallend ist es, daß Frauenstatuetten fehlen. Ob dies auf den Zufall der Fundumstände zurückzuführen ist oder andere Gründe hat, läßt sich bis heute nicht sagen. Der Zusammenhang mit einem Totenkult scheint deutlich erkennbar zu sein. Die große Masse der frühdynastischen Weihbilder, die man in Syrien und Nordmesopotamien fand, stammt aus der nächst jüngeren Periode, die wir als ED III a bezeichnen. Die meisten Stücke wurden in Mari gefunden. Hier wurden sie vor allem im Ištartempel und denen der Ištarat und Ninizaza[42] entdeckt. In kleinerer Zahl wurden Stücke im "Alten Palast" und im Šamaštempel ausgegraben[43]. Die Räume, in denen sich die Skulpturen fanden, gleichen - wie bereits A.Moortgat ausführte[44] - nicht den in Vorderasien üblichen Sakralgebäuden (Abb.10). Das gilt für alle genannten Tempel gleichermaßen. In den "Cellae" fehlen Nischen oder Postamente und Altäre, dafür sind den Wänden entlang Bänke angelegt, in die Gefäße, vom Ausgräber Parrot als "Barcassen" bezeichnet, eingelassen wurden. Sie waren wohl für Trankopfer bestimmt, die man vor den auf den Bänken befindlichen Statuetten darbrachte. Daß diese Deutung sehr viel Wahrscheinlichkeit für sich hat, zeigt ein im Ištarat/Ninizaza-Tempel gefundenes Rundbild mit angearbeitetem Opfergefäß (Abb.11). So wird man auch hier - wie in Tell Chuera - das Zelebrieren eines Totenkultes postulieren dürfen.

Die vielfach beschrifteten Statuetten aus Mari verdeutlichen uns

[42] A.Parrot, Les temples d'Ishtarat et de Ninni-zaza, 1967.

[43] Vgl. E.Braun-Holzinger Anm. 2 78.

[44] A. Moortgat Anm. 32.

erneut, daß auch hier nur die Oberschicht privilігiert war, Bilder in Heiligtümern zu stiften[45]. Die Inschriften nennen Könige (lugal) aber auch Angehörige anderer Berufe, wie z.B. "Mundschenk" oder "Müller". Die letztgenannten sind gewiß - wie auch in späterer Zeit üblich - Titel hoher Beamter des Hofes gewesen. Die Frauen dürften durch verwandtschaftliche Beziehungen mit ihnen verbunden gewesen sein - vielleicht sind einige unter ihnen, die durch eine Polostracht auffallen, als Priesterinnen zu deuten. Bilder sich umarmender Paare stellen in Mari wie im Diyala-Gebiet eine Ausnahme dar.

Kurz muß an dieser Stelle noch eine zum ersten Mal in Mari auftretende Sonderform besprochen werden, die wohl - genau wie die Statuetten - mit dem Totenkult in Zusammenhang zu bringen ist: Die anikonischen Steine, sog. baityloi. Einer der ältesten wurde im Hof des Ninizaza-Tempels von Mari gefunden (vgl. Abb.11). Über den Zusammenhang mit dem Totenkult habe ich bereits an anderer Stelle einige Ausführungen gemacht[46]. Der Brauch, derartige Steine aufzustellen, ist auch in späterer Zeit beibehalten worden. Zu nennen sind hier u.a. die "Obelisken" des sog. Rešeftempels in Byblos. Sollte die Identifikation des Tempels in Byblos richtig sein, ist an den Unterweltsaspekt des Gottes Rešef zu erinnern. E.Stocton[47] führt aus, daß anikonische Steine in Syrien und Palästina stets mit Personen - seien es lebende oder tote - in Verbindung gebracht werden müssen und sie sowohl Göttern geweiht werden können als auch zugleich Personen symbolisieren. Eine Parallele zu den früh-

[45] Vgl. die Zusammenstellung der Inschriften bei E.Braun-Holzinger Anm. 2 69 ff.

[46] UF 13 (1981) 287.

[47] E.Stocton, Australian Journal of Biblical Archaeology 3 (1970) 58 ff.

dynastischen Weihstatuetten ist nicht zu übersehen. Ob allerdings der baitylos im Ninizaza-Tempel ebenfalls einen solchen Zweck erfüllte, können wir nicht wissen, da dieser Stein - anders als z.B. die Stelen von Hazor, Gezer, Byblos und Timma - allein stand und nicht wie in Hazor z.B. zwischen verschiedenen Stelen eine menschliche Figur aufgestellt wurde, die eine Auswechselbarkeit der Monumente hinsichtlich ihrer Bedeutung vermuten läßt. Zu erwähnen wäre in diesem Zusammenhang noch, daß auch in Kreta zur Zeit der Paläste baityloi bekannt waren und auch dort mit dem Totenkult in Verbindung zu bringen sind[48]. Daß sich diese bronzezeitliche Vorstellung in Griechenland noch in klassischer Zeit in Athen nachweisen läßt, führt E.Vikelas aus[49]. So darf man wohl - um auf den Ausgangspunkt der Überlegung zurückzukehren - den baitylos in Mari als einen weiteren Hinweis auf den Totenkult im Ninizaza-Tempel ansehen.

Schließlich müssen in diesem Zusammenhang noch die frühdynastischen Skulpturen aus Assur behandelt werden, die verblüffend große Ähnlichkeit mit vielen Bildern aus Mari zeigen, aber dennoch deutlich stilistische Unterschiede aufweisen[50]. Der Vorschlag des Ausgräbers Andrae, sich die Statuetten im Ištartempel auf Bänken stehend vorzustellen, ist durch den Nachweis einer Bank vor einer Wand im Tempel G und durch die Funde paralleler Formen in Mari durchaus glaubhaft. Im Tempel H befanden sich innerhalb der Zella in einem Teil einer Bank fünf Gefäße eingelassen, wie man es aus Mari kennt. Auf diesem "Postament" wird man sich zweifellos einen

48 Vgl. G.Mylonas, The Mycenean Age, 1966, 140 ff. 143, 145, 148, 161. Diesen Hinweis verdanke ich E.Vikelas.

49 E.Vikelas, Die Weihreliefs vom Heiligtum am Illisos, Athen, in Arbeit befindliche Dissertation.

50 W.Andrae, Anm. 10 Tf. 30 ff.

Teil der Figuren aufgestellt denken müssen, obwohl Andrae eine solche Aufstellung nicht vorschlägt. Die im Tempel G fehlenden eingelassenen Gefäße werden nach Andrae durch eine aus Mauern bestehende Dreipaßanlage ersetzt, in die zahlreiche kleine Gefäße gestellt worden waren.

Die große Ähnlichkeit zwischen den Anlagen von Mari und Assur könnte dazu führen, auch hier in Assur einen Libationskult für die Toten zu rekonstruieren.

c) Deutung der im südlichen Mesopotamien gefundenen Beispiele der Periode III b

Erst in der späten frühdynastischen Periode III b sind im südlichen Mesopotamien Weihstatuetten der hier behandelten Art zu belegen[51]. Weder ihre Attribute noch ihre Aufstellung lassen auf eine vergleichbare "Verwendung" wie im Diyala-Gebiet, Mari oder Assur schließen.

Soweit sie inschriftlich gekennzeichnet sind, handelt es sich um hochgestellte Personen, wie z.B. Fürsten oder Schreiber. Der Aufstellungsort der Stücke - nur selten überliefert - gibt uns keinen Hinweis auf den "Sitz im Leben" der Skulpturen. Nachdem wir seit der frühdynastischen Zeit literarische Zeugnisse für Totenopfer im südlichen Mesopotamien besitzen[52], ist die Vermutung wohl erlaubt, den Statuetten jetzt auch im Süden die gleiche Funktion wie in Syrien und im nördlichen Mesopotamien zuzuschreiben. Die Sitte, derartige Bilder herzustellen, dürfte aus den nördlichen Gebieten übernommen worden sein. Nicht mehr nachzuprüfen ist es, ob man die

[51] Vgl. E.Strommenger Anm. 11.

[52] Vgl. A.Tsukimoto An. 20.

Sitte der Totenpflege gemeinsam mit der Aufstellung von Statuetten übernahm oder schon vorher, auch im südlichen Mesopotamien, den Brauch der Totenverehrung kannte und die Aufstellung von Bildern nur eine "Vervollständigung" darstellte.

Daß beide Sitten, die "Totenpflege" mit und ohne Bild, durchaus nicht immer im Zusammenhang stehen müssen, wird bei der Lektüre des Buches von A.Tsukimoto, "Untersuchungen zur Totenpflege (kispum) im Alten Mesopotamien"[53] deutlich. Hier hat er viele bisher nicht erklärte Begriffe erläutert. Sie sind auch im Zusammenhang mit der Deutung der hier behandelten Statuetten und der häufig damit verbundenen Totenverehrung von Wichtigkeit. So weist er darauf hin, daß die Verehrung toter Könige nicht mit der Sitte der "Ahnenverehrung" gleichzusetzen ist[54]. Der Totenkult für Könige kann z.B. die verschiedensten Gründe haben: u.a. auch die Legitimation usurpatorischer Dynastien[55]. Er weist auch noch einmal auf die schon vielfach beobachtete Tatsache hin[56], daß von sumerischer bis altbabylonischer Zeit Speise- und Libationsopfer vor vergöttlichten Königsstatuen (s.u.) dargebracht wurden, die meist in einem Tempel geweiht wurden. Wichtig in diesem Rahmen ist ferner sein Hinweis, daß sowohl in Mari als auch in Babylon in altbabylonischer Zeit hochgestellte Beamte, Soldaten, die für den König kämpften, Prinzen und Prinzessinnen und alle Menschen in Ost und West, die nicht betreut wurden, gemeinsam mit dem König "Totenpflege" erhielten.

53 A.Tsukimoto Anm. 20.

54 A.Tsukimoto Anm. 20, S. 78.

55 A.Tsukimoto Anm. 20, S. 89 mit Anm. 341.

56 A.Tsukimoto Anm. 20, S. 89.

Alle diese Beobachtungen, sowohl die archäologischen als auch die philologischen, lassen m.E. den Schluß zu, auch die frühdynastischen Weihbilder im syrisch-assyrischen Kreis als Empfänger der Totenpflege, d.h. als Fürsten und ihr Gefolge anzusehen.

Einige weitere Probleme müssen in diesem Zusammenhang noch erörtert werden, falls man die eben vorgeschlagene Deutung akzeptieren will.

Unklar bleibt das Verhältnis von Götter- und Totenkult, deren Durchführungen man vielleicht gemeinsam im Tempel vornahm.

Schließlich sollte noch eine Begriffserklärung vorgenommen werden. "Totenpflege" oder "Totenkult" darf keinesfalls mit dem Begriff des "Ahnenkultes" gleichgesetzt werden, der - wenigstens seit altbabylonischer Zeit - in Vorderasien zelebriert wurde[57]. Echte Ahnenverehrung kann nur durch einen Erbsohn oder eine Tochter durchgeführt werden. "Totenpflege im Hause Deines Vaters" ist in altbabylonischer Zeit ein fester Begriff. Allerdings hat Tsukimoto, der dieses Thema - wie bereits erwähnt - ausführlich bearbeitete, m.E. nicht deutlich genug die beiden Formen der Totenverehrung, am Grab - als Ahnenkult -, evtl. im Wohnhaus und Totenverehrung hochgestellter Personen an einem anderen "Heiligen Ort", unterschieden. Nur einmal spricht er - wie bereits oben erwähnt[58] - von der Verehrung "vergöttlichter Könige" im Tempel. Dies kann den Sachverhalt nicht völlig treffen, denn Trankopfer vor hochgestellten Persönlichkeiten im Tempel haben mit einer Vergöttlichung nichts zu tun. Als ein Beispiel unter vielen, das dies beweist, seien hier die Opfer vor der Statue des Idrimi von Alalaḫ genannt, die als

[57] A.Tsukimoto Anm. 20 passim.

[58] A.Tsukimoto Anm. 20, S. 237.

gesichert gelten dürfen. Sie fanden im Tempel statt. Idrimi wurde jedoch nie als Gott verehrt[59]. Ebensowenig erfuhr Assurnasirpal II. göttliche Verehrung, wenn vor seiner Stele geopfert wurde[60].

Wer die Totenpflege am "Heiligen Ort" durchführte, entzieht sich unserer Kenntnis. Wir wissen nicht, ob sie in der frühgeschichtlichen Zeit durch Priester oder durch Verwandte des Dargestellten vorgenommen wurde.

Ob es eine Ahnenverehrung am Grab in frühdynastischer Zeit gab, ist nicht sicher nachweisbar. Daß aber Opfer an einem anderen "Heiligen Ort" den Toten dargebracht wurden, geht aus den archäologischen Befunden m.E. deutlich hervor. Auch philologisch ließe sich diese Tatsache vielleicht dadurch bestätigen, daß man den Begriff (é) ki.si.ga im Zusammenhang mit der Totenpflege nicht nur als Grab oder Unterwelt, sondern auch als "Heiligen Ort" übersetzen kann[61]. Mit dieser Deutung stehe ich im Gegensatz zu Tsukimoto. Er spricht sich gegen eine solche Übersetzung aus, die er im Zusammenhang mit einer These Y.al-Khalesis behandelt. Der zuletzt genannte Autor möchte das "Haus der Totenpflege" nicht am Grab, sondern im Palast lokalisieren. Daß das "Haus der Totenpflege" (bit kispim) unter anderem auch im Palast gesehen werden kann, zeigt sich m.E. in den Funden des frühdynastischen Palastes von Mari, in dem mit größter Wahrscheinlichkeit ein Totenkult durchgeführt wurde (s.o.).

In frühdynastischer Zeit wird der "Heilige" Ort, an dem die Toten-

59 Vgl. Anm. 37.

60 Vgl. J.Börker-Klähn, Altvorderasiatische Bildstelen und vergleichbare Felsreliefs, 1982, 136.

61 A.Tsukimoto Anm. 20, S. 34.

pflege stattfand, jedoch in der Regel der Göttertempel gewesen sein.

Zusammenfassung

Wie die Verbreitungskarten (II-IV) zeigen, sind in der Mesilim-Zeit (ED II) nur im Diyala-Gebiet und in Nippur Statuetten und Weihtafeln mit Festdarstellungen gemeinsam vertreten. Allerdings stammen aus Nippur nur zwei Fragmente solcher Reliefs mit typischen Bankettszenen. Ein Beispiel fällt völlig aus dem Rahmen[62], da hier anscheinend eine Siegesfeier von zwei Männern begangen wird. Nippur könnte aber dennoch - vielleicht durch Beeinflussung aus dem Diyala-Gebiet - die einzige Stadt in Mesopotamien sein, in der man den Brauch des Aufstellens von Statuetten in der gleichen Art deuten kann: Hochgestellte Personen und ihre Familienangehörigen bzw. auch deren Gefolge werden an einem Fest - möglicherweise der Einweihung eines neuen Tempels - teilgenommen haben und stifteten im Anschluß daran ein Bild von sich, um die Gottheit an die "guten Taten", die sie für sie vollbrachten, ständig zu erinnern und um vielleicht "zu Diensten" zu stehen.

Weihtafeln mit Bankettszenen fanden sich im Süden Mesopotamiens und in Susa ebenfalls in der Periode ED II, allerdings fehlen hier in dieser Zeit die den Göttern geweihten Rundbilder. Die Deutung des Festes bleibt davon unberührt.

Gegenüber der Mesilim-Zeit verschiebt sich das Bild in der Fara/Ur I Zeit (ED III), so daß man im Diyala-Gebiet nun nicht mehr Weihtafeln mit Bankettszenen darstellt, wohl aber immer noch Statuetten stiftet. Wir können vermuten, daß sie noch immer als Festteil-

[62] J.Boese Anm. 17, Tf. XVI 1.

nehmer gemeint sind, da die Figuren gelegentlich noch mit Becher und Zweig in der Hand dargestellt werden[63]. Die Sitte, Bankettszenen auf Weihtafeln abzubilden, geht in dieser Periode im allgemeinen - auch im Süden - zurück. Die auf der Karte eingezeichneten Denkmäler (Karte III) sind nur noch vereinzelt vertreten. Dies gilt auch für Nippur und Mari in bezug auf die Tafeln. Es darf vermutet werden, daß diese Form des Festefeierns bzw. insbesondere dieses Fest für die Menschen der Zeit an Bedeutung verloren hatte. Siegesfeiern hat man, in ähnlicher Weise auf anderen Monumenten dargestellt, weiter gefeiert[64].

In Tell Chuera, Mari und Assur zeigt sich in den Perioden ED II und III a ein anderes Bild: Vor allem die archäologischen Gegebenheiten weisen auf eine andere Deutung der Rundbilder hin: Ihre Aufstellung im Tempel auf Bänken, in denen Gefäße eingelassen waren, bzw. eine komplizierte Form von Rinnen, die im Zusammenhang mit den Bildern in Tell Chuera stehen müssen, lassen darauf schließen, daß vor den Bildern Flüssigkeitsopfer dargebracht wurden. Ein Totenopfer vor den Fürsten und ihrem Gefolge im Tempel - nicht am Grabe - ist daher als Sitte in Syrien und Nordmesopotamien anzunehmen, sie kann sonst nicht nachgewiesen werden.

Im Diyala-Gebiet und im südlichen Mesopotamien fehlen in der letzten frühdynastischen Periode (ED III b) die Weihtafeln mit Bankettszenen völlig. Eine Deutung der Rundbilder ist daher - wie ausgeführt - in verschiedener Weise möglich. Sie können einfach als Votivgaben an die Götter, aber auch als Statuen verstanden

---

63 H.Frankfort Anm. 23, Tf. 38 A.B.

58 Vgl. eine der bekanntesten Darstellungen dieses Motivs auf der sog. Standarte von Ur, dazu R.Mayer-Opificius, MDOG 108 (1976) 45 ff.

werden, vor denen Opfer dargebracht werden, falls diese Sitte aus dem Norden vom Westen übernommen worden sein sollte. Literarische Zeugnisse aus dieser Periode ließen eine solche Deutung zu[65].

In Mari und Assur wird die alte Sitte der Totenverehrung in Verbindung mit den Statuetten auch in dieser Zeit beibehalten worden sein.

Bildnachweise:

Abb. 1-4	Nach Photo des Besitzers.
Abb. 5	Nach Photo Louvre Paris.
Abb. 6 + 7	Nach A.Parrot, Sumer, 1960, Abb. 148.
Abb. 8	Nach A.Parrot, Sumer, 1960, Abb. 146.
Abb. 9	Nach E. Strommenger, Fünf Jahrtausende Mesopotamien, 1962, Abb. 45.
Abb. 10	Nach E. Strommenger, Fünf Jahrtausende Mesopotamien, 1962, Abb. 45.
Abb. 11	Nach A.Parrot, Le Temple d'Ishtarat et de Ninizaza, 1967, Tf. II.
Abb. 12	Nach A.Parrot, Le Temple d'Ishtarat et de Ninizaza, 1967, Tf. LV.

Die Karten wurden nach den Werken von E.Braun-Holzinger (Anm. 2) und J.Boese (Anm. 20) von B.Dillmann angefertigt. Die Periodenbezeichnungen sind folgendermaßen zu erklären:

ED II a = Mesilim-Zeit = Schriftstufe I.

ED III a = Fara/Ur I Zeit = Schriftstufe II.

ED III b = Zeit nach den Königsgräbern von Ur = Schriftstufe III.

65 So erhielten z.B. Entemena und Urnanše nach ihrem Tode Opfer, vgl. dazu E.Strommenger Anm. 11, S. 9 mit Anm. 56.

Sonderfälle bei der regressiven Assimilation von *l*, *m* und *n* an stimmlose Konsonanten im Akkadischen

W.von Soden / Münster

Die Grammatiken des Akkadischen und einzelner akkadischer Dialekte, darunter die leider nie veröffentlichte Wiener Dissertation des Jubilars "Lautlehre des Neuassyrischen" (1959), die hier dankbar benutzt wurde, müssen bei der Behandlung der regressiven Konsonantenassimilation allerlei Abweichungen von den Grundregeln feststellen, die sich phonetisch schwer erklären lassen. Dabei geht es manchmal weniger um Verschiedenheiten der Aussprache als um solche der schriftlichen Wiedergabe der Wörter; was im Einzelfall bestimmend war, lässt sich oft nicht sicher ausmachen. Der folgende Beitrag, der eine erschöpfende Behandlung des Themas natürlich nicht anstreben kann, möchte auf einige bisher weniger beachtete Gesichtspunkte hinweisen, die der Erwägung bedürfen, wenn wir ein unerwartetes Eintreten oder Unterbleiben der Assimilation von *l*, *m* und *n* an stimmlose Konsonanten beobachten[1]. Das Altakkadische muß hier außer Betracht bleiben; das Assyrische kann nicht überall so berücksichtigt werden wie das Babylonische. Die Randdialekte und späte Aramaismen gehören nicht hierher. Lexikalische Einzelfragen können nicht behandelt werden.

[1] Belege für die hier aufgeführten Wörter und Formen werden nur angegeben, wenn sie in den Wörterbüchern nicht zu finden sind. Die zahlreichen Lehnwörter vor allem aus nichtsemitischen Sprachen werden hier nicht einbezogen, obwohl für einige der lautlichen Vorgänge auch Lehnwörter als Beispiele dienen könnten.

1) *l* vor *s* und *t*

l wird an *s* und die anderen Zischlaute normalerweise nicht assimiliert. Ausnahmen von dieser Regel kenne ich weder bei dem oft bezeugten *pilšu(m)* "Loch" noch bei *šulšu(m)* "Drittel", das von *šuššu(m)* "Sechstel" unterscheidbar bleiben mußte. Nur je einmal syllabisch geschrieben sind *palšum* "durchbohrt" und *ḫilšu* "Abgekratztes" (Or.NS 39,148,18). *gilšu(m)* etwa "Hüfte, Keule" hingegen erscheint meistens in der Form *giššu(m)* (s.AHw.288b auch zum St.c. *gi-liš*) und m.W. nur in Mari noch als [(uzu)]*gi-il-šum/šu(-um)* (ARM 21,81,14; 84,1; 85,3). Bei *nalšu(m)* "Tau" hingegen ist die Form mit Assimilation *naššu(m)*, jungbabylonisch zweimal in der nasalierten Form *namšu*, wesentlich seltener belegt als die Form mit *l* (s. CAD N_1 202f.; SpTU 2,24,27). Eher Ausnahmefälle stellen Formen mit Assimilation des *l* bei *šalšu(m)* "dritter" und den davon abgeleiteten Zahlbegriffen wie jünger babylonisch *šalšūtī/šaššūtī* "zum dritten Mal" dar. Dabei war es gewiß von Bedeutung, daß *šaššu(m)* II ein Homonym des neben *šamšu(m)* "Sonne" bezeugten *šaššu* I war (s. dazu S.262). Bei babylonisch *šalšiš* "drittens" und *šalšiānu* "zum dritten Mal" in Assyrien kenne ich keine Nebenform (vgl. AHw.1150); altbabylonisch *šalšūmī* "vorgestern" erscheint allerdings neuassyrisch immer als *(iš)šaššūme*. Eine überzeugende Erklärung für die so ungleiche Behandlung des *l* vor *š* kann ich noch nicht geben.

l als letzter Radikal wird nur selten an das *s* der Pronominalsuffixe und das *t* der Femininendung assimiliert. Für den ersten Fall nennt M.Stol in AbB 9, S.49 Anm. fünf altbabylonische Beispiele wie z.B. *ippaš-šu* statt *ippal-šu* und *ušābiš-šu* statt *ušābil-šu*. *apālum* "begleichen" und *šūbulum* "senden" gehören zu den meist belegten Verben ult. l; aus den ganz vereinzelten Formen mit Assimilation des *l* wird man kaum irgendwelche Schlüsse ziehen dürfen. Schreibfehlerverdächtig sind zwei Schreibungen des altassyrischen Monatsnamens *Bēlt-ekallim* ohne *l*, die K.Hecker, GKT §32e zitiert. Die Tatsache, daß *kilallān* "beide" nur altassyrisch das vorläufig m.W. nur durch einen einzigen Text bezeugte Femininum *kilaltēn* bildet, kann den Verdacht verstärken. Babylonisch wird wohl überall mit Assimilation des *l kilattān* gebildet, wofür es lautlich m.W. keine Parallele gibt; mittel- und neuassyrische Femininformen sind mir nicht bekannt.

Wohl nur vereinzelt in altbabylonischen Dichtungen wird bei der Kurzform *el* zu *eli* "auf, über" das *l* an den darauf folgenden Konsonanten assimiliert; vgl. zu *e(-)su-lum-ma* usw. AHw.200b sub A. In jüngeren Texten verhindert die ganz überwiegende Schreibung mit dem Wortzeichen UGU das Erkennen vergleichbarer Kurzformen.

2) *m* vor Konsonanten

Wie schon in GAG § 31e-g festgestellt, wird *m* vor einem anderen Konsonanten verschieden behandelt. Zumeist unterbleibt eine Assimilation, in anderen Fällen tritt nachaltbabylonisch und nachmittelassyrisch sehr oft die Teilassimilation zu *n* ein; es gibt aber auch die volle Assimilation. Die Schreibweisen, die die Aussprache wohl nicht immer genau wiedergaben, werden nicht selten durch die Stellung des *m* im Wortganzen beeinflußt; daher müssen wir die folgenden Sonderfälle unterscheiden.

a) *m* vor einem unmittelbar folgenden anderen Wurzelkonsonanten. Hier wird *m* zu allermeist nicht oder nicht voll assimiliert. Ausnahmen von dieser Regel gibt es in einigen viel gebrauchten Wörtern vor *s*. So erscheint *umšu(m)* "Hitze" trotz der dann gegebenen Homonymie mit *uššu(m)* "Fundament" in spätbabylonischen Abschriften vereinzelt als *uššu* (s.AHw.1418b), aber, wohl wegen *unšu* "Schwäche", nicht als *unšu*. Neben der häufigen Teilassimilation *mš>nš* gibt es bei den Zahlwörtern *ḫamšu, ḫamšiš* und *ḫamšā* auch die Formen *ḫaššu, ḫaššiš* und *ḫaššā* (s. AHw.318 und 1559a). Die Nebenformen *šanšu* und *šaššu* zu *šamšu* "Sonne" lesen wir erst in späten Texten etwas häufiger; "wie die Sonne" wird aber meistens *šaššiš* oder *šaššāniš* geschrieben (s. AHw.1158f. und 1198). *šamšatu* "(Sonnen-)Scheibe" erscheint nur in einem Assur-Vokabular als *šá-šá-[tu]* (AfO 18, 333, 454). Wegen der noch ungeklärten Wortbedeutung bleibt es fraglich, ob *šuššu* und *šumšu* (s. CAD S 418f. und 381a) zusammengehören. Vor *ṣ, ṭ, q* und *k* begegnet die Teilassimilation jünger oft z.B. bei den Nomina *ḫim/nṣu, kim/nṣu, ḫim/nṭu, ḫam/nṭu, dum/nqu* und *rim/nku,* bei anderen seltener oder nie: *danqu* neben *damqu* "gut" findet sich nur neuassyrisch, und *ramku* hat keine Nebenform. Altbabylonisch *kiṣṣum* II für *kimṣum* "Unterschenkel" fand ich nur in TBP 62 Rs. 13f. (wegen der Homonymie mit *kiṣṣu(m)* I "Heiligtum"). Der Übergang *-mk-* zu *-ng-* findet sich jünger babylonisch z.B. in *ingirū* (auch PBS 1/2, 20, 29!?) zu *mekēru* "bewässern" (dazu *namg/karu*), *rāʾin-ga<rāʾim-ka* "der dich liebt" usw. An *š, ṣ* und *q* wird *m* teilassimiliert z.B. in mittelbabylonisch *anši* neben *amši* "ich vergaß", *ušenši* '(zu *mašā'u(m)* "rauben"), in vielen Formen von *šumṣû* "entsprechen lassen" sowie neu/spätbabylonisch und neuassyrisch sehr oft in Formen von *maqātu* "fallen" G und Š wie *inqut, šunqut* usw.

Nur neuassyrisch m.W. wird *m* auch an *ḫ* assimiliert in Formen von *maḫāru* "empfangen usw." wie *a-ḫur, iḫ-ḫa-ru-ni* usw. (s. jetzt S.Parpola, State Arch. Ass. I 219a), merkwürdigerweise aber nicht bei dem ähnlich oft belegten *maḫāṣu* "schlagen"; ein Grund dafür ist noch nicht erkennbar.

b) *m* vor den -*ta*(*n*)-Infixen des Verbums bleibt alt- und (meistens) jungbabylonisch sowie im Assyrischen in der Regel erhalten. Mittelbabylonisch und später wird -*mt*- aber meistens mit reziproker Teilassimilation zu -*nd*-, das literarisch oft -*md*- geschrieben wird z.B. im Gt(n) von *maḫāru* und *maḫāṣu*. Zu -*tt*- wird -*mt* im Neuassyrischen der Urkunden und Briefe in Formen von *maḫāru*, *maḫāṣu* und *maqātu*, wohl unter babylonischem Einfluß jedoch nicht immer in den literarischen Texten; es entstehen dann Formen wie *attaḫar*, *muttaḫṣu*, *ittuqut* usw. Auch von dem nur jünger assyrischen Verbum *matāḫu* "aufheben" gibt es Formen wie *a-ta-ta-ḫa* usw.; häufiger begegnet hier aber die Teilassimilation z.B. im Perfekt *in-ta-at-ḫa* in Entsprechung zum Präteritum, das immer in Formen wie *i*/*antuḫ* erscheint; Belege für alle Formen geben die Wörterbücher und Glossare. Von den anderen Verben I *m* gibt es neuassyrisch solche Formen mit Assimilation nicht; sie sind deutlich auf ganz besonders viel gebrauchte Verben mit *ḫ* und *q* als 2. oder 3. Radikal beschränkt; von *maḫāḫu* "aufquellen lassen" gibt es neuassyrisch keine Formen mit -*ta*-Infix. Die Artikulationsstelle des Lippenlauts *m* ist von der des Laryngals *ḫ* und des Velars *q* besonders weit entfernt; befriedigend erklärt ist die Sonderstellung der vier Verben im Neuassyrischen damit freilich nicht. Bei den anderen Verben I *m* bleibt neuassyrisch das -*mt*- manchmal erhalten; häufiger ist aber die Teilassimilation zu -*nt*-.

c) *m* vor dem *t* der Femininendung. Von der auch hier geltenden Grundregel, daß *m* vor *t* erhalten bleibt, gibt es viele Ausnahmen. *-mt-* bleibt erhalten im Altbabylonischen[2] und sehr oft im Jungbabylonischen sowie im Alt- und Mittelassyrischen. Mittel- bis spätbabylonisch wird *-mt-* in der gesprochenen Sprache weithin zu *-nd-*, das bisweilen (z.B. in *ru-šum-du/di* "Schlamm") als *-md-* geschrieben wird. Neuassyrisch findet sich *-nt-* und vereinzelt wie bei den unter b) genannten Verben *-tt-* oder auch *-'t-*. Bei den einzelnen Nomina sind die Befunde recht unterschiedlich, was wegen der Fülle des Stoffes hier nicht im einzelnen dokumentiert werden kann. Die hier feststellbaren Möglichkeiten können jeweils nur durch einige Beispiele erläutert werden. Bei seltenen Wörtern müssen Zufälligkeiten der Überlieferung in Rechnung gestellt werden.

ca) *-mt-* bleibt auch in jüngerer Zeit erhalten. Das kann z.B. bei Wurzeln med. *t* wie *ktm* "bedecken" lautliche Gründe haben; vgl. *ka/ātimtu, kuttumtu, mukattimtu*. Wenn wir aber das Gleiche bei ausgeprägt literarischen Wörtern und solchen des religiös-kultischen Bereichs beobachten - ich nenne hier Zentralbegriffe wie *šīmtu* "Schicksal" und *simtu* "Zugehöriges", ferner *tašīmtu, mukallimtu, nēkemtu, ḫarimtu, kimtu* u.a.m. -, müssen wir daraus wohl schließen, daß die jünger babylonische Aussprache *-nd-* für *-mt-* (anders als assyrisch *-nt-*) als nicht ganz fein und daher für solche Begriffe unangemessen galt. Bei selteneren Wörtern wie *erimtu, rīmtu* "Kuh" usw. kennen wir wohl nur die Schulaussprache. An dieser Stelle wird erneut deutlich, daß intendierte Aussagen auch die Lautgestalt wichtiger Begriffe

[2] Es gibt einzelne Ausnahmen wie z.B. altbabylonisch (Nippur) *ki-in-ta-šu* "seine Familie", BE 6/2, 62, 4, bei denen vorläufig nicht auszumachen ist, ob sie Sonderfälle repräsentieren oder auf Schreibversehen beruhen. Altbabylonisch *upumtum* "Opfermehl" erscheint jünger als *upuntu*.

beeinflussen können.

cb) Wesentlich größer ist die Zahl der Nomina mit Lautwandel des *-mt-* im jüngeren Babylonischen zu *-nd-*, in der Schrift oft *-md-*. In literarischen Texten wird freilich weiterhin überwiegend *-mt-* geschrieben, so z.B. *tâmtu* (altbabylonisch *tiamtum*) "Meer" neben *tâmdu, tašlamtu* neben *tašlandu* "Agame" oder *burrumtu* neben *burrundu* usw. Bei anderen Wörtern hat sich das jüngere *-nd-* weithin oder sogar fast ganz durchgesetzt; zu ihnen gehört neben *barundu* "bunte Wolle" und *širindu* "Abgeschnittenes" (altbabylonisch *šerimtum*) vor allem *šindu* "Farbe, Marke" wohl wegen der Fast-Homonymie des alten *šimtu(m)* mit *šīmtu(m)* "Schicksal".

cc) Neuassyrisch wurde *-mt-* zu *-nt-* und manchmal mit Vollassimilation zu *-tt-*; neuassyrische Formen begegnen dann oft auch in Kopien babylonischer Texte aus Assyrien. So stehen z.B. nebeneinander die Benennungen *lulumtu, luluntu* und *luluttu, tū'a/imtu* und *tū'intu* und nur assyrisch *nar'amtu* neben *nar'antu*. *taklimtu* "Belehrung" wiederum erscheint neuassyrisch auch als *taklittu*, das noch häufigere *tuqumtu* "Kampf" als *tuquntu* und *tuquttu*; diese *-tt*-Form begegnet auffälligerweise auch in spätbabylonischen Kopien literarischer Texte so, wie in neu- und spätbabylonischen Königsinschriften *bišittu* neben *bišimtu* "Formung" steht. Bei manchen Wörtern finden wir assyrisch *-nt-* neben jünger babylonisch *-nd-*, so besonders oft *nakkantu* "Schatzhaus" und *nakkandu* neben älter *nakkamtu(m)*; die Formen *dintu* und *dindu* können auf *dimtu(m)* "Turm" und auf *dimtu(m)* "Träne" zurückgehen.

cd) Selten steht neuassyrisch neben *-nt-<-mt-* auch *-ʾt-*, vielleicht eine Rückbildung aus zwischenvokalischem *ʾ* für älteres *m* oder *n* (s. GAG § 31d und 33c mit Nachträgen). Die Beispiele dafür bei einsilbigen Wortstämmen sind *sāmtu(m)/sāndu/sāntu/saʾtu* "Röte" und *pēmtum/pēndu/pēntu/peʾ(et)tu* "Kohle". Ist *-ʾt-* hier vielleicht als eine neuassyrische Dialektaussprache anzusehen? Weitere Wörter ähnlicher Lautung bleiben abzuwarten.

d) Vorwiegend wird *-mt-* in den *t*-Formen des Verbums und im Femininum des Nomens innerhalb der Dialekte gleich behandelt. Wir finden allerdings beim Femininum jungbabylonisch die *-n/md*-Schreibungen wesentlich seltener als bei den *t*-Formen des Verbums; in einigen Fällen können wir Gründe dafür erkennen. Weitere Einzelbeobachtungen werden vielleicht noch stärker differenzierende Angaben ermöglichen; dabei wird auch auf örtliche Schreiberschulen sowie Zeitunterschiede zu achten sein.

e) Das *m* der Ventivendungen *-am*, *-im* und *-nim* sowie der Lokativ-Adverbial-Endung *-um* vor dem *š*, *k* und *n* der Pronominalsuffixe.

Für den Ventiv wie für den LokAdv. gilt, daß überall die Vollassimilation zu *-šš-* (altakkadisch *-śś-*), *-kk-* und *-nn-* eintritt; vgl. GAG §§ 66 und 82. Vor dem Suffix *-ja* kann das *m* nur im LokAdv. stehen; babylonisch steht hier altbabylonisch *ullânūja* jüngerem *ullânûʾa* gegenüber. Von der Syntax abgesehen, liegen die Probleme hier im sprachgeschichtlichen Bereich, weil die Herleitung von *-šš-*, *-kk-* und *-nn-* aus **-m-ś/š-*, **-m-k-* bzw. **-m-n-* nicht unumstritten ist. Der Ausgangspunkt für Meinungsverschiedenheiten ist dabei weniger der LokAdv., weil da das *-m* der Endung *-um* in rudimentären Resten auch in anderen semitischen Sprachen bezeugt ist (vgl. die von mir in ZA 41, 118[1] genannten Wörter), als der Ventiv, der schon immer oft mit dem Energicus westsemitischer Sprachen auf *-an(na)*, *-enn-* usw. verglichen wurde. Da *m* im Akkadischen mit Ausnahme der freilich nicht ganz wenigen Fälle, die hier besprochen wurden, in der Regel nicht an den folgenden Konsonanten assimiliert wurde, kann man das *-aš-šum* oder *-ik-kim* des Ventivs auch auf **-an-šum* bzw. **-in-kim* zurückführen. Das hätte dann die weitere Konsequenz, daß auch das *-am* des Ventivs ohne Pronominalsuffixe mit dem *-n(n)-* des westsemitischen Energicus letztlich identisch sein könnte.

Da hier zu diesem Thema keine Forschungsgeschichte gegeben werden kann, möchte ich nur auf eine ganz kurze Äußerung von D.O.Edzard in Studies on the Language of Ebla (1984), 111[1] verweisen, der den neuen Gedanken zur Diskussion stellt, daß der Energicus mit *-n-* oder *-m*-Auslaut im Akkadischen "eine Neuinterpretation als Ventiv" erfahren habe, und zwar unter dem Einfluß eines 'sumerisch-akkadischen Sprachbundes'". Konkret denkt er dabei an einen Einfluß des sumerischen Verbal-Präfixes m u- auf die Ausbildung eines Ventivs im Akkadischen anstelle des Energicus im Westsemitischen. Obwohl ich für die Ausbildung des nur akkadischen *t*-Perfekts schon vor Jahren einen ähnlichen Gedanken hatte und in meinem Aufsatz "Das akkadische *t*-Perfekt in Haupt- und Nebensätzen und sumerische Verbalformen mit den Präfixen b a-, i m m a- und u-" in AS 16/1965, 103ff. näher ausgeführt hatte, habe ich im Fall des Ventivs Bedenken, weil dieser sich vom Energicus in der Lautung und der Funktion unterscheidet. Für das Verhältnis von *n* und *m* als Endungskonsonanten dürfte zunächst ein Blick auf andere Sprachen sich als nützlich erweisen.

n und *m* können tatsächlich in gleicher Funktion miteinander wechseln. Als Endungen sehr großer Gruppen von Akkusativen und von Neutra finden sich z.B. für "den Gott" sskr. *devam* und lat. *deum* gegenüber gr. θεόν und heth. *siunin*, für "das Joch" entsprechend *yugam* und *iugum*, aber ζυγόν und *iugan*. Entsprechend steht in diesen Sprachen ein *m*-Auslaut neben dem -*n* im Genitiv des Plurals sowie in der 1. Person Singularis des Imperfektes bzw. des hethitischen Präteritums. Diesen und anderen ähnlichen Fällen stehen andere gegenüber, die *n* und *m* funktional in Opposition zueinander zeigen. Hierher gehören z.B. das Deutsche mit "den" und "diesen, jenen" als Akkusative and "dem" sowie "diesem, jenem" als Dative. Im neueren Türkischen wiederum kennzeichnet -*m* als pronominales Element die 1. Person des Sing., -*n* aber die 2. Auch das sind nur Beispiele.

Die beiden hier aufgezeigten Möglichkeiten gibt es auch in den semitischen Sprachen. Im Altsüdarabischen steht die Endung *m* für die Indetermination neben *n* für die Determination. Im Nordarabischen aber bezeichnet -*un/in/an* die Indetermination, während bei den akkadischen und eblaitischen Endungen -*um/im/am* Determination und Indetermination nicht unterschieden werden. Im Dual wie im Pl. m. steht dem *n* des Nordarabischen und Aramäischen ein *m* im Ugaritischen, Hebräischen und Phönizischen gegenüber; ob sie in viel früherer Zeit einmal in verschiedenen Gebrauchsweisen in Opposition zueinander standen, wissen wir nicht. Nehmen wir dann noch das *anniu*(*m*) "dieser" neben *ammiu*(*m*) "jener" im Assyrischen dazu, so ist für das sog. Proto-Semitische eher die Opposition von *n* und *m* als ihre Austauschbarkeit vorauszusetzen; es kann aber auch beides nebeneinandergestanden haben. Für die Streitfrage, ob sich der Ventiv im Akkadischen erst unter dem Einfluß des Sumerischen herausgebildet hat, oder ob er viel älter und damit keine "Neuinterpretation" des westsemitischen Energicus ist, gewinnen wir aus dem bisher Gesagten keine überzeugende Beantwortungshilfe.

Da das *-m* des Ventivs von dem -m der Dativ-Suffixe wie *-śum*, *-kim* usw. sicher nicht zu trennen ist, muß nun nach dem Alter dieser Suffixe gefragt werden. Und hier ist nun die Feststellung von entscheidender Bedeutung, daß die Kategorie der Dativsuffixe im Semitischen viel weiter verbreitet war, als das gemeinhin angenommen wird. Auf den naheliegenden Einwand, daß es die Dativsuffixse als formale Kategorie außerhalb des Akkadischen und Eblaitischen nicht gebe, ist zunächst zu antworten, daß in der jüngeren Sprache nach dem Abfall des auslautenden *m* und infolge der späteren promiscue-Verwendung der Suffixe *-niāši* und *-niāti*, *-šunūši* und *-šunūti* usw. auch im Akkadischen nur noch die Unterscheidung von *-a* und *-anni* erhalten blieb, die Dativfunktion der Suffixe aber nicht verloren ging. Grammatische Kategorien können eben recht lange auch dann noch lebendig bleiben, wenn es Sonderformen für sie nicht mehr gibt. Im Fall der Dativ-Suffixe gilt das nun nicht nur für das Akkadische, sondern auch für einige andere semitische Sprachen. Am augenfälligsten ist die Verwendung der Akkusativ-Suffixe auch für den Dativ im Äthiopischen; viele Beispiele dafür führt auf A.Dillmann-C.Bezold, Grammatik der äthiopischen Sprache, 2. Aufl. (1899) in §§ 151 und 178. Das ist um so auffälliger, als das gleichzeitige Nordarabische und die jüngere aramäischen Sprachen die Kategorie der Dativ-Suffixe schon ganz verloren hatten.

Innerhalb des Altsemitischen verwendet das Ugaritische Akkusativ-Suffixe auch in Dativ-Funktion; vgl. C.H.Gordon, Ugaritic Textbook (1965) p. 39: 6.21. Weitere Zeugnisse dafür gibt es im Althebräischen z.B. nach Formen von *ntn* "geben", worauf mehrere Grammatiken hinweisen. Auch R.Meyer, Hebräische Grammatik, 3. Aufl. (1972), erwähnt diese Tatsache in § 107:5, meint aber, man solle gleichwohl von Dativ-Suffixen nicht sprechen, weil der Dativ beim Nomen und zu allermeist auch beim Pronomen nur noch durch *lᵉ* bezeichnet werden könne. Ich kann dem nicht zustimmen vor allem wegen des so ähnlichen Sprachgebrauchs im Ugaritischen und Äthiopischen. M.W. nur ganz vereinzelt gibt es Pron.-Suffixe in Dativ-Funktion im Reichsaramäischen; vgl. *piṯgāmā hᵃṯīḇū-nā* "sie erwiderten uns" Esra 5,11, ferner Dan 3,16. Auf die Dauer mußten diese Sprachen die Dativ-Suffixe auch als Kategorien verlieren, weil besondere Formen für sie fehlten. Der nur im älteren Akkadischen noch lebendige alte *iš*-Dativ des Substantivs war als Kategorie sogar schon verloren gegangen, als die Endung *-iš* in anderen Funktionen noch verwendet wurde; vgl. GAG § 67 mit Nachträgen.

Wenn der Dativ nun, wie der Befund bei den Dativ-Suffixen zeigt, eine Kategorie nicht nur des Nordostsemitischen war, sondern auch anderer altsemitischer Sprachen und des Äthiopischen, so besteht m.E. kein Anlaß, die aus dem pronominalen Dativ entwickelte Kategorie des Ventivs als eine "Neuinterpretation" des Energicus unter dem Einfluß des anderswo mannigfach wirksamen sumerisch-akkadischen Sprachbunds zu erklären. Wir sollten die beiden so verschieden verwendeten Kategorien des westsemitischen sog. Energicus und des Ventivs auch weiterhin auseinanderhalten. Wenn dem so ist, so kann auch das aus *-am* "mir" entwickelte Ventiv-Affix nicht aus *-an* entstanden sein, sondern stellt ohne und mit weiteren Pronominalsuffixen eine besondere Kategorie der Grammatik dar. Die durchgängige Assimilation des *m* von *-am* and das *ś/š*, *k* und *n* der Pronominalsuffixe stellt, wie wir an anderen Beispielen für die regressive Assimilation des *m* gesehen haben, auch kein Hindernis dar für die Annahme eines ursprünglichen *m* beim Ventiv. Es kann natürlich sein, daß lange vor dem Einsetzen unserer Schriftquellen ein ursprüngliches **-am-šum* über die Zwischenstufe **-an-šum* zu *-aš-šum* wurde; zwingend ist diese Annahme aber wohl nicht.

3) *n* vor Konsonanten

Während beim *m*, wie wir sahen, die Nicht-Assimilation der Normalfall ist, gilt für das *n* das Umgekehrte: es wird zumeist regressiv assimiliert. Auf eine beachtliche Zahl von Ausnahmen verwies schon GAG § 33. Hier sollen noch einige konkretere Aussagen dazu versucht werden. Sie werden in manchen Fällen dadurch erschwert, daß zwischen unterbliebener Assimilation und sekundärer Nasalierung zur Auflösung einer Konsonantenlänge nicht immer sicher unterschieden werden kann. Wenn z.B. in jüngeren Texten aus Assyrien statt des älteren *šukkuru* "zur Feindschaft anstacheln" oft *šumkuru, ušamkir* usw. geschrieben wird, so ist die Annahme einer Nasalierung wegen des stimmlosen *k* schwierig, vielleicht aber doch ebenso wenig undenkbar wie bei *šumsuku, ušamsik, uštamsak* usw. anstatt des älteren *šussukum, ušassi/ak* usw. "beseitigen". Nur in Assurbanipal-Inschriften bezeugt ist *ušanṣer* "ich ließ bewachen" statt sonst *ušaṣṣer* usw. Ein sehr merkwürdiger Sonderfall ist der altassyrische Imp. N *nanši* "nimm auf!", weil das *n* altassyrisch oft auch dann assimiliert wird, wenn es im Babylonischen nicht geschieht (vgl. GKT §§ 36 und 92a); altbabylonisch begegnet *nanši* bisher nur in AbB 1,43, 18. Eine überzeugende Erklärung für altassyrisch *nanši* wurde noch nicht vorgeschlagen.

Als mittlerer Radikal bleibt *n* im Normalfall unassimiliert erhalten. Vereinzelte Nebenformen mit Assimilation sind, falls nicht fehlerhaft, hier ohne Bedeutung. Immer assimiliert wird bei *guḫḫu* "Husten" (zu *ganāḫu*) sowie den Primärnomina *appu(m)* "Nase" und *kappu(m)* I "Flügel" (hier trotz des homonymen *kappu(m)* II "Handfläche"). Das *n* ist bei diesen gemeinsemitischen Wörtern westsemitisch überwiegend noch erhalten; vielleicht ist das *p* die Ursache für die Assimilation. Immer assimiliert wird in dem ebenfalls altsemitischen Wort *uṭṭatu(m)* "Gerste" (ar. *ḥinṭa*).

Recht verschieden behandelt wird das vokallose *n* vor dem *t* der Femininendung. Von Bedeutung sind hier die Qualität des vorangehenden Radikals sowie das die Assimilation begünstigende Präfix *ma-*. Die Erhaltung des *n* ist ferner bei mehreren Wörtern der Fachsprachen festzustellen. In den gängigen Wörtern fast immer assimiliert wird nach *k*, *s*, *ṣ* und *š* als 2. bzw. bei hohlen Wurzeln erstem Radikal; vgl. *kittu(m)* "Stetigkeit", *šikittu(m)* "Gestalt", *maškattu(m)* "Depot, Konto", *ris/ṣittu* "Tränkung", *marsattu(m)* "Kübel zum Tränken", *šattu(m)* "Jahr", *šittu(m)* I "Schlaf", *šuttu(m)* I "Traum" und *šitta* "2". Die Ausnahmen sind neuassyrisch *maškantu* (in Glasrezepten), mittelassyrisch *paṣṣuntu* "Verhüllte" sowie nach *q* die Waffe *marqantu* (1 Beleg). Mittelbabylonisch *šakittu* "Ablagerung" (1 Beleg) steht neuassyrisch die Neubildung *šakintu* Verwalterin" gegenüber.

Nach den Labialen *p*, *b* und *m* wird immer assimiliert nur in *libittu(m)* "Lehmziegel", *abattu* "Kiesel" usw. und fast immer in *lemuttu(m)*, assyrisch *lamuttu(m)* "Böses" (zwei Ausnahmen s. CAD L 127 b oben). Für altbabylonisch *nalbattum* "Ziegelform" steht jünger *nalbantu*, auch *nalbandu*, und für *naspattum* "Niederwerfung" jünger *nas/špantu* und *naspandu*. Selten belegt sind *lummuttum*, jünger *lummuntu* "böse Tat", *laputtu* und *lapuntu* "arme Frau", in Dichtungen *bintu* "Tochter" neben altassyrisch *buntum* und mittelassyrisch *bittu* (s. AHw. 1548b). Nur spätbabylonisch bezeugt ist *lubbundu* "Türsturz".

Bei den Dentalen *t* und *d* sieht es nicht anders aus. Zwar schreibt man immer *tittu(m)* "Feige" und *maddattum*, jünger *mandattu* "Abgabe" sowie *šudduttum* (MARI 4, 405[126], 2), altassyrisch *šadduttum* "Eintreibung", aber nur seltener *nidittu(m)* "Gabe" neben dem weitaus häufigeren *nidintu(m)*, beide nur babylonisch. Ferner stehen nebeneinander *qatattu(m)* und *qatantu(m)* "die, das Dünne" (als Name AnSt. 33, 78) sowie *quttuttu*; nur 1x belegt ist *tadduntu* "Gabe". Nach *n* als 2. Radikal wird wohl nur bei *ennettu(m)* "Sünde" oft assimiliert; *ennentu* ist seltener. Erhalten bleibt das *n* in *anantu(m)* "Widerstand", *anuntu* "Kampf", *sinuntu/sinundu* "Schwalbe" (älter *šinunūtu(m)* u.ä.), *šinintu* (1x statt *šinnatu* "Gleichstellung"), *tašnintu(m)*, auch *tašnuntu* "Kampf", *muštašnintu* (ein Leberteil) und *tadnintum* "Verstärkung" (dafür jungbabylonisch 1x *dunnuttu*!). Außer *sinuntu* sind alle Wörter nur literarisch.

Nach *r* wird assimiliert in *maqrattu* "Tenne", aber nicht in dem nur literarischen *taqrintu* "Aufhäufung"; vgl. ferner die Gras-Art *arantu/arandu* I und nach *l* den mittelbabylonischen Namen *Sulluntu*. Nach ' finden sich *ṭē'ittu(m)* neben *ṭē'intum* "Müllerin" und neubabylonisch *mu''untu* "Verpflegung" neben neuassyrisch "*ma''uttu*[3], ferner *zu''untu(m)* "Geschmückte" auch als Name. Nach *ḫ* kenne ich nur *mašḫandu* "(wärmende) Leibbinde" (nur 1x im Epos). Die Formulierung eindeutiger Regeln ermöglichen die angeführten Wörter nicht.

---

[3] Die Bedeutung von *ma-'u-tú* als "watered land" in TCAE p. 75 kann ich nicht übernehmen einmal wegen anderer Schreibungen mit *tt* und zum anderen, weil eine solche Denominierung noch dazu von der altassyrischen Wortform *mā'ū*, undenkbar erscheint. CAD M2 321b verzichtet auf eine Übersetzung der neubabylonischen und der neuassyrischen Wortform.

Vor dem *š* und *k* der Pron.-Suffixe bleibt *n* als letzter Radikal normalerweise erhalten. Einige Ausnahmen und Sonderfälle zeigen jedoch hier erneut, daß man von der Schrift nicht immer auf die Aussprache schließen darf. Neuassyrisch z.B. begegnet statt des normalen *la-an-šú* "seine Gestalt" einmal *la-áš-šú* (LAS 14 Rs. 11). Die Zahl der Verben ult. *n* ist nicht sehr groß; zu ihnen gehören aber einige sehr viel gebrauchte wie vor allem *nadānu(m)* "geben" und *šakānu(m)* "(hin)stellen usw.". Bei diesen beiden Verben wird z.B. altbabylonisch oft mit Assimilation des *n* *š-š* und *k-k* geschrieben, wenn auch nur in einer kleinen Minderheit der bezeugten Formen; gesprochen wurden sie gewiß viel häufiger, allerdings, wie es scheint, nicht bei den nominalen Ableitungen wie *nidnu(m)* und *šiknu(m)*. In jüngeren babylonischen Texten werden Assimilationen nur vereinzelt geschrieben; erst in späten Texten, vor allem in Briefen begegnen bei *nadānu* sehr oft stark verkürzte Formen wie *niddaššu* "wir gaben ihm" oder mit reziproker Assimilation *iddissu* <*iddin-šu* usw., die vielleicht aus der Vulgärsprache stammen (vgl. GAG § 102l, die Wörterbücher und Glossare). Altassyrisch begegnet *diš-šum* "gib ihm!" oft und bei Substantiven *ek-ka* "dein Auge", *um-meak-ka* "dein Gläubiger" usw. (s. GKT §§ 100b und 36a). Ähnliche Schreibungen im Mittelassyrischen sind viel seltener; vgl. z.B. *ṣābitaš-šu* "der ihn packte", *deš-šu* "sein Prozeß" und vgl. W.Mayer, AOAT Sond. 2, § 19. Neuassyrisch wechselt z.B. *šakān-šu* mit *šakaš-šu*.

4) Schlußbemerkung

Die vorstehenden Ausführungen konnten, wie schon gesagt, das gestellte Thema nicht umfassend behandeln, sondern nur an ausgewählten Beispielen zeigen, wie durch eine nach verschiedenen Richtungen hin differenzierende Betrachtung des Eintretens oder Unterbleibens der regressiven Assimilation weitere Erkenntnisse gewonnen und Probleme sichtbar gemacht werden können. Die Beachtung der Häufigkeit des Vorkommens mancher Wörter erwies sich oft als ergiebig; bei Wörtern nur der gehobenen Sprache fanden sich bisweilen andere Schreibweisen als bei Alltagswörtern. Die Frage, in welchen Fällen auch *m* assimiliert wurde, führte auf das Problem des Verhältnisses der akkadischen Ventiv-Endung *-a(m)* zu westsemitischen Energicus-Bildungen auf *-an(na)* usw. Die vorgetragenen Überlegungen ergaben, daß beide Kategorien wohl nicht zusammengehören; ihre Funktionen sind zu verschieden.

Aspekte israelitischer Prophetie im Lichte verwandter Erscheinungen des Alten Orients

M. Weippert / Heidelberg

1. Zur orientalistischen Definition von "Prophetie"

Wer es unternimmt, vor einem gemischten Kreis von Orientalisten und Alttestamentlern über "Prophetie" zu sprechen[1], sieht sich in einer schwierigen Lage: Er kann nämlich nicht ohne weiteres davon ausgehen, daß zwischen ihm und seinen Zuhörer(inne)n oder innerhalb seines Auditoriums selbst Einvernehmen darüber herrschte, was denn unter "Prophetie" zu verstehen sei. Das kommt natürlich nicht von ungefähr, sondern hat Gründe, die man wohl vor allem in einem vorwissenschaftlich, d.h. traditionell oder religiös, oder wissenschaftsgeschichtlich vermittelten Vorverständnis, aber auch in der Art der zur Verfügung stehenden Quellen zu suchen hat. In der Altorientalistik einschließlich der Ägyptologie hat das Thema anders als in der Alttestamentlichen Wissenschaft und, in gewissem Sinne, auch in der Arabistik und Islamkunde lange Zeit keine oder nur eine sehr marginale Rolle gespielt. Zu mehr bestand einfach kein Anlaß. Das änderte sich erst, als man von den vierziger Jahren unseres Jahrhunderts an bei der Bearbeitung des altbabylonischen Briefarchivs von Mari auf Phänomene stieß, die sich *mutatis mutandis* in der Tat mit der aus dem Alten Testament bekannten Prophetie

[1] Der Text des Aufsatzes wurde am 9. Mai 1983 im Rahmen des Koloquiums "Bible et Orientalisme" an der Universität Straßburg vorgetragen. Für die Veröffentlichung wurde er leicht revidiert; in den Fußnoten wurde an einigen Stellen inzwischen erschienene Literatur nachgetragen.

vergleichen ließen. Es lag nahe, daß man sich zur Einordnung und Beurteilung dieser Erscheinungen von Kriterien leiten ließ, die dem alttestamentlich geprägten europäischen Prophetenverständnis bzw. den Forschungsergebnissen der Alttestamentler entlehnt waren. Die rege Diskussion über die sog. Mari-Prophetie als solche und in ihrem Verhältnis zu der des alten Israel kann hier im Detail nicht nachgezeichnet werden. Sie bewegte und bewegt sich auch gegenwärtig noch zwischen Extremen: Ist die Mehrheit der daran beteiligten Autoren auch der Meinung, daß es sich tatsächlich um "Prophetie" handelt, die darum direkt oder indirekt in die Vorgeschichte der israelitischen gehört, so gibt es daneben andere Stimmen, die diese Meinung relativieren oder den Übermittlern göttlicher Botschaften aus Mari das Prädikat "Prophet(in)" überhaupt verweigern.

Die Schwierigkeiten rühren einerseits daher, daß die einschlägigen Texte keine einheitliche Terminologie für die Personen kennen, die man als "Prophet(inne)n" aufzufassen geneigt ist. Andererseits ist auch nicht zu verkennen, daß die Alttestamentliche Wissenschaft selbst noch nicht zu einheitlichen und eindeutigen Kriterien für die Bestimmung des Phänomens "Prophetie" gelangt ist[2]. So versucht man Prophetie häufig formal aufgrund der Art und Weise des Offenbarungsempfangs zu beschreiben: Propheten seien Ekstatiker; wo die Ekstase fehlt, sei es zweifelhaft, ob es sich um Prophetie handle. Doch gibt es auch die gegenteilige Meinung. Oder: Das prophetische Gotteswort ergehe stets ungefragt, "spontan", nicht als Reaktion auf eine Anfrage des Adressaten bei der sich kundgebenden Gott-

[2] Die Kriterienfrage ist ausführlich behandelt bei E.Noort, Untersuchungen zum Gottesbescheid in Mari: Die "Mariprophetie" in der alttestamentlichen Forschung (AOAT 202; Kevelaer u. Neukirchen-Vluyn 1977), 9-23. Die auf die Mari-Prophetie angewandten Kriterien des Prophetischen reflektieren die in der alttestamentlichen Wissenschaft selbst gebräuchlichen; Einzelnachweise bei Noort a.a.O.

heit; ist das letztere doch der Fall, so könne man nicht von Prophetie - zumindest nicht von Prophetie im Vollsinne - sprechen. Ähnlich formal kann man die Art und Weise der Weitergabe der göttlichen Bescheide zum Kriterium erheben, indem man den Propheten als Boten definiert, der sich an das Formular von durch Boten übermittelten Nachrichten oder überhaupt an bestimmte Redeformen zu halten habe. In anderen Fällen reflektiert man auf den Inhalt des prophetischen Wortes: Prophetie sei "religiöse Zukunftsvorhersage" oder, in deutlichem Gegensatz dazu,"Gottes Wort zur Stunde", hineingesprochen in eine bestimmte aktuelle Situation. Auch der bürgerliche Status spielt eine Rolle, häufig im Zusammenhang mit der "Spontaneität" des prophetischen Redens: "Wahre" Propheten seien frei von menschlichen Bindungen; Funktionäre an einem Tempel oder amönniglichen Hof könnten nur in eingeschränktem Sinne "Propheten" genannt werden, usw.

Ich möchte nicht bestreiten, daß manche dieser vielfältigen Gesichtspunkte, wenn sie nicht absolut gesetzt werden, ein gewisses Recht haben. Das enthebt uns freilich nicht von der Aufgabe, nach einer Definition zu suchen, in der die wesentlichen Gemeinsamkeiten der altorientalischen Zeugnisse des Prophetismus enthalten sind, und die es zugleich ermöglicht, die Prophetie von anderen, auf den ersten Blick ähnlich aussehenden Erscheinungen abzugrenzen.

Eine Definition, die diesen Anforderungen genügt, könnte m.E. folgendermaßen lauten:

Ein(e) Prophet(in) ist eine Person männlichen oder weiblichen Geschlechts, die

1. in einem kognitiven Erlebnis, einer Vision, einer Audition, ei-

nem Traum o.ä., der Offenbarung einer Gottheit oder mehrerer Gottheiten teilhaftig wird, und

2. sich durch die betreffende(n) Gottheit(en) beauftragt weiß, die Offenbarung in sprachlicher oder metasprachlicher[3] Fassung an einen Dritten, den eigentlichen Adressaten, zu übermitteln.

Die Definition mag auf den ersten Blick wie der kleinste gemeinsame Nenner und damit als zu allgemein und formal erscheinen, da für sie Fragen wie die der Ekstase, der Spontaneität, der Botenrolle, des bürgerlichen Standes des Propheten und des Inhalts seiner Botschaft irrelevant sind. Daß sie gleichwohl, phänomenologisch gesehen, die wesentlichen Gesichtspunkte enthält, läßt sich daran erweisen, daß es mit ihrer Hilfe möglich ist, die Unterschiede zwischen Prophetie und anderen, ihr äußerlich ähnlich sehenden Erscheinungen im Alten Orient auf einen klaren Begriff zu bringen.

Die Definition erlaubt zunächst eine deutliche Abgrenzung der Prophetie als "intuitiver" von den verschiedenen Formen der "induktiven" Divination. Bei letzterer handelt es sich bekanntlich um die Ausdeutung von Zeichen, Prodigien, Omina, entweder natürlichen wie bei der Beobachtung der Gestirne, des Vogelflugs oder zufälliger menschlicher Äußerungen, oder künstlich herbeigeführten wie bei der Eingeweideschau, der Ölwahrsagung usw. Auch diese Deutungen mußten ja notwendig in sprachlicher Form ausgedrückt und so dem Interessenten zur Kenntnis gebracht werden. Dies war die Aufgabe

[3] In den "Symbol-" oder "Zeichenhandlungen"; vgl. dazu G.Fohrer, Die Gattung der Berichte über symbolische Handlungen der Propheten, ZAW 64 (1952 [1953] 101-120; Die symbolischen Handlungen der Propheten (AThANT 25; Zürich 1953/²1968); auch B.Lang, Prophetie, prophetische Zeichenhandlungen und Politik in Israel, ThQ 161 (1981) 275-280 [kurzer Literaturbericht].

von Spezialisten aus dem Kreis der Priester und Gelehrten, die über die erforderlichen Mittel, Techniken und Nachschlagewerke verfügten. Hier geht es jedoch um Beobachtung, nicht, wie bei der Prophetie, um Erlebnisse und Widerfahrnisse.

Wichtiger ist noch, daß unsere Definition formale Gesichtspunkte an die Hand gibt, um das Verhältnis der Prophetie zu Gruppen von ägyptischen und babylonischen Texten zu klären, die in der Literatur abwechselnd "Prophetien", "Prophezeiungen" oder "Apokalypsen" genannt werden. Auch wenn allgemein zugegeben wird, daß diese Bezeichnungen im Grunde der Sache inadäquat sind, hat es bis in neuere Zeit immer wieder Versuche gegeben, die betreffenden Literaturwerke dem prophetischen Genre zuzuordnen. Bei den ägyptischen Texten handelt es sich u.a. um die "Mahnworte des Ipuwer" (besser bekannt unter ihrem englischen Titel "Admonitions of an Egyptian Sage")[4] und die "Weissagung des Neferti"[5] aus der Übergangszeit vom Alten zum Mittleren Reich[6] und um die spätzeitliche sog. "Demotische Chronik"[7]. Die babylonische Gruppe besteht nach ihrer

[4] Grundlegende Bearbeitung: A.H.Gardiner, The Admonitions of an Egyptian Sage (Leipzig 1909); vgl. auch A.Erman, Die Literatur der Aegypter: Gedichte, Erzählungen und Lehrbücher aus dem 3. und 2. Jahrtausend v.Chr. (Leipzig 1923) 130-148; J.A.Wilson, ANET$^{1-3}$ 441-444; R.O.Faulkner, The Admonitions of an Egyptian Sage, JEA 51 (1965) 53-62.

[5] Vgl. A.H.Gardiner, New Literary Texts from Ancient Egypt, JEA 1 (1914) 100-106; A.Erman, op.cit. 151-157; G.Lefebvre, Romans et contes égyptiens (Paris 1949) 91-105; J.A.Wilson a.a.O. 444-446.

[6] Nach J.van Seters, A Date for the "Admonitions" in the Second Intermediate Period, JEA 50 (1964) 13-23, sind die Mahnworte des Ipuwer jedoch in der 2. Zwischenzeit (späte 13. Dynastie) anzusetzen.

[7] W.Spiegelberg, Die sogenannte Demotische Chronik des Pap. 215 der Bibliothèque Nationale zu Paris... (Demotische Studien, 7; Leipzig 1914); vgl. Ed.Meyer, Eine eschatologische Prophetie über die Geschichte Ägyptens in persischer und griechischer Zeit, in: ders., Kleine Schriften, II (Halle/S. 1924) 84f.; F.K.Kienitz, Die politische Geschichte Ägyptens vom 7. bis zum

neuesten Besprechung durch A.K.Grayson[8] aus fünf Texten: der "Prophetischen Rede Marduks" wohl aus der Zeit Nebukadnezars I. und der wahrscheinlich etwas älteren "Šulgi-Prophetie", die, ursprünglich selbständige Stücke, sekundär zu einer literarischen "Serie" zusammengefügt worden sind[9], dem schwer zu datierenden Assur-Text KAR 421[10], einer vielleicht aus der neubabylonischen Zeit stammenden Tafel aus Uruk[11] und dem von Grayson edierten "Dynastischen Prophezeiungen"[12], die in der Seleukidischen Periode wohl in Babylon verfaßt worden sind. Ohne daß ich hier auf Einzelheiten dieser Texte eingehen kann, läßt sich sagen, daß sie trotz der teilweise weit auseinanderliegenden Entstehungsdaten und -orte bemerkenswerte Übereinstimmungen in der gedanklichen Struktur aufweisen. Sie beschreiben sämtlich eine - einmalige oder alternierende - Abfolge von Unheil und Heil auf politischem Gebiet. Bei Neferti wird die Gegenwart, die sog. 1. Zwischenzeit, als eine Periode des Chaos und der Auflösung aller geordneten Lebensverhältnisse beschrieben, die mit dem für die Zukunft erwarteten Regierungsantritt eines Kö-

4. Jahrhundert vor der Zeitwende (Berlin 1953) 136-139; E.Bresciani u. S.Donadoni, Litteratura e poesia dell'Antico Egitto (Turin 1969) 551-560. Vgl. noch die "Prophezeiungen eines Töpfers unter König Amenophis" und die "Prophezeiungen eines Lammes unter König Bokchoris", AOT² 48-50.

8 A.K.Grayson, Babylonian Historical-Literary Texts (Toronto Semitic Texts and Studies, 3; Toronto u. Buffalo 1975) 13-23.

9 R.Borger, Gott Marduk und Gott-König Šulgi als Propheten: Zwei prophetische Texte, BiOr 28 (1971) 3-24.

10 A.K.Grayson u. W.G.Lambert, Akkadian Prophecies, JCS 18 (1964) 12-16 (Literatur S. 7 sub Text A).

11 H.Hunger, in: XXVI. und XXVII. vorläufiger Bericht über die vom Deutschen Archäologischen Institut... unternommenen Ausgrabungen in Uruk-Warka 1968 und 1969 (Berlin 1972) 87 u. Taf. 25g (Photographie der Rs.); ders. u. S.A.Kaufman, A New Akkadian Prophecy Text, JAOS 95 (1975) 371-375; vg. P.Höffken, Heilszeitherrschererwartung im babylonischem Raum: Überlegungen im Anschluß an W 22 307.7, WO 9 (1977/78) 57-71.

12 A.K.Grayson, Babylonian Historical-Literary Texts (Anm. 8) 24-37.

nigs Ameni (d.h. Amenemhets I.) ihr Ende finden soll. In den "Admonitions" ist nur die Schilderung der trüben Gegenwart erhalten; doch darf man wohl annehmen, daß dies nicht das letzte Wort des Verfassers darstellte, daß er vielmehr ebenfalls den Anbruch einer heilvollen Zeit vorhergesagt hat. Die übrigen Texte verlegen Heil wie Unheil in die Zukunft. Genaueres Zusehen hat nun für all diese Kompositionen wahrscheinlich gemacht, daß ihre Gegenwartsbeschreibungen sich auf etwas bereits Vergangenes beziehen, und daß ihre Voraussagen zum größten Teil aus *vaticinia ex eventu* bestehen; nur ein kleiner Teil ist tatsächlich auf die nähere oder fernere Zukunft gerichtet und verfolgt in der Regel, wie es scheint, eine bestimmte politische oder religionspolitische Absicht. Man darf darum vermuten, daß die *vaticinia ex eventu*, deren fiktiv unterstelltes "Eintreffen" ja von jedem Geschichtskundigen nachgeprüft werden konnte, dem Zweck dienten, die Glaubwürdigkeit der "echten" Vorhersagen zu unterstreichen. Schon lange hat man gesehen, daß diesen Texten auch die Kapitel 8-11 des biblischen Daniel-Buches an die Seite gestellt werden dürfen, die ähnliche *vaticinia ex eventu* mit einer aktuellen Spitze enthalten und wie die "Dynastischen Prophezeiungen" aus Babylon der Seleukidenzeit angehören[13].

Betrachtet man nun diese Texte im Lichte unserer oben aufgestellten Kriterien, so zeigt sich sogleich, daß die "Prophetische Rede Marduks" ganz isoliert steht. Bei ihr handelt es sich ja um die Rede eines Gottes an andere Götter, ohne einen menschlichen Vermittler zu Menschen hin, und es ist mir ziemlich wahrscheinlich, daß dieser Text, wie übrigens auch die "Dynastischen Prophezeiun-

[13] Vgl. weiter E.Oßwald, Zum Problem der *vaticinia ex eventu*, ZAW 75 (1963) 27-44.

gen"[14] zum "Geheimwissen" gerechnet wurde, auch wenn der Kolophon darüber keine Aussage macht[15]. Keiner der Texte wird auf ein Offenbarungserlebnis seines Verfassers zurückgeführt (Kriterium 1), und nirgends ist die Rede vom Auftrag einer Gottheit, die Kunde von der Zukunft einem bestimmten Adressaten oder Publikum zu übermitteln (Kriterium 2). Ein Adressat oder Auditorium wird, abgesehen von der "Prophetischen Rede Marduks" (wo es sich um Götter handelt), auch gar nicht direkt angesprochen, wenngleich die Texte natürlich Leser voraussetzen (welcher Text täte das nicht). Weder die ägyptischen noch die babylonischen sog. "Prophetien" genügen also unseren Kriterien; sie haben mit Prophetie im Sinne unserer Definition nicht zu tun. Ich möchte deshalb vorschlagen, die mißverständlichen Bezeichnungen "Prophetien", "Prophezeiungen" oder "Apokalypsen" für diese Literaturwerke zu vermeiden. Will man ihnen einen Namen geben, böte sich etwa der Ausdruck "Vorhersagen" (englisch *predictions*, französisch *prédictions*, italienisch *predizioni* etc.) an.

2. Altorientalische Prophetie außerhalb Israels

Nach Ausschluß der "Vorhersagen" können wir uns nun den Texten und Textgruppen zuwenden, die in der Tat direkte oder indirekte Zeugnisse altorientalischer Prophetie enthalten. Ich bespreche das Material in möglichster Kürze in chronologischer Folge.

Zu beginnen ist selbstverständlich mit den altbabylonischen Brie-

[14] Grayson, op.cit. 37: IV 7'-9'.

[15] Dafür spräche die gesuchte, beinahe kryptographische Schreibweise des Textes (ähnlich bei der "Šulgi-Prophetie"). Allgemein vgl. R.Borger, Art. "Geheimwissen", RLA III (Berlin u. New York 1957-71) 188-191.

fen aus Mari. Soweit ich sehe, sind bisher 27 Briefe bekannt, in denen Handlungen und Worte von Propheten männlichen und weiblichen Geschlechts mitgeteilt werden[16]. Dabei herrscht, formgeschichtlich gesprochen, der Fremdbericht vor, d.h., hohe Beamte, die Königin oder Hofdamen geben brieflich an den König Zimrilim weiter, was ihnen über prophetische Erlebnisse und Botschaften mitgeteilt worden ist, oder was sie selbst in Erfahrung gebracht haben. Daneben gibt es auch den Selbstbericht[17], in dem der Prophet oder die Prophetin selbst den König unterrichtet. Bei den Propheten handelt es sich einerseits um Personen im Dienste von Tempeln inner- und außerhalb der Stadt Mari, andererseits um Laien, sowohl am Hofe wie in der Stadt oder der Provinz[18]. Bei den Tempelbediensteten können wir aufgrund ihrer Titel unterscheiden zwischen solchen Personen, die professionell eine mantische Tätigkeit ausüben wie dem *āpilum* (f. *āpiltum*) "Orakelpriester(in)" (etymologisch "Beant-

[16] Siehe die Liste bei J.-G.Heintz, Oracles prophétiques et "guerre sainte" selon les Archives Royales de Mari et l'Ancien Testament, in: Congress Volume Rome 1968 (VTS 17; Leiden 1969) 112f., zu ergänzen durch: ders., Aux origines d'une expression biblique: *Ūmūšu qerbū*, en A.R.M., X/6,8'? VT 21 (1971) 129 Anm. 1; vgl. E.Noort, Untersuchungen zum Gottesbescheid (Anm. 2) 6 Anm. 1. Durch den Zusammenschluß der Fragmente ARM HC A 1121+ 2731 durch J.-M.Durand hat sich die Zahl der einschlägigen Briefe gegenüber diesen Zusammenstellungen um einen verringert; siehe dazu B.Lafont, Le roi de Mari et les prophètes du dieu Adad, RA 78 (1984) 7-18. Die Texte sind in Transliteration und Übersetzung bequem zugänglich durch Kombination der Bearbeitungen von F.Ellermeier, Prophetie in Mari und Israel (Theologische und Orientalische Arbeiten, 1; Herzberg 1968) 24-75, und von W.L.Moran, New Evidence from Mari on the History of Prophecy, Biblica 50 (1969) 15-56.

[17] ARM X 50,3-21; 94; 100; 117.

[18] Vgl. die Zusammenstellung bei F.Ellermeier, op.cit. 83f., wo statt "*qamatum*" (ARM X 80,6) aber *qabbātum* (W.v.Soden, UF 1 [1969] 198) und statt "*āplum*" (ARMT XIII 23,6.16) vielmehr *apillûm* (P.R.Berger ebd. 209) zu lesen ist. Aus den von Ellermeier nicht bearbeiteten einschlägigen Texten ist nachzutragen zu 1. Kultgebundene Personen: Iṣi-aḫu, *āpilum* (vielleicht der Göttin Ḫišamētum), ARM X 53,5f.; Qišti-Dīrītim, *āpilum* der Göttin Dīrītum, ARM X 9,5f.; zu 2. Laien: Šibatum, Königin, ARM X 94,2; Timlû, sonst unbekannte Dame, ARM X 117,3 und "ein Mann und eine Frau" (*zikarum u sinništum*) ARM X 4.5.9.

worter(in)"),dem *muḫḫûm* (f.*muḫḫūtum*) "Ekstatiker(in)" und der *qabbātum* "Sprecherin", und solchen, die in erster Linie andere Funktionen haben, dann und wann aber von den Göttern zum Medium ihrer Botschaften gemacht werden, wie dem Priester (*šangûm*) und anderen Angehörigen des Kultpersonals wie dem *assinnum* und dem *apillûm*. Sowohl bei den Tempelfunktionären wie auch bei Laien wird gelegentlich ausdrücklich angegeben, daß sie ihre Offenbarungen in einem Tempel empfangen hätten. Doch ist das für beide Gruppen nicht durchgängig vorauszusetzen. Obwohl ein sicherer Fall von Inkubation belegt ist, wird man vor allem bei Traumgesichten von Laien annehmen dürfen, daß sie sich auch anderswo, etwa zu Hause, ereignet haben. Auch die Formen des Offenbarungsempfangs sind unterschiedlich: Es gibt die Vision im wachen Zustand, den Traum während des Schlafs, letzteren als reine Schauung und als audiovisuelles Erlebnis. Auch Ekstase kommt vor, die mit dem Verbum *maḫûm* beschrieben wird, aber bei allem "Rasen" nicht zu Glossolalie, sondern zu unmittelbar verständlichen Wortbotschaften führt. Häufig ist einfach vom "Sprechen" der Gottheit die Rede, sei es durch oder zu einem menschlichen Medium. Adressat der Botschaften ist nach dem vorhandenen Material in der Regel der König, unabhängig davon, ob zwischen dem Propheten und ihm noch andere Instanzen eingeschaltet sind oder nicht. Das wird indessen damit zusammenhängen, daß die Briefe sämtlich aus dem Palastarchiv stammen. Prophetensprüche für nichtkönigliche Personen hat es sicher gegeben; ein Beispiel dafür ist im Archiv aufbewahrt worden, weil die Prophetie die Adressatin in ihrer (privaten) Angelegenheit an den König verwiesen hat[19]. In einer Reihe von Fällen wird ausdrücklich der Auftrag der Gottheit erwähnt, ihre Botschaft an den Adressaten

[19] ARM X 100.

weiterzugeben; in anderen, wo dieser Hinweis fehlt, impliziert das Handeln der beteiligten Personen einen solchen Auftrag oder zumindest die Überzeugung, daß so und nicht anders zu verfahren sei. Der Empfänger der Botschaften, d.h. der König, kann selbst entscheiden, ob er ihnen Gehör schenken will oder nicht[20]; zudem besteht die Möglichkeit, ihre Zuverlässigkeit und Glaubwürdigkeit durch technische Orakel nachzuprüfen[21]. Inhaltlich ist die Königsprophetie zunächst Heilsprophetie: Dem König wird eine lange und erfolgreiche Regierung und göttlicher Beistand beim Kampf gegen seine Feinde zugesagt, letzteres auch einmal in der Form eines Fremdvölkerorakels, also als Unheilsprophetie an die Adresse der Gegner. Daneben stehen kultische Forderungen der Götter an den König, dem sie vorwerfen, seinen Pflichten ihnen gegenüber nicht nachzukommen.

Bei den Hethitern sind Hinweise auf das Vorkommen von Prophetie ausgesprochen spärlich. Am ehesten könnte man den in Gebeten Muršilis II. (2. Hälfte des 14. Jahrhunderts v.Chr.) erwähnten ***šiuniyant-* auf einen Propheten im Sinne unserer Definition deuten. Er kommt im 2. Pestgebet Muršilis vor, das der König zur Abwendung einer im Reiche grassierenden Seuche an den Wettergott von Ḫatti gerichtet hat. Nachdem er bereits zwei mittels technischer Orakel festgestellte Verfehlungen seines Vaters "gebeichtet" und die Verantwortung für die unterlassene Sühne auf sich genommen hat, bittet er die Gottheit, ihm eventuelle weitere Ursachen der Epidemie zur Kenntnis zu bringen entweder durch eine Traumgesicht (*tešḫa-*) oder durch technische Orakel (*ariyašeššar*), das "Reden" (*mema-*) eines ***šiuniyant-* oder Inkubationsträume (*šeškišk-* "schla-

---

[20] ARM II 90,25-28; III 40,19-23.

[21] Siehe unten S.304 mit Anm. 58.

fen" it.) von Priestern[22]. Ähnliches findet sich in einem Gebet des Königs an die Sonnengöttin von Arinna, das wohl in denselben historischen Kontext gehört[23]:

> Nun, ihr Götter, welche Sünde ihr seht,
> ein **šiuniyant-* [möge] kommen und sie sagen (*mema-*),
> oder eine Weise Frau, ein Opferschau[er, ein Vogel-
> schauer[24] möge sie feststellen],
> oder Menschen mögen sie durch Traumgesichte (*zašḫai-*
> abl.pl.) sehen.

Auch hier finden wir also das Reden des **šiuniyant-* neben verschiedenen Arten technischer Orakel und Träumen.

Wenn die Auflösung der sumerographischen Schreibung ¹ᵘ DINGIR. LIM - n i - a n - z a (Pestgebet) bzw. DINGIR.MEŠ - n i - i a - a n - z a (KUB XXIV 3 II 20) als **šiuniaynt-š* (nom.sg.) richtig ist[25], handelt es sich dabei um ein Nomen, das mittelts des *-ant*-Suffixes von dem Wort für "Gott", *šiuni-*, abgeleitet ist. A.Goetze hat es in seiner Bearbeitung der Pestgebete Muršilis II. deshalb fragend mit "Gottbegeisterter" übersetzt[26]; als etwas neutralere

[22] 2. Pestgebet § 10 ("11"), A.Goetze, Die Pestgebete des Muršiliš, Kleinasiatische Forschungen 1 (1927-30) 218f.; vgl. C.Kühne, in: W.Beyerlin (Hrsg.), Religionsgeschichtliches Textbuch zum Alten Testament (Grundrisse zum Alten Testament, 1; Göttingen 1975) 195.

[23] KUB XXIV 3 II 19-22 mit Duplikat KUB XXIV 4 I 10-12; vgl. O.R.Gurney, Hittite Prayers of Mursili II, AAA 27 (1940) 26f.

[24] Ergänzung Gurney a.a.O.; zu den genannten Personenkategorien und ihren Funktionen siehe A.Kammenhuber, Orakelpraxis, Träume und Vorzeichenschau bei den Hethitern (Hethitische Texte, 7; Heidelberg 1976) 119-133.

[25] H.Ehelolf, Hethitisch-akkadische Wortgleichungen, ZA 43 (1936) 180.

[26] A.Goetze, Kleinasiatische Forschungen 1 (Anm. 22) 219.233; im Anschluß an Goetze auch Kühne a.a.O. (Anm. 22).

approximative Wiedergabe böte sich "Gottesmann" an. Wichtig ist, daß man von dem *\v{s}iuniyant-* anscheinend einfaches "Reden" (*mema-*) im Auftrag der Gottheit erwartet hat.

Das älteste Zeugnis für ekstatisches Prophetentum in Syrien findet sich in dem Reisebericht des Ägypters Unamūn, der in der 1. Hälfte des 11. Jahrhunderts vom Hohenpriester des Amūn in Theben nach Phönizien geschickt wurde, um Bauholz für die Restaurierung der Prozessionsbarke Amūns zu besorgen. Die Geschichte ist bekannt: Unamūn gelangt unter großen Schwierigkeiten und unter Verlust seiner Geldmittel in den Hafen von Byblos, wo er vergeblich darauf wartet, vom König Zakarbaal vorgelassen zu werden. Sein Geschick wendete sich erst, als während eines Opfers einer der *ʿḏd.w ʿꜣ.w* des Zakarbaal von "dem Gott" ergriffen und in Raserei versetzt wurde und namens des Gottes forderte, Unamūn und den ihn begleitenden (oder: den von ihm begleiteten) Amūn-des-Weges zu empfangen. Der Autor erwähnt noch, daß der Betreffende die ganze Nacht hindurch "raste"[27]. Der Vorfall führte indessen dazu, daß Zakarbaal sich des ägyptischen Gesandten und seines Problems annahm. Der Ausdruck *ʿḏd ʿꜣ* ist eine alte *crux interpretum*; er bedeutet wörtlich "großer Knabe", was man häufig als "Page", jedoch auch als "alter Mann" erklärt hat. M.E. ist die Auffassung des Ausdrucks als "junger Mann, Jüngling" durchaus vertretbar, so daß in der Tat an einen Pagen oder Höfling zu denken wäre. Die Versuche, darin die ägyptische Wiedergabe eines semitischen Wortes für

[27] Unamūn I 38-41, A.H.Gardiner, Late-Egyptian Stories (Bibliotheca Aegyptiaca, 1; Brüssel 1932) 65; vgl. A.Erman, Die Literatur der Aegypter (Anm. 4) 288; J.A.Wilson, ANET[1-3] 26; E.Edel, in: K.Galling (Hrsg.), Textbuch zur Geschichte Israels (Tübingen [2]1968/[3]1979) 43; E.Blumenthal, Altägyptische Reiseerzählungen: Die Lebensgeschichte des Sinuhe. Der Reisebericht des Wen-Amun (Reclams Universal-Bibliothek, 928; Leipzig 1982) 30.

"Prophet" zu finden, sind zwar grundsätzlich attraktiv, scheinen mir aber nicht gelungen zu sein[28]. Ist unsere Auffassung richtig, dürfte der "junge Mann" weder ein "Opferpriester"[29] noch ein berufsmäßiger Mantiker[30] gewesen sein.

In den Anfang des 8. Jahrhunderts v.Chr. gehört die Steleninschrift des Königs Zakkūr von Hamath und Luᶜaš[31]. Zakkūr berichtet darin, wie er, m.E. im Jahre 797/6, von einer übermächtigen Koalition syrischer Fürsten in seiner Stadt Hadrach eingeschlossen worden sei, und auf sein Gebet hin von seinem Gott Beᶜl-šamain "durch Seher und *ᶜddn*" (*[b]yd ḥzyn wbyd ᶜddn* A 12) die Zusage von Erhörung und göttlichem Beistand erhalten habe (A 13-17). Der Ausdruck **ḥzh* bezeichnet wie sein etymologisches bzw. semantisches Äquivalent *ḥōzē/rōʾē* im Hebräischen des Alten Testaments sicher den Propheten. Zu den *ᶜddn* können eventuell die fiktiven alttestamentlichen Prophetennamen *ᶜIddō* und *ᶜŌḏēḏ*[32] verglichen werden; doch ist auch nicht auszuschließen, daß es sich bei ihnen um Verwalter

---

[28] Siehe M.Weippert, Assyrische Prophetien der Zeit Asarhaddons und Assurbanipals, in: F.M.Fales (Hrsg.), Assyrian Royal Inscriptions: New horizons in literary, ideological, and historical analysis (OAC 17; Rom 1981) 101f. (Lit.). Doch auch E.Blumenthal, op.cit. 49, denkt an Verballhornung eines semitischen Wortes und übersetzt S. 30.49 mit "Seher".

[29] So K.Galling, Textbuch[2.3] (Anm. 27) 43 Anm. 21.

[30] So zuletzt A.Cody, The Phoenician Exstatic in Wenamūn, a Professional Oracular Medium, JEA 65 (1979) 99-106, der *ᶜdd*, wie bereits andere vor ihm (vgl. M.Weippert a.a.O. 102 Anm. 74), als leicht ägyptisierte Wiedergabe von sem. **ᶜdd* (altaram. pl. *ᶜddn*) auffaßt. Die Lautgesetze sprechen gegen die Gleichung.

[31] KAI 202. Zur Datierung siehe E.Lipiński, in: W.Beyerlin (Hrsg), Religionsgeschichtliches Textbuch (Anm. 22) 247, und demnächst M.Weippert, Die Feldzüge Adadnararis III. nach Syrien: Voraussetzungen, Verlauf, Folgen, WO (in Vorbereitung)

[32] *ᶜIddō*: 2 Chr 12,15; 13,22 (vgl. noch **Yeᶜdī* K / **Yeᶜdō* Q 2 Chr 9,29 [beide Namensformen vielleicht unrichtig]); *ᶜŌḏēḏ* 2 Chr 28,9.

technischer Orakel handelt[33]. Der Spruch der *ḥzyn* und *ᶜddn* ist jedenfalls ein "klassisches" Erhörungs- und Beistandsorakel[34].

Um einen "Seher" handelt es sich auch bei Bileam ben Beor/Balᶜam bir Bᶜr, der uns nicht nur aus Num 22-24 und anderen Stellen des Alten Testaments, sondern auch aus einer Inschrift etwa des ausgehenden 8. Jahrhunderts v.Chr. aus dem transjordanischen Tell Dēr ᶜAllā (im mittleren Jordantal) bekannt ist[35]. Leider ist die In-

---

[33] Vgl. zu den *ᶜddn* ausführlich (mit Literatur) J.F.Ross, Prophecy in Hamath, Israel and Mari, HThR 63 (1970) 4-8.

[34] Vgl. H.-J.Zobel, Das Gebet um Abwendung der Not und seine Erhörung in den Klageliedern des Alten Testaments und in der Inschrift des Königs Zakir von Hamath, VT 21 (1971) 91-99.

[35] J.Hoftijzer u. G. van der Kooij, Aramaic Texts from Deir ᶜAlla (Documenta et Monumenta Orientis Antiqui, 19; Leiden 1976). Dazu: A.Caquot u. A.Lemaire, Les textes araméens de Deir ᶜAlla, Syria 54 (1977) 189-208; A.Caquot, Un nouveau témoignage sur le prophète Balaam, RHR 193 (1978) 143f.; M.Delcor, Le texte de Deir ᶜAlla et les oracles bibliques de Balaᶜam, in: Congress Volume Vienna 1980 (VTS 32; Leiden 1981) 52-73; Balaᶜam Pâtôrâh, interprète des songes au pays d'Ammon d'après Nombres 22:5: Les témoignages épigraphiques parallèles, Semitica 32 (1982) 89-91; H.J.Franken, Texts from the Persian Period from Tell Deir ᶜAlla, VT 17 (1967) 480f.; G.Garbini, L'iscrizione de Balaam Bar-Beor, Henoch 1 (1979) 166-188; J.C.Greenfield, Aramaic Studies and the Bible, in: Congress Volume Vienna (s.o.) 115; J.A.Hacket, The Balaam Text from Deir ᶜAlla (HSM 31; Chico, CA, 1984); The Dialect of the Plaster Text from Tell Deir ᶜAlla, Orientalia NS 53 (1984) 57-65; E.Hammershaimb, De aramaiske indskrifter fra udgravingerne i Deir ᶜAllā. Dansk Teologisk Tidsskrift 40 (1977) 217-242; J.Hoftijzer, De ontcijfering van Deir-ᶜAlla-teksten (Oosters Genootschap in Nederland, 5; Leiden 1973); The Prophet Balaam in a 6th Century Aramaic Inscription, Biblical Archaeologist 39 (1976) 11-17; De aramese teksten uit Deir ᶜAlla, Phoenix 22 (1976) 84-91; S.A.Kaufman, The Aramaic Texts from Deir ᶜAllā, BASOR 239 (1980 [1982]) 71-74; J.Koenig, La déclaration des dieux dans l'inscription de Deir Alla (I,2), Semitica 33 (1983) 77-88; A.Lemaire, Les inscriptions de Deir ᶜAlla et la littérature araméenne antique, CRAIBL 1985, 270-285; L'inscription de Balaam trouvée à Deir ᶜAlla: épigraphie, in Biblical Archaeology Today: Proceedings of the International Congress on Biblical Archaeology, Jerusalem, April 1984 (Jerusalem 1985) 313-325; La disposition originelle des inscriptions sur plâtre de Deir ᶜAlla, SEL 3 (1986) 79-93; B.A.Levine, The Balaam Inscription from Deir ᶜAlla: Historical Aspects, in: Biblical Archaeology Today (s.o.) 326-339; J.Lust, Balaam; an Ammonite, EThL 54 (1978) 60f.; P.K.McCarter, The Balaam Texts from Deir ᶜAllā: The First Combination, BASOR 239 (1980 [1982]) 49-60; H.-

schrift, um die es in diesem Zusammenhang allein geht, so schlecht erhalten, daß die Gestalt und die Rolle des Propheten nur in sehr verschwommenen Umrissen erkennbar sind. So läßt sich auch nicht ohne weiteres feststellen, ob seine Botschaft Heil oder Unheil (oder gar beides) beinhaltete. Sicher ist indessen, daß es sich bei der Inschrift nicht um Königsprophetie handelt.

Schließlich sind noch die neuassyrischen Prophetien zu besprechen, die der Regierungszeit Asarhaddons (681-669) und Assurbanipals (669-629/7) angehören und das größte Corpus einschlägiger Texte außerhalb des Alten Testaments darstellen[36]. Sie sind uns auf zehn oder elf Tontafeln der Quyunǧīq(Kouyunjik)-Sammlung des Britischen

P.Müller, Einige alttestamentliche Probleme zur aramäischen Inschrift von Dēr ᶜAllā, ZDPV 94 (1978) 56-67; Die aramäische Inschrift von Deir ᶜAllā und die älteren Bileamsprüche, ZAW 94 (1982) 214-244; J.Naveh, The Date of the Deir ᶜAllā Inscription in Aramaic Script, IEJ 17 (1967) 256-258; E.Puech, L'inscription sur plâtre de Tell Deir ᶜAlla, in: Biblical Archaeology Today (s.o.) 354-365; G.Rinaldi, Balaam al suo paese, Bibbia e Oriente 20 (1978) 51-59; H.Ringgren, Bileam och inskriften från Deir ᶜAlla, Religion och Bibel 36 (1977) 85-89; A.Rofé, "The Book of Balaam" (Numbers 22:2-24:25): A Study in Methods of Criticism and the History of Biblical Literature and Religion. With an Appendix: Balaam in the Deir ᶜAlla Inscriptions (Jerusalem Biblical Studies, 1; Jerusalem 1979) 59-70 (hebr.) [Diskussionsbeitrag], in: Biblical Archaeology Today (s.o.) 365f.; V.Sasson, The Book of the Oracular Visions of Balaam from Deir ᶜAlla, UF 17 (1985 [1986]) 283-309; M.Weinfeld,The Balaam Oracle in the Deir ᶜAlla Inscriptions,Sənaton lammiqrā ūləḫēqer hammizraḥ haqqādūm 5/6 (1982) 141-147 (hebr.); H. u. M.Weippert, Die "Bileam"-Inschrift von Tell Dēr ᶜAllā, ZDPV 98 (1982) 77-103. Rezensionen von Hoftijzer u. van der Kooij: K.-H. Bernhardt, ThLZ 104 (1979) 893f.: M.Dahood, Biblica 62 (1981) 124-127; J.A.Fitzmyer, CBQ 40 (1978) 93-95: J.C.Greenfield, JSS 25 (1980) 248-252; B.A.Levine, JAOS 101 (1981) 195-205; O.Loretz, UF 10 (1978) 472; J.Naveh, IEJ 29 (1979) 133-136; D.Pardee, JNES 29 (1979) 296f.; E.Puech, RB 85 (1978) 114-117; J.B.Segal, PEQ 110 (1978) 69; S.Segert, WZKM 72 (1980) 182-189; G.Wallis, BiOr 35 (1978) 316f.

[36] Zum folgenden siehe M.Weippert, Assyrische Prophetien (Anm. 28) 71-115. Zu den dort auf S. 112 aufgezählten Texten kommen noch K 1974 (CT LIII 219), 83-1-18,726 (CT LIII 946) und vielleicht K 10865 (CT LIII 413), während der auf S. 72 besprochene Text Sm 1036 definitiv auszuscheiden ist, da es sich bei ihm um ein Duplikat zu ZZ. 87-111 des Gula-Hymnus des Bullussa-rabi (W.G.Lambert, The Gula Hymn of Bulluṭsa-rabi, Orientalia NS 36 [1967] 105-132, bes. 120-122) handelt.

Museums überliefert. Dabei ist zu unterscheiden zwischen Einzeltafeln, die eine einzige prophetische Spruchеinheit enthalten, und Sammeltafeln, auf denen mehrere Spruchеinheiten, meist auch von unterschiedlichen Verfassern, vereinigt sind. Die Sammeltafeln stammen, mit einer Ausnahme, aus der Zeit Asarhaddons, während die Einzeltafeln mehrheitlich wohl der Assurbanipals zuzuweisen sind. Es ist anzunehmen, daß es sich bei den Sammeltafeln um Zusammenstellungen von Texten handelt, die ursprünglich auf Einzeltafeln festgehalten worden waren. Insgesamt lassen sich 33 Spruchеinheiten feststellen; da aber die großen Sammeltafeln aus der Zeit Asarhaddons sämtlich beschädigt sind, muß ihre Zahl größer gewesen sein, noch ganz abgesehen davon, daß die erhaltenen Texte sicher nur einen Ausschnitt aus dem ursprünglichen Bestand repräsentieren werden. In den vorhandenen Texten lassen sich aufgrund von Über- und Unterschriften zu einzelnen oder zu Gruppen von Spruchеinheiten fünfzehn Propheten, zehn Frauen und fünf Männer, unterscheiden[37], von denen meist der Name und der Wohnort bzw. der "Beruf" bekannt ist. Unter den Orten wird siebenmal Arbela genannt, zweimal Assur, je einmal Kalḫu und die sonst nicht belegte Gebirgssiedlung Darāḫūya. Bei den Angaben über den "Beruf" heben sich, ähnlich wie in Mari, zwei Personengruppen gegeneinander ab: Personen, deren Titel keine direkte Verbindung mit mantischen Disziplinen erkennen läßt, und solche, bei denen das wohl der Fall ist. Zur ersteren Gruppe gehören zwei Tempeloblatinnen (*šēlūtu*), die aber immerhin zum Tempelpersonal gehören, zur letzteren je eine *maḫḫūtu* "Ekstatikerin", ein *raggimu*, wörtlich "Sprecher" und eine *raggintu* "Sprecherin". Die Bezeichnungen *raggimu* und *raggim/ntu*

[37] Siehe Tabelle 2 bei M.Weippert a.a.O. 113, die aber aufgrund der zusätzlichen Texte (siehe Anm. 36) und weitergehender Arbeit an den Texten in einigen Punkten zu revidieren ist. Die oben gegebenen Zahlen entsprechen dem neuesten Stand.

scheinen Innovationen der neuassyrischen Periode zu sein. Über Art und Lokal des Offenbarungsempfangs schweigen sich die meisten Sprucheinheiten aus. Sie machen gewöhnlich den Eindruck, als seien sie ungefragt, gleichsam "spontan", ergangen; einige sind jedoch deutlich Antwort auf eine Anfrage. Nur drei Sprucheinheiten, bei denen es sich um "Staatsorakel" eventuell im Zusammenhang der Thronbesteigung Asarhaddons handelt, geben zu erkennen, daß sie aus dem Assur-Tempel É-šár-ra in Assur stammen. Bei den sich offenbarenden Gottheiten tritt Ištar von Arbela am stärksten hervor; neben ihr findet sich noch Mullissu (^{d}NIN.LÍL), die in neuassyrischer Zeit zur Gemahlin Assurs geworden ist, Assur selbst, Bēl (d.h. Marduk), Nabû und eventuell Bēl tarbāṣe, einer der Türhütergötter des É-šár-ra. Adressat der göttlichen Botschaften ist fast durchgängig der König, gelegentlich die Königinmutter (*ummi šarre*) und der Kronprinz, einmal auch die Bürgerschaft von Assyrien (*mārū māt Aššūr*). Die meisten Sprucheinheiten sind der Gattung des Heilsorakels für Könige, kurz "Königsorakel", zuzuweisen[38]. In ihrem Mittelpunkt steht der regierende König, um dessen Wohlergehen und Erfolg, vor allem auf militärischem Gebiet, die Götter besorgt sind, und dem sie ein langes Leben, eine ausgedehnte Regierungszeit und die Fortdauer seiner Dynastie zusagen. Daneben fallen andere Genres und nichtkönigliche Adressaten kaum ins Gewicht; doch sei wenigstens im Vorbeigehen darauf hingewiesen, daß der König einmal - wie in Mari - von Ištar von Arbela wegen kultischer Nachlässigkeit gerügt wird[39], und daß im Rahmen eines Königsorakels einmal ein Heilsorakel für Deportierte und andere

---

[38] Vgl. dazu neben M.Weippert a.a.O. 90-92.104-111 ;auch ders., De herkomst van het heilsorakel voor Israël bij Deutero-Jesaja, Nederlands Theologisch Tijdschrift 36 (1982) 1-11.

[39] K 2401 III 15'-36', M.Weippert, Assyrische Prophetien (Anm. 28) 87f.; K.Hecker, TUAT II (Gütersloh 1986-) 61.

Unterdrückte begegnet, das ihnen die Repatriierung und die Wiedereinsetzung in ihre Rechte bzw. Sicherheit im Schutze des Königs zusagt[40].

3. Alttestamentliche und altorientalische Prophetie

Was bedeutet nun die altorientalische Prophetie für unsere Bemühungen um ihre alttestamentliche Schwester? Das ist eine Frage, über die man ein Buch schreiben könnte - und sollte[41]. Ich muß mich im Rahmen dieses Vortrags auf ein paar Aspekte des weitgespannten Themas beschränken.

Wichtig ist zunächst, daß es im Alten Orient außerhalb Israels überhaupt Prophetie gab, und daß wir dies nicht nur aus gelegentlichen Hinweisen des Alten Testaments wissen, sondern an Hand von Originalzeugnissen studieren können. Wir können daraus ableiten, daß das alte Israel auch in dieser Hinsicht Teil seiner Welt war,

---

[40] K 12033+82-5-22, 527 III 1'-19', M.Weippert, in: K.R.Veenhof (Hrsg.), Schrijvend Verleden: Documenten uit het oude Nabije Oosten vertaald en toegelicht (Mededelingen en Verhandelingen van het Vooraziatisch-Egyptisch Genootschap "Ex Oriente Lux"; Leiden u. Zutphen 1983) 286 (mit Bemerkungen zum Text S. 287 und Kommentar S. 289).

[41] Vgl. vorläufig z.B. J.F.Craghan, Mari and its Prophets: The Contribution of Mari to the Understanding of Biblical Prophecy, Biblical Theology Bulletin 5 (1975) 32-55; M.Dietrich, Prophetie in den Keilschrifttexten, Jahrbuch für Anthropologie und Religionsgeschichte 1 (1973) 15-44; J.-G.Heintz, Oracles prophétiques et "guerre sainte" selon les Archives Royales de Mari et l'Ancien Testament, Congress Volume Rome 1968 (VTS 17; Leiden 1969) 112-138; Aux origines d'une expression biblique: *Ūmūšu qerbū*, en A.R.M. X/6,8'? VT 21 (1971) 528-540; F.Nötscher, Prophetie im Umkreis des alten Israel, BZ NF 10 (1966) 161-197; H.Ringgren, Prophecy in the Ancient Near East, in: R.Coggins u.a. (Hrsg.), Israel's Prophetic Tradition: Essays in Honour of P.R.Ackroyd (Cambridge 1982) 1-11; J.R.Ross, Prophecy in Hamath, Israel and Mari, HThR 63 (1970) 1-28; H.Weippert, Der Beitrag außerbiblischer Prophetentexte zum Verständnis der Prosareden des Jeremiabuches, in: P.-M.Bogaert (Hrsg.), Le livre de Jérémie: Le prophète et son milieu - les oracles et leur transmission (BEThL 54; Löwen 1981) 83-104, und die in Anm. 2 und 16 genannten Bücher von E.Noort und F.Ellermeier.

nicht ein kulturelles *corpus separatum*, das sich in allem und jedem von seiner Umgebung unterschied oder unterscheiden wollte. Zugleich weitet die Bekanntschaft mit der altorientalischen Prophetie unseren Blick für die Mannigfaltigkeit der prophetischen Erscheinungen: πολυμερῶς καί πολυτρόπως, "vielfach und auf vielerlei Weise" (Hebr 1,1), haben die Götter zu den Menschen gesprochen, und es bedeutete eine Verengung des Begriffs des Prophetischen, wollte man eine Art des Offenbarungsempfangs, einen Sprechstil, einen Inhalt, eine Verkündigungsintention, eine Traditionslinie für das Zeichen "echter" Prophetie halten.

Andererseits haben die Tendenzen zur Abgrenzung, zum Partikularismus bis hin zur Abschließung gegen die Außenwelt in der Geschichte Israels aufgrund der bekannten politischen und religiösen Entwicklungen zunehmend an Bedeutung gewonnen. Die nachexilische Jerusalemer Gemeinde und der Staat der Hasmonäer oder gar die Zeloten des 1. Jüdischen Krieges und die Gefolgschaft Bar-Kosebas verhielten sich zu ihrer "heidnischen" Umwelt in vielfacher Hinsicht anders als das Reich Davids und Salomos oder seine Nachfolgestaaten, trotz deutlicher ethnischer und kultureller Kontinuität.

Dazu kommt, daß man bei der Betrachtung der Formen und Inhalte der Verkündigung der alttestamentlichen Propheten, vor allem der sog. Schriftpropheten, und der Prophetie des Alten Orients nicht nur Übereinstimmung im Allgemeinen und in manchen Einzelheiten, sondern auch beträchtliche Unterschiede konstatieren muß. Sollte der Satz, daß das alte Israel auch auf dem Gebiet der Prophetie in seine Welt und seinen Kulturbereich eingebunden war, doch einiger Einschränkung bedürfen oder gar ganz fallengelassen werden müssen? Oder handelt es sich nur um scheinbare Unterschiede, wie sie sich bei der Vergleichung von Unvergleichbarem zwangsläufig einstellen müssen? Wir stehen damit vor der Frage, wie das Verhältnis der alttestamentlichen zur altorientalischen Prophetie zu beschreiben und wie gegebenenfalls zu differenzieren sei.

Nun muß zunächst festgehalten werden: Die alttestamentliche Prophetie gibt es nicht. Es handelt sich weder um eine homogene noch um eine isomorphe Erscheinung. Sie wurde aus verschiedenen Quellen gespeist, sie hat Entwicklungen durchlaufen, die wir in großen Zügen und innerhalb gewisser Grenzen nachzeichnen können, und sie bringt unterschiedliche Interessen und Bestrebungen, auch die gewisser gesellschaftlicher Gruppen und Klassen, zum Ausdruck. Bereits bei ihrem frühesten historisch greifbaren Auftreten sind Unterschiede zu beobachten. Es gibt den "Seher" (hebr. *ḥōzē* oder *rōʾē*), eine hochgeachtete Persönlichkeit, deren enge Beziehung zur göttlichen Welt sie befähigt, auf Anfrage hin den Gotteswillen zu erkunden, oder "spontan" zum Medium göttlicher Kundgebungen zu werden. Seine Klientel ist die lokale Bevölkerung, unter der er lebt, und die zu seinem Lebensunterhalt beiträgt; ihr gewährt er in Krisen- und Entscheidungsfällen des Alltags Beistand und Leitung. Er (oder sie) kann auch zu überregionaler Bedeutung gelangen, ja, durch seine (ihre) Reden und Handlungen entscheidend in das Leben eines ganzen Volkes - oder eines Volkes im Werden - eingreifen. Erinnert sei an Debora, die Barak und seine nordisraelitische Gefolgschaft zum Kampf gegen Sisera aufrief, oder an Samuel, der dem Benjaminiten Saul nicht nur wieder zu den Eselinnen seines Vaters verhalf, sondern auch bei dessen Erhebung zum König von Israel seine Hand im Spiel gehabt haben dürfte. Züge dieses Sehertums finden sich noch bei Bileam ben Beor/Balʿam bir Bʿr sowohl in der Inschrift von Tell Dēr ʿAllā als auch in der Erzählung von Num 22-24.

Daneben begegnen wir Gruppen von Ekstatikern (hebr. *nəbīʾīm*), deren Lebensweise wir uns vielleicht analog zu der islamischer *darāwīš* (Derwische) vorzustellen haben[42], und die nach dem Aufkommen des Königtums dem Widerstand der konservativen Landbevölkerung gegen die Neuerungen auf sozio-ökonomischem und religiösem Gebiet in Wort und Tat Ausdruck verliehen haben[43]. Die prominentesten Vertreter dieses ekstatischen Prophetentums im 9. Jahrhundert v.Chr. waren Elia und Elisa. Ihren Antitypus verkörpern z.B. der Prophet (*nābī*) Nathan, der am Hofe Davids eine nicht unbeträchtliche Rolle gespielt zu haben scheint, und die zahlreichen Propheten (*nəbīʾīm*) des "Baal" und der Aschera im Solde Ahabs von Israel und seiner Gemahlin Isebel, die in den Prophetengeschichten des Königsbuches als Gegenspieler Elias und Elisas auftreten.

In diesen Hofpropheten und Gestalten wie Elia und Elisa tritt in Umrissen bereits der Antagonismus zutage, der das Prophetenbild in den jüngeren alttestamentlichen Überlieferungen über die vorexilische Zeit bestimmt: der zwischen den meist namentlich nicht genannten "Propheten" (*nəbīʾīm*), die in der Regel in der Mehrzahl auftreten und im Namen Jahwes "Heil" (*šālōm*) verkündigen, und Einzelnen, die wissen, daß Jahwe entschlossen ist, Unheil und nicht Heil über Israel und Juda zu bringen. Die letzteren sind die vorexilischen "Schriftpropheten" und ihre Gesinnungsgenossen, die für sich selbst allerdings die Bezeichnung *nābī* meiden, auch wenn sie vonseiten Dritter (etwa den Erzählern von Prophetenlegenden oder den Redaktoren ihres literarischen Nachlasses) so genannt werden.

---

42 Vgl. H.-Chr.Schmitt, Prophetie und Tradition: Beobachtungen zur Frühgeschichte des israelitischen Nabitums, ZThK 74 (1977) 269-271.

43 Vgl. M.Weippert, Fragen des israelitischen Geschichtsbewußtseins, VT 23 (1973) 427.

Da erstere, die *nəbī'īm*, häufig in einem Atemzug mit den Priestern genannt werden, dürfen wir annehmen, daß sie in der mittleren und späteren israelitischen Königszeit gewöhnlich im Dienst des Tempels zu Jerusalem standen. Sie waren in ihrer Mehrheit sozusagen beamtete oder angestellte Verwalter des Jahwewortes, deren sich die politische Führung oder die Priesterschaft bedienen konnte, wenn es darauf ankam, den Willen Jahwes in Angelegenheiten des Staates oder auch eines seiner Bürger zu erfahren, und die gewiß auch ungefragt im Namen Jahwes Stellung bezogen haben. Die Existenz dieser Tempelpropheten (ich sage ausdrücklich nicht: "Kultpropheten") bildet z.B. den Hintergrund der Antwort des Propheten Amos an Amazia, den Oberpriester des Tempels zu Bethel, als dieser sein Auftreten im Staatsheiligtum Israels unterbindet und ihn zum Verlassen des Landes auffordert[44]. Auffällig ist dabei zunächst, daß Amazia Amos nicht als *nābī*, sondern als *ḥōzē* "Seher" anspricht. Noch auffälliger ist freilich, daß Amos diesen ihm beigelegten Titel in seiner Antwort überhaupt nicht aufnimmt, sondern sagt (Am 7, 14f.):

> Ich bin kein Prophet (*nābī*) noch einer von der Prophetenzunft (*ben-nābī*), sondern ein Viehhalter und Maulbeerfeigenzüchter. Weggeholt hat mich Jahwe hinter den Schafen, und gesagt hat Jahwe zu mir: "Auf! Prophezeie meinem Volk Israel!"

Daß Amos hier, wie es scheint, so an Amazia vorbeiredet, ist für die alttestamentliche Wissenschaft Anlaß zu beträchtlicher Irritation. Doch scheint mir, daß Amos die Bezeichnung "Seher" sozusagen stillschweigend passieren läßt, also nicht als ganz unangemessen

---

[44] Am 7,10-17.

empfindet. Mit der pleonastisch formulierten[45] Erklärung, kein *nābī* zu sein, macht er hingegen seinen juridischen Status geltend: Da er kein *nābī* ist, untersteht er nicht der Jurisdiktion des Oberpriesters Amazia und muß folglich von ihm auch keine Weisungen entgegennehmen. Er untersteht vielmehr allein der Autorität seines Gottes[46].

Der Konflikt zwischen den "Heilspropheten", die der politischen und geistlichen Führung nahestanden, und den oppositionellen Propheten durchzieht die gesamte Geschichte der Reiche Israel und Juda. Daß von der Verkündigung der ersteren so wenig erhalten ist, hängt damit zusammen, daß sie mit den Staaten, denen diese Propheten dienten, und um deren Heil (*šālōm*) sie besorgt waren, unterging. Was als überlieferungswürdig angesehen wurde, war das Wort ihrer Gegner, der vorexilischen "Schriftpropheten", dessen Wahrheit sich in der politischen Katastrophe der Reiche Israel und Juda in den Jahren 722/20 und 586 erwiesen hatte.

Die große Bedeutung der außerbiblischen altorientalischen Prophetie für die alttestamentliche Wissenschaft liegt nun darin, daß es sich bei ihr trotz gelegentlicher kritischer Töne um Zeugnisse eben jener an Staat und Monarchie gebundenen Heilsprophetie handelt, von der sich aus dem genannten Grunde im Alten Testament nur

---

[45] *Nābī* und *ben-nābī* bedeuten wohl sachlich dasselbe. Vgl.dazu E.Baumann, Eine Kleinigkeit, ZAW 64 (1952) 62; Ph.Seidenstikker, Prophetensöhne - Rechabiter - Nasiräer, Studii Biblici Franciscani Liber Annuus 10 (1959/60) 88f.; J.R.Porter, *Bənē-hannəbī'īm*, JThS NS 32 (1981) 423f. (::428).

[46] Zum Topos der Berufung "hinter den Schafen weg" vgl. H.Schult, Amos 7,15a und die Legitimation des Außenseiters, in: H.W.Wolff (Hrsg.), Probleme biblischer Theologie, G.v.Rad zum 70. Geburtstag (München 1971) 462-478, der auch den Widerspruch zwischen dieser Aussage und den Berufsbezeichnungen *bōqēr* "Viehhalter" (Halter/Züchter von *bāqār* "Großvieh") und *bōlēs šiqmīm* "Maulbeerfeigenzüchter" zu erklären vermag (a.a.O. 462f.478).

geringe Reste erhalten haben. Für die Erforschung der heilsprophetischen Redegattungen, Stilelemente und Verkündigungsinhalte eröffnen sich hier Möglichkeiten, die bisher nur zum Teil genutzt worden sind[47]. So wird bei der Behandlung des alttestamentlichen Erhörungs- und Heilsorakels in der Regel auf das Vorkommen derselben Gattung in der Steleninschrift des Zakkūr von Hamath verwiesen[48]. Das Interesse der Alttestamentler konzentriert sich dabei allerdings meist auf die Formel "Fürchte dich nicht!", die als konstitutiv für die Gattung angesehen, und deren Vorkommen in den neuassyrischen Prophetensprüchen eher beiläufig notiert wird[49]. Daß man das assyrische Material so stiefmütterlich behan-

---

[47] C.Westermann, Prophetische Heilsworte im Alten Testament (FRLANT 145; Göttingen 1987), macht einen Anfang mit der formgeschichtlichen Analyse alttestamentlicher Heilsweissagungen, berührt sich aber in seiner Thematik nur am Rande mit dem, was hier zur Sprache kommt. Dasselbe gilt von S.Herrmann, Die prophetischen Heilserwartungen im Alten Testament (BWANT 85; Stuttgart 1965). Vgl. noch C.Westermann, Zur Erforschung und zum Verständnis der prophetischen Heilsworte, ZAW 98 (1986) 1-13.

[48] Siehe oben S.301 Anm. 34.

[49] Vgl. z.B. H.Greßmann, Die literarische Analyse Deuterojesajas, ZAW 34 (1914) 287-290; O.Kaiser, Traditionsgeschichtliche Untersuchung von Genesis 15, ZAW 70 (1958) 113; H.M.Dion, The Patriarchal Traditions and the Literary Form of the "Oracle of Salvation", CBQ 29 (1967) 198-206, bes. 200f.; Ph.B.Harner, The Salvation Oracle in Second Isaiah, JBL 88 (1969) 418-434; L.Derousseaux, La crainte de Dieu dans l'Ancien Testament: Royauté, Alliance, Sagesse dans les royaumes d'Israël et de Juda. Recherches d'exégèse et d'histoire sur la racine yâré (Lectio Divina, 63; Paris 1970) 94; R.P.Merendino, Literarkritisches, Gattungskritisches und Exegetisches zu Jes. 41,8-16, Biblica 53 (1972) 29-32; H.Wildberger, Jesaja, I (BKAT 10:1; Neukirchen-Vluyn 1972) 270-272; A.Schoors, I am God your Saviour: A form-critical study of the main genres in Is. xl-lv (VTS 24; Leiden 1973) 39-45; J.M.Vincent, Studien zur literarischen Eigenart und zur geistigen Heimat von Jesaja, Kap. 40-55 (Beiträge zur biblischen Exegese und Theologie, 5; Frankfurt/M., Bern, Las Vegas 1977) 148ff.; R.P.Merendino, Der Erste und der Letzte: Eine Untersuchung von Jes 40-48 (VTS 31; Leiden 1981) 166f. Anm. 125. - Gründlicher wird Material der neuassyrischen Prophetien - auch in anderem Zusammenhang - berücksichtigt bei T.Ishida, The Royal Dynasties in Ancient Israel: A Study on the Formation and Development of Royal-Dynastic Ideology (BZAW 142; Berlin u. New York 1977) 90-92.115f.;

delt, hängt damit zusammen, daß diese Texte für Nichtassyriologen nur in eingeschränktem Maße zugänglich sind. Betrachtet man sie genauer, so stellt sich heraus, daß die Beschwichtigungsformel "Fürchte dich nicht!" zwar ein relativ häufig vorkommendes, aber doch nur fakultatives Bauelement von Heilsorakeln ist, dem für die Gattungsbestimmung kein entscheidendes Gewicht zukommt[50]. Die assyrischen Prophetien geben jedoch Veranlassung, innerhalb der Gattung des Heilsorakels zu differenzieren.

Bekanntlich spricht man in der alttestamentlichen Wissenschaft seit F.Küchler und J.Begrich[51] vom "priesterlichen Heilsorakel", einer mehr oder minder hypothetischen Gattung, die die genannten Autoren aufgrund eines gelegentlich in individuellen Klageliedern des Psalters begegnenden "Stimmungsumschwungs" von der Klage zum Gotteslob[52] postuliert haben. Die Wende in der Haltung des Beters wurde dabei auf einen durch den Mund eines Priesters ergangenen Gottesspruch zurückgeführt, der den Klagenden der hilfreichen Nähe der Gottheit, der Erhörung und der göttlichen Hilfe versicherte. Da solche Gottesworte im Psalter anscheinend nicht vorkommen[53],

M.Dijkstra, Gods Voorstelling: Predikatieve expressie van zelfopenbaring in Oudoosterse teksten en Deutero-Jesaja (Dissertationes Neerlandicae, Series Theologica, 2; Kampen 1980) passim.

50 Die läßt sich aus Tabelle 4 bei M.Weippert, Assyrische Prophetien (Anm. 28) 115, Spalte "Beschwichtigungsformel", ablesen.

51 F.Küchler, Das priesterliche Orakel in Israel und Juda, in: Abhandlungen zur semitischen Religionskunde und Sprachwissenschaft, W.W. Grafen von Baudissin zum 26. September 1917 überreicht von Freunden und Schülern (BZAW 33; Gießen 1918) 285-301; J.Begrich, Das priesterliche Heilsorakel, ZAW 52 (1934) 81-92, Neudruck in: ders., Gesammelte Studien zum Alten Testament, hrsg. v. W.Zimmerli (ThB 21; München 1964) 217-231.

52 Der "Umschwung" findet sich in Ps 6 zwischen V. 8 und 9, in Ps 13 zwischen V. 5 und 6, in Ps 31 zwischen V. 19 und 20, in Ps 57 zwischen V. 7 und 8.

53 Die Psalmen, die Zitate von Gottesworten oder Anspielungen auf solche enthalten, können die These Küchlers und Begrichs nicht

stützte Begrich seine Rekonstruktion der Form auf die Heilsorakel Deuterojesajas für Israel, die er gattungs- und traditionsgeschichtlich vom "priesterlichen Heilsorakel" herleitete. Auf der Grundlage einer eingehenden Untersuchung der neuassyrischen Prophetien glaube ich inzwischen gezeigt zu haben, daß es sich bei dem Vorbild der deuterojesajanischen Heilszusagen um das - prophetische! - Heilsorakel für Könige, das "Königsorakel", handelt, das der unbekannte Prophet der Exilswende in kühner Kontrafaktur von den Herrschern aus Davids Haus auf das Volk Israel (d.h. Juda) übertragen hat[54].

Trotzdem haben Küchler und Begrich etwas Richtiges gesehen. Der von ihnen beobachtete "Stimmungsumschwung" findet sich nämlich auch einmal in den "Konfessionen" Jeremias, die ja auf die Situation des verfolgten Unheilspropheten zugeschnittene Klagelieder des Einzelnen sind[55], und zwar in Jer 20,7-10.11(-13). In demselben Textcorpus kommt zweimal der Fall vor, daß einer Klage Jeremias eine göttliche Heilszusage folgt (Jer 11,18-20.21-23; 15,10-18.19-21). Damit ist das Heilsorakel als Antwort auf einen indivi-

stützen. Selbst dort, wo im Zusammenhang eines Klagepsalms ein göttliches Heilsorakel angeführt wird (im Klagelied des Einzelnen Ps 12,6, im Volksklagelied Ps 60,8-10 = 108,8-10), fehlt der "Umschwung". Vgl. allgemein zu Gottesreden in Psalmen Th.Booij, Godswoorden in de Psalmen: Hun funktie en achtergronden (Diss. theol. Vrije Universiteit 1978; Amsterdam 1978).

54 M.Weippert, Assyrische Prophetien (Anm. 28) 108-111; De herkomst van het heilsorakel voor Israël bij Deutero-Jesaja, Nederlands Theologisch Tijdschrift 36 (1982) 1-11.

55 Vgl. die klassische und in ihren formgeschichtlichen Ergebnissen nicht überholte Arbeit von W.Baumgartner, Die Klagegedichte des Jeremia (BZAW 32; Gießen 1917), bes. S. 6-27. Auf die neueren Arbeiten von N.Ittmann, Die Konfessionen Jeremias: Ihre Bedeutung für die Verkündigung des Propheten (WMANT 54; Neukirchen-Vluyn 1981), und F.Ahuis, Der klagende Gerichtsprophet: Studien zur Klage in der Überlieferung von den alttestamentlichen Gerichtspropheten (Calwer Theologische Monographien, A 12; Stuttgart 1982), muß für unsere Zwecke nicht eingegangen werden.

duellen Klagepsalm nachgewiesen; doch möchte ich mit von Waldow[56] gegen Begrich annehmen, daß als Orakelspender nicht ein Priester, sondern nur ein im Dienst des Heiligtums stehender Prophet (*nābī*) in Frage kommt.

M.E. handelt es sich bei dem "gewöhnlichen" Heilsorakel und dem Königsorakel nur um zwei verschiedene Ausprägungen ein und derselben Gattung. Unterschiede zwischen beiden sind wegen der Spärlichkeit der Belege für die "bürgerliche" Variante nicht greifbar. Angesichts der unterschiedlichen gesellschaftlichen Stellung der jeweiligen Adressaten können sie jedoch mit gutem Gewissen postuliert werden; sie dürften hauptsächlich inhaltlicher Art gewesen sein.

Kehren wir noch einmal zum Königsorakel zurück! Seine Geschichte in Israel (Juda) ist, wie wir bereits gesehen haben, mit dem Sturz der Davidischen Dynastie in Jerusalem nicht zu Ende. Neben dem spätexilischen Propheten Deuterojesaja, der es einmal auf den Achämeniden Kyros anwendet (Jes 45,1-7), ansonsten nur in übertragener Weise gebraucht, findet es sich auch noch, nun auf den Davididen Serubbabel bezogen, bei den nachexilischen Propheten Haggai und Sacharja[57]. Überhaupt wird man sagen dürfen, daß die israelitische Prophetie der ausgehenden neubabylonischen und der persischen Zeit, traditionsgeschichtlich gesehen, im wesentlichen die Linie der vorexilischen Heilsprophetie fortsetzt. Das erklärt die Nähe der Sprache Deuterojesajas zu der der Psalmen, die allerlei Spekulationen über den "Sitz im Leben" seiner Prophetie in gottesdienstlichen Begehungen im babylonischen Exil angeregt hat. Dieser

[56] E.v.Waldow, Anlaß und Hintergrund der Verkündigung des Deuterojesaja (Diss.ev.theol. Bonn 1953) 82-90.

[57] M. Weippert, Assyrische Prophetien (Anm. 28) 106-111.

Frage müßte neu nachgegangen werden; doch folgt aus der Herleitung seiner Botschaft aus der Tradition der vorexilischen *nəbīʾīm* nicht notwendig eine positive Antwort.

Zum Abschluß möchte ich noch kurz auf das Problem der Verifikation von Prophetie zu sprechen kommen, das die Alttestamentler unter der Überschrift "wahre und falsche Propheten" zu behandeln pflegen. Dies ist eine Fragestellung der späten judäischen Königszeit, in der die Diskrepanz zwischen der *šālōm*-Verkündigung der Heilspropheten auf der einen und der Unheilsbotschaft der oppositionellen Propheten auf der anderen Seite mit großer Wucht aufbrach, wobei sich einmal diese, ein andermal jene im Widerspruch zur Realität zu befinden schienen. Das Problem ist jedoch so alt wie die Prophetie selber. Wie konnten die Adressaten sicher sein, daß der Prophet ihnen eine authentische Gottesbotschaft übermittelte? In Mari hat man sich im 18. Jahrhundert v.Chr. dadurch geholfen, daß die Autoritäten die ihnen zugekommenen Prophetien mittels technischer Orakel überprüfen ließen. Bei dem vorauszusetzenden Verifikationsritual dürften auch Locke und Gewandsaum der Propheten, die in vielen Fällen zusammen mit der Botschaft eingesandt werden mußten, eine Rolle gespielt haben[58].

Ob dieser Weg in der jüngeren Königszeit in Israel noch gangbar war, wissen wir nicht. Wenn nicht, so bedeutete das, daß man

[58] Siehe ARM X 81,16-25, wo zunächst die Übersendung von Locke und Gewandsaum erwähnt und dann der König ersucht wird, eine Opferschau (*tērtum*) anstellen zu lassen (*epēšum* Š). Die Einsendung von Locke und Gewandsaum (*šārtum u sissiktum*) wird noch erwähnt in ARM HC A 15,53; A 455; ARM VI 45,7-9.14-17; X 7,23-27; 8,19-28; 50,29-33; ARMT XIII 112 Rs. 12'-15', eine Nachprüfung der prophetischen Botschaft durch technische Orakel in ARM X 6 Rs. 10'-16'. Vgl. auch A.Finet, Les symboles du cheveu, du bord du vêtement et de l'ongle en Mésopotamie, in: A.Abel u. L.Herrmann (Hrsg.), Eschatologie et cosmologie (Annales du Centre d'Études des Religions, 3; Brüssel 1969) 101-130.

eigentlich nur abwarten konnte, ob der Gang der Ereignisse dem Propheten Recht oder Unrecht geben würde. Diesen Sachverhalt sucht das "Prophetengesetz" in Dtn 18,20-22 juristisch zu bewältigen, indem es den durch die Wirklichkeit entlarvten "falschen" Propheten mit dem Tod bedroht; doch ist anzunehmen, daß diese Regelung kaum jemals Rechtskraft erlangte. Sie bot ja so oder so auch keine Entscheidungshilfe: Im Grunde konnte man in der aktuellen Situation dem Propheten nur glauben oder seine Botschaft verwerfen.

Wie man in Assyrien verfuhr, wissen wir nicht. In den Inschriften Asarhaddons und Assurbanipals werden Prophetensprüche und technische Orakel oft nebeneinander als Willenskundgebungen der Götter genannt, ohne daß sich ein Hinweis darauf fände, daß man die einen zur Kontrolle der anderen verwendet hätte. Das Normale, Alltägliche waren aber wohl die technischen Orakel, die Prophetensprüche eher ein *donum super additum*.

Dafür könnte auch eine Beobachtung sprechen, die man sowohl an der neuassyrischen als auch an der jüngeren israelitischen Prophetie machen kann. Bei den Assyrern wie bei Deuterojesaja finden sich nämlich Rückverweise, ausdrückliche Erwähnungen der Tatsache, daß frühere Ankündigungen der redenden Gottheit eingetroffen seien. So sagt Ištar von Arbela zu Asarhaddon etwa:

> Welches sind denn meine Worte, die ich zu dir zu sprechen pflegte, und auf die du dich nicht verlassen konntest?[59]

[59] K 4310 I 15'-17', R.H.Pfeiffer, ANET[1-3] 449; M.Weippert, "Heiliger Krieg" in Israel und Assyrien, ZAW 84 (1972) 477f. mit Anm. 55; Assyrische Prophetien (Anm. 28) 82; in: K.R.Veenhof (Hrsg.), Schrijvend Verleden (Anm. 40) 285; K.Hecker, TUAT II (Gütersloh 1986-) 57; vgl. R.D.Biggs, ANET[1-3] 605.

Oder:

> Konntest du dich auf das frühere Wort, das ich zu dir zu sprechen pflegte, nicht verlassen? Nunmehr: Auf das neuerliche kannst du dich verlassen![60]

Ähnlich spricht auch Jahwe durch Deuterojesaja zu "Israel" (d.h. Juda):

> Die früheren Dinge habe ich schon früher angesagt, und sie gingen aus meinem Munde, daß ich sie hören ließe. Plötzlich habe ich gehandelt, und sie sind eingetreten. Ich lasse dich von nun an Neues hören..."[61]

Die Absicht dieser Rückverweise ist leicht einzusehen: Die erwiesene Zuverlässigkeit der früheren Gottesbescheide stärkt die Glaubwürdigkeit der gegenwärtigen, schafft bei den Adressaten Vertrauen und spornt sie dazu an, sich im Einklang mit dem göttlichen Willen zu verhalten. Das alles gibt Sinn, wenn vorweg keine Zeichen für die Wahrheit des göttlichen Wortes gegeben werden können oder sollen, wenn Glaube gefordert ist.

Noch ein Letztes kann in diesem Zusammenhang gesagt werden: Wenn die Bestätigung des prophetischen Wortes immer erst *ex eventu* erfolgen kann, führt das zu seiner Verschriftlichung. Das Wort muß für den Augenblick der Erfüllung und für die Zeit danach aufgehoben werden. Dies gilt gleicherweise für Heilspropheten wie

---

[60] K 4310 VI 7-12, R.H.Pfeiffer a.a.O. 450; K.Hecker a.a.O. 59; vgl. Biggs a.a.O. (m.E. nicht ganz richtig).

[61] Jes 48,3.6b. Die Verse 4-6a unterbrechen den Zusammenhang und gehören einer Bearbeitungsschicht an; vgl. dazu auch H.-Chr. Schmitt, Prophetie und Schultheologie im Deuterojesajabuch: Beobachtungen zur Redaktionsgeschichte von Jes 40-55, ZAW 91 (1979) 48-56, der allerdings Grund- und Bearbeitungsschicht in Einzelheiten anders abgrenzt.

für Dissidenten. So entstanden die Sammlungen der assyrischen Königsorakel und die Teilsammlungen und Bücher der sog. Schriftpropheten des Alten Testaments.

Abkürzungsverzeichnis

Es sind nur solche Abkürzungen aufgenommen worden, die sich nicht in AHw und HKL finden. Die gebräuchlichen Abkürzungen für biblische Bücher wurden nicht verzeichnet.

AOT²	H.Greßmann, Altorientalische Texte zum Alten Testament (Berlin u. Leipzig ²1926)
ARM HC	ARM "hors collection"; siehe J.-G.Heintz, ARM XVII S. 24*-39*
BEThL	Bibliotheca Ephemeridum Theologicarum Lovaniensium
BKAT	Biblischer Kommentar, Altes Testament
BWANT	Beiträge zur Wissenschaft vom Alten und Neuen Testament
BZAW	Beihefte zur Zeitschrift für die Alttestamentliche Wissenschaft
CRAIBL	Académie des Inscriptions et Belles-Lettres, comptes rendus des séances de l'année .... (HKL: CRAI, CRAIB)
EThL	Ephemerides Theologicae Lovanienses
FRLANT	Forschungen zur Religion und Literatur des Alten und Neuen Testamentes
HSM	Harvard Semitic Monographs
HThR	Harvard Theological Review
KAI	H.Donner u. W.Röllig, Kanaanäische und aramäische Inschriften, 3 Bde (Wiesbaden, I ³1971, II ²1968, III ²1969)

OAC	Orientis Antiqui Collectio
SEL	Studi epigrafici e linguistici
ThB	Theologische Bücherei
ThQ	Theologische Quartalschrift (Tübingen)
TUAT	O.Kaiser (Hrsg.), Texte aus der Umwelt des Alten Testaments
VTS	Vetus Testamentum, Supplements
WMANT	Wissenschaftliche Monographien zum Alten und Neuen Testament
ZThK	Zeitschrift für Theologie und Kirche

Der assyrisch-babylonische Löwenmensch und der "menschliche" Löwe aus Daniel 7,4

U. Worschech / Darmstadt

Der zu Beginn dieses Jahrhunderts durch die Religionsgeschichte ausgelöste "Babel-Bibel-Streit"[1] ist wohl in seiner einseitig geführten Argumentation recht fragwürdig gewesen, hat aber andererseits der nachfolgenden Diskussion unter Alttestamentlern dazu verholfen, sich vorsichtiger und fachorientierter dem umfangreichen Gebiet der Israel umgebenden Kulturen zu nähern. Von besonderer Relevanz zur Vergleichbarkeit linguistischer, historischer und religiöser Phänomene dort wie hier sind vor allem die Kulturen Syriens und Mesopotamiens, die direkt und indirekt Einfluß auf die biblischen Überlieferungen genommen haben. Dies ist besonders deutlich an der exilisch-nachexilischen Literatur des Alten Testamentes zu beobachten.

Der vorliegende Aufsatz will sich an einem spezifischen Beispiel erneut diesem Thema aus alttestamentlicher Sicht stellen und möchte dem beständigen Fragen nach exegetischer Methodik und dem Verstehen der alten Zeugnisse in ihrem kulturellen Umfeld einen weiteren Beitrag leisten, der auch Widerspruch heraufbeschwören mag.

[1] Ausgelöst durch einen Vortrag des Assyriologen F. Delitzsch am 13.1.1902. Gegen den Panbabylonismus s. auch W. Baetke, "Aufgabe und Struktur der Religionswissenschaft". In: G. Lanczkowski, Selbstverständnis und Wesen der Religionswissenschaft (Darmstadt 1974) 147.

1. Assyrisch-babylonische Elemente in Daniel 7,1-8 und die historisch-kritische Zuordnung des Textes

Schon das kursorische Lesen kleiner einführender Arbeiten zum Buch Daniel[2] macht die mesopotamische Orientierung des Schreibers deutlich, der in seinen Ausführungen auf historische und sprachliche Zusammenhänge mit Babylon und Persien zurückgreift. Es war daher auch durchaus sinnvoll, daß das historisch-kritische Bemühen um den Sinn danielischer Bildsymbolik wenigstens teilweise von den Bildern assyrisch-babylonischer Relief- und Siegelkunst ausgegangen ist. Aber wo liegen die Möglichkeiten und auch die Grenzen der Vergleichbarkeit und, vor allem, worin besteht die Originalität der danielischen Aussagen und seine Abgrenzung gegenüber der ihn umgebenden babylonischen, persischen oder gar hellenistischen Kultur und Religion?[3] Angesichts der in der Vergangenheit vielfach zitierten babylonischen Parallelen zu Daniel 7,2-4 und auch hinsichtlich des Umstandes, daß es seit 1965 kaum wesentliche deutsche Kommentierungen dieses Textes im Lichte neuerer assyriologischer Studien gegeben hat, will dieser Aufsatz versuchen, an einem spezifischen Bildsymbol des "geflügelten Löwen mit dem Menschenherzen" in Daniel 7,4, sich dem oben genannten Fragenkomplex zu nähern.

Literaturkritische Erwägungen haben schon früher dazu geführt, die sogenannte "Tiervision" in Daniel 7,2-7 mit als eines der ältesten Stücke im Danielbuch zu werten. Der Grund hierfür besteht vornehm-

---

[2] Cf. F. Dexinger, Das Buch Daniel und seine Probleme (SBS 36; Stuttgart 1969) 39-70. Im Überblick nun K. Koch, Das Buch Daniel (Darmstadt 1980) 100-118.

[3] Zur Diskussion und Methodik im Rahmen der biblischen Exegese, cf. C. Westermann, "Sinn und Grenze religionsgeschichtlicher Parallelen", ThLZ 90 (1965) 492ff.

lich in den Parallelen, die die danielischen Tiersymbole sowie das Meer und die Winde zu ähnlichen Bildelementen in den assyrisch-babylonischen Schöpfungsmythen, Astralgöttern und mythologischen Tierbildern haben. Aufgrund dieser Vergleichsmöglichkeiten neigte man in der alttestamentlichen Wissenschaft schon zu Beginn dieses Jahrhunderts dazu, die Tiervision in das 3. Jhdt. v.Chr. vielleicht sogar noch vor Alexander dem Großen zu datieren[4]. Noch wahrscheinlicher ist es jedoch meines Erachtens, den Grundbestand der Vision in der babylonisch-persischen Epoche zu suchen. Dafür sprechen einige Gründe.

a. Das "ungestüme Meer" und die "Winde" in Daniel 7,2-3

Diese Textelemente wurden von vielen Kommentatoren gerne mit dem babylonischen Schöpfungsmythos Enūma Eliš verbunden[5], obgleich sie in dieser Textstelle und in anderen exilisch-nachexilischen alttestamentlichen Texten nie in einem solchen mythologischen Zusammenhang stehen. Die historisch-kritische Exegese hat aber auch dies schon seit längerer Zeit erkannt, betont aber zu Recht die Intention des biblischen Schreibers, die Tiere als irdische Unheils-

---

[4] A. Bentzen lapidar: "Der Stoff und die Motive sind älter" (als die Ära von Antiochus IV um 164 v.Chr.), Daniel (HAT 19; Tübingen [2]1952) 57. Vgl. auch die historisch-kritische Frühdatierung dieses Abschnitts durch G. Hölscher, "Die Entstehung des Buches Daniel", Theologische Studien und Kritiken 92 (1919) 113-138; A. Haller, "Das Alter von Daniel 7", Theologische Studien und Kritiken 93 (1920/21) 83-87; M. Noth, "Zur Komposition des Buches Daniel", Theologische Studien und Kritiken 98/99 (1926) 143-163. Generell besteht auch heute die Tendenz, den Grundbestand von Daniel 7 in die Alexanderzeit zu datieren, dazu K. Koch, Daniel, 67-76.

[5] So zuerst H. Günkel, Schöpfung und Chaos in Urzeit und Endzeit (Göttingen 1895) 323ff.; ähnliche Deutungen wurden später durch den "Panugaritismus" vertreten, A. Kapelrud, Baal in the Ras Shamra Texts (Kopenhagen 1952) 102f. Vgl. auch zusammenfassend Z. Zevit, "The Structure and Individual Elements of Daniel 7", ZAW 80 (1968) 385-396.

mächte, die das Chaos geboren hat, zu beschreiben[6] (vgl. Daniel 7,17). Wenn es somit überhaupt hierzu babylonische Vorbilder gegeben hat, dann waren sie bei der Gestaltung der Tiervision längst überwunden, denn die mythische Bedeutung des Meeres und der Winde finden in den exilisch-nachexilischen Texten bereits eine profanierte Interpretation und Anwendung (z.B. Ps. 46,4; 93,3f; Jes. 17,12-13), die auch bei Daniel 7,2-3 vorliegt. Meer und Winde sind zu bloßen Symbolen für die Völkerwelt und den kriegerischen Auseinandersetzungen dort erklärt worden (z.B. Jer. 6,23; vgl. Apc. 17,1.15)[7].

Diese Feststellung schneidet natürlich die bislang undiskutierte Frage an, welche überlieferungsgeschichtlichen "Stationen" zwischen dem assyrisch-babylonischen Bildmythos, seiner danielischen Adaption und Entmythologisierung und dem gegenwärtigen Danieltext liegen. Mit gutem Recht verweist K. Koch daher auch auf diese in den Danielkommentaren bislang völlig ignorierte überlieferungsgeschichtliche Fragestellung[8].

Wird gemeinhin die Alexander- und nicht die Makkabäerzeit als der historische Kontext der Tiervision gesehen, so doch deswegen, weil die Tiervision im textlichen Zusammenhang mit den schon in vor- und exilischer Zeit überwundenen Vorstellungen steht. Sind die Tiere aber dem "großen Meer" (yammā᾽ rabbā᾽ nicht t^{e}hōm, die "Chaostiefe") entstammende antigöttliche, jedoch ganz irdische Reiche - nur so haben die doppeldeutigen Hinweise auf die assyrisch-babylonischen Vorbilder einen Sinn -, dann ist zu fragen,

[6] Bentzen, Daniel, 59.

[7] Koch, Daniel, 202.

[8] Koch, Daniel, 92.

welchen literatursoziologischen impact diese Aussagen in einem in der späten Perserzeit bzw. frühen Alexanderzeit bereits halbwegs restaurierten Juda besessen haben. Überlieferungsgeschichtlich stößt man hier ins Leere. Nicht so aber in der spätbabylonischen-frühpersischen Epoche.

Die Diasporajuden in Babylon fühlten sich im Völkermeer untergegangen (Jes. 6,23) und erwarteten offenbar noch eine Steigerung der Despotie, eine Erwartung, die durch das greuliche vierte Tier ausgedrückt wurde. Die zur Allmacht Jahwes in unübersehbarem Gegensatz stehende Allmächtigkeit der Tiere (zunächst Babylon, dann Persien) veranlaßte daher eher im Exil als im späteren wiederhergestellten Juda der spätpersischen oder frühhellenistischen Epoche eine Auseinandersetzung Judas mit den anderen Völkern: war das Ende Judas unter Babylon besiegelt?

Hier ist nun überlieferungsgeschichtlich und literatursoziologisch die Bedeutung des paränetischen Wortes als Antwort auf die eben gestellte Frage wichtig: die Reduzierung der assyrisch-babylonischen Tierdämonen auf bloße Weltreiche, gab dann schon in der Exilszeit den Exulanten jene Hoffnung zurück, die sie mit dem überweltlichen und geschichtsgestaltenden Jahwe verbunden hatten. Dies ist ja auch der Grundtenor des Danielbuches an sich (vgl. Dan. 2,21.28). Im Detail hat der Bearbeiter der Tiervision diese Überzeugung auch in der Tierfigur des geflügelten Löwen ausgedrückt.

b. Der geflügelte Löwe mit dem Menschenherzen in Dan. 7,4

Diese theriomorphe Metapher des "Löwen mit Adlerflügeln" ist in den exilischen Texten des Jeremia und Hesekiel für Babylon belegt

(Jer. 4,7; 50,17.44; Hes. 17,3.12) und dürfte an den assyrisch-babylonischen Darstellungen dieses Kompositwesens orientiert sein (s. aber unten), das in der Siegel- und Reliefkunst des alten Mesopotamien beliebt war[9].

Der aramäische Text in Dan. 7,4 weiß nun von drei Metamorphosen des in der Vision dargestellten geflügelten Löwen: (1) die Adlerflügel werden im Verlauf der Vision genommen (wörtl. "ausgerupft" - aram. mrṭ), (2) der Löwe wird auf seine Hinterbeine gestellt "wie ein Mensch", und (3) ihm wird ein Menschenherz gegeben. Am Ende ist also von dem stolzen Emblemtier nichts mehr übrig. Dies zu zeigen lag in der Intention des judäischen Theologen, der das durch diese Metapher symbolisierte Reich Babylon so dem Verfall und der Entmachtung (Dan. 7,12) übergibt. Aber das hätte er auch einfacher - ohne die theriomorphe Metapher - ausdrücken können. Wollte er seine Hoffnung auf die kommende Entmachtung Babylons vielleicht hinter dieser Metapher verstecken?[10] Das wäre ihm dann schlecht gelungen. Andererseits hätte ein späterer Verfasser in der hellenistischen Zeit dieses Versteckspiel nicht mehr nötig gehabt[11]. Warum also die vordergründige Metapher hier?

Bevor auf diese Frage im Detail geantwortet werden kann, muß noch folgende Beobachtung angemerkt werden: genaugenommen sind es ja

[9] Erstmals hat wohl schon J.G. von Herder um 1775 auf die Reliefs von Persepolis als Parallelen hingewiesen, s. J.A. Montgomery, The Book of Daniel. In: The International Critical Commentary (Edinburgh 1927) 287. Vgl. nun auch RLA 7 (1987) 80-102, passim.

[10] O.Plöger, Das Buch Daniel. In: Kommentar zum Alten Testament 18 (Gütersloh 1965) 108, rückt den Text in die Nähe von Dan.4 und schlägt damit die Gleichsetzung der Löwenmetapher mit dem babylonischen Reich vor.

[11] Der Text der syrischen Übersetzung beginnt in Dan. 7,4 mit der historischen Anmerkung: "das Reich der Babylonier" für das erste Tier, dem Löwen.

zwei verschiedene Motive, die hier zusammenfließen - der mit Adlerflügeln ausgestattete Löwe einerseits und das Aufgerichtetsein sowie der Empfang des Menschenherzens andererseits, wobei im zweiten Teil des Verses das aram. ʾaenāš, der hinfällige Mensch[12], das Leitwort ist. Zweifellos ist es dem Schreiber darum zu tun, hier den scharfen Gegensatz zwischen dem zur Götter- und Genienwelt gehörenden geflügelten Löwen und dem "menschlichen", entmachteten Löwen herauszukehren, ein Gegensatz, der sicher den Lesern und Hörern, die in dieser Bilderwelt zuhause waren, bewußt geworden ist. Daß nun aber der zunächst überlegene (babylonische) Löwe mit den Merkmalen seines schwächlichen Gegenübers, dem ʾaenāš, ausgestattet wird, ist m.E. nicht nur als Hinweis einer kommenden Entmachtung des babylonischen Reiches zu werten, sondern enthält eine im höchsten Grade betonte Religionspolemik. Worin sie im einzelnen bestanden haben könnte, soll nun erörtert werden.

2. Assyrisch-babylonische Elemente in der Löwenmensch-Metapher von Dan. 7,4

Der geflügelte Löwe in Dan. 7,4 wird von den meisten Exegeten als babylonischer Löwenkerub oder, ganz anders, als Löwengreif verstanden. Eindeutigkeit ist damit aber keineswegs erreicht, denn der mit zwei Flügeln ausgestattete natürliche Löwe ist selten belegt: er kommt nur vor auf mittelassyrischen Siegeln, in Nuzi und in der späthethitischen Kunst[13]. In jedem Fall also lange vor der neuassyrisch-babylonischen Kunstentwicklung. Weil nun Dan. 7,4 von keinen weiteren löwen(-drachen)-ähnlichen Merkmalen des geflügelten Löwen weiß, sollten sie auch nicht in die Metapher hineingele-

---

12 Vielleicht entsprechend assyr. *enšu* - schwach, hinfällig sein.

13 Cf. RLA 7 (1987) 97.

sen werden[14]. Im übrigen besitzen die Löwen auf der Thronsaal-Fassade des Palastes von Nebukadnezar II keine Flügel[15].

Eine direkte Ableitung des geflügelten Löwen in Dan. 7,4 aus der neubabylonischen Relief-, Siegel- oder Kleinkunst ist daher in aller Eindeutigkeit nicht nachzuweisen. Auch bei den anderen Tieren ist eine solche Herleitung von Emblemtieren der den einzelnen Völkern zugeordneten theriomorphen Metaphern (Dan. 7,5-7) nicht möglich[16]. Es liegt deshalb die Vermutung nahe, daß in Dan. 7,4 eine eigene Schöpfung des judäischen Theologen in Babylon vorliegt, die nur entfernt an bekannte in Assyrien und Babylon gebräuchliche Darstellungen mit geflügelten Tieren anknüpft.

Wie aber oben bereits angedeutet, enthält der Text zwei weitere Merkmale, die es bei diesem Vergleich zu beachten gilt: das Aufrichten des Löwen und das Menschenherz, das ihm gegeben wird. Diese beiden Elemente, die neu hinzukommen, verändern aber keinesfalls das Äußere des Löwen, akzentuieren aber nun stärker das ʾᵃᵉnāš-artige an ihm. Dabei bleibt auch eine gewisse Spannung innerhalb des ganzen Bildes erhalten, die zur Aussage einiges beiträgt (s.u.).

Es existieren nun zu diesem Bild annähernde Parallelen: es sind die in Kleinplastiken und möglicherweise im Kult- oder Beschwö-

[14] Die Merkmale des Löwendrachen variieren, sind aber gewöhnlich Stierohren oder -hörner, Vogelbeine, Adlerkrallen, Löwen- oder Skorpionschwanz.

[15] Cf. A. Moortgat, Die Kunst des Alten Mesopotamien (Köln 1967) Tf. 290 und 292.

[16] Eine religionsgeschichtlich vergleichenden Versuch hat A. Bentzen, Daniel, 59-61, unternommen. Die Parallelen sind aber sehr unsicher, wie Bentzen selbst zugibt.

rungstanz dargestellten Löwenmenschen[17] aus neuassyrischer Zeit (Abb. 1). Es handelt sich hierbei um einen mit einem Löwenfell bekleideten Mann. Unter dem Fell zeichnet sich leicht der Körper des Mannes ab. Gelegentlich sieht man die Beine, fast immer die Füße oder Hände. Noch aus der persischen Epoche ist in Pasargadae der mit Vogelkrallen bewehrte Löwenmensch bekannt, der jedoch mit dem Menschen im Löwenfell nichts gemein hat. Diese von R.S. Ellis[18] vorgenommene Differenzierung zwischen den beiden entspricht auch ihrer unterschiedlichen Funktion: während der Löwendämon (z.B. in Pasargadae) als übernatürliches Kompositwesen primär apotropäische Funktion hatte, ist die Darstellung und Funktion des Löwenmenschen vor allem "a mimic imitation of a supernatural being" im Kulttanz und bei Beschwörungen[19]. Die neuassyrischen Reliefkünstler waren sehr sorgfältig darauf bedacht gewesen, beispielsweise durch das vorne aufklaffende Löwenfell, die muskulösen Männerbeine sichtbar werden zu lassen. Vermutlich auch deswegen, um den Menschen im Löwen(-fell) als solchen zu kennzeichnen und keine falschen Assoziationen mit dem Löwendämon oder dem Löwendrachen zu verursachen. Genauso gewollt ist wohl auch die Betonung in Dan. 7,4, daß der Löwe auf seine Füße gestellt wird (ᶜ*alraglayin*). Dies schafft

---

17 R.S. Ellis, "'Lion-Men' in Assyria". In: M. Ellis, ed., Essays on the Ancient Near East, Memoirs of the Connecticut Academy of Arts and Sciences 19 (1977) 67-78 u. Abb. 1-3. Vgl. auch D. Rittig, Assyrisch-babylonische Kleinplastik magischer Bedeutung vom 13.-6. Jh. v.Chr. (München 1977) 110-112; RLA 7 (1987) 99-100.

18 Ellis, "Lion Men", 72.

19 Ellis, "Lion Men", 74. Es bestehen noch mehrere Unsicherheiten, die wohl auf die fluktuierende Anwendung dieser Metapher in verschiedener Ausführung und unterschiedlichen Kontexten zurückzuführen sind. So kann der *urmaḫlullu* nicht ausnahmslos mit dem "Löwenmenschen" identifiziert werden. Andererseits ist der "Löwenmensch" mit dem Ištar-Kult von Uruk verbunden, während er auf der Lamaštu-Tafel apotropäische, auf den Palastreliefs aber beschwörende Funktion hatte.

einen weiteren Berührungspunkt zwischen dem Löwenmenschen und dem Bild des aufgerichteten Löwen im Danieltext.

Während also der natürliche geflügelte Löwe, wie er in Dan. 7,4a auftritt, kaum eindeutige Parallelen in Babylon hat, entspricht aber der in Vers 4b dargestellte aufgerichtete flügellose Löwe mit menschlichen Attributen (das Aufgerichtetsein, das Menschenherz) eher den aus dem 7. Jhdt. v.Chr. bekannten Reliefs und Tonfiguren des Löwenmenschen und des Löwendämons. Aber auch hier gilt, wie oben, daß sich der judäische Theologe an diesen Bildern nur orientiert, sie aber nicht übernommen hat, was besonders aus der recht spärlichen Beschreibung der Metapher hervorgeht. Dies war vermutlich gewollt. Denn nur durch die Verfremdung des Bekannten war es ihm möglich, die mythologischen Bilder zu einem für die Exulanten und späteren Lesern und Hörern befreienden Wort umzugestalten.

3. Die Aussageintention von Dan. 7,4 auf dem Hintergrund assyrisch-babylonischer Löwenmetaphorik

Der Löwe ist fast nie Göttersymbol, erscheint aber als Begleittier zu verschiedenen Göttern seit der frühdynastischen Zeit[20]. Die schillernde Bedeutung der Löwenfigur wird z.B. besonders deutlich, wenn er einmal als urzeitliches Ungeheuer (Labbu), dann als löwengesichtiger Dämon Lamaštu und schließlich auch als Kompositfigur in dämonenabwehrender Funktion und als Löwenmensch im Kult auftritt. Gelten in der alttestamentlichen Exegese diese Löwenmetaphern und andere Bilder (Meer, Winde) schon in der exilisch-nachexilischen Zeit bereits als überwunden, so fragt man sich, welchen Sinn diese Metapher in Dan. 7,4 noch besessen hat.

[20] RLA 7 (1987) 91.

Setzt man eine Kenntnis der unter 2. oben beschriebenen Metaphorik und die Funktion des Löwenmenschen in Beschwörungstänzen und Exorzismusriten bei dem jüdischen Theologen in Babylon voraus, dann ergibt sich etwa folgende Aussage durch die sicherlich recht lose Adaption und Abwehr religionsgeschichtlicher Parallelen: Babylon mag sich auf der politischen Bühne gebärden wie ein Löwe mit Adlerflügeln (vgl. Jer. 4,7, u.a.), aber, wie der im Löwenfell tanzende Mensch zeigt, auch das babylonische Großreich ist nur menschliches Machwerk, das vor Jahwe nicht bestehen kann (Dan. 7,12) und ihn auch nicht schreckt (eine Absage an die apotropäische Macht des Löwenbildes). Die schauspielerische Nachahmung eines übernatürlichen Wesens[21] im Kult- und Beschwörungstanz entlarvt nach Auffassung des jüdischen Theologen die gesamte babylonische Götterwelt - ein Mensch spielt "Gott" oder "Dämon", kein Löwenfell hilft dies zu verdecken. Natürlich wird das der babylonischen Religion nicht ganz gerecht, aber sie wollte der judäische Schreiber auch nicht stärken oder verteidigen; er polemisiert gegen sie und das Großreich.

Mit der Metapher des adlerflügligen Löwen, der plötzlich seine Affinität zur Götter- und Genienwelt Babylons verliert, ʾaenāš̌-artig wird, ähnlich wie unter dem Löwenfell ein Mensch sichtbar wird, gelang es dem judäischen Theologen das babylonische Reich als "irdisches" Reich zu entlarven. Die gesamte furchteinflößende babylonische Löwenmetaphorik als Sinnbild für Götter und Staat und im Kultgeschehen löst sich auf. Dahinter steckt nur menschliches, denn auch Babylon ist nur ein Reich "von dieser Erde", Dan. 7,17 (aram. min-ʾarʿāʾ), ohne überirdische Vollmacht, die allein der judäische Jahwe innehat.

[21] Ellis, "Lion-Men", 72.

Dies auszusagen lag wohl in der Intention des Verfassers, als er zwei im mesopotamischen Raum bekannte Bilder, das des Löwen und des Löwenmenschen, miteinander verband. Hatte man in der Danielexegese die Tiervision (Dan. 7,4-7) ohnehin schon in die Perserzeit datiert (s.o.), so könnten diese Hinweise den überlieferungsgeschichtlichen Ort des Textes im späten neubabylonischen Reich vermuten lassen.

Abbildungsnachweis

Abb.1: D.Rittig, Assyrisch-babylonische Kleinplastik magischer Bedeutung vom 13.-6.Jh.v.Chr. Abb.46

Abb.2: R.D.Barnett and M.Falkner, The Sculptures of Assur-nasir-apli II(883-859 B.C.), Tiglath-pileser III (745-727 B.C.), Esarhaddon (681-669 B.C.), from the Central and South-West Palaces at Nimrud. 1962, Pl.II, Ausschnitt.

Abb. 1

Abb. 2

Tafeln – Karten I–XV

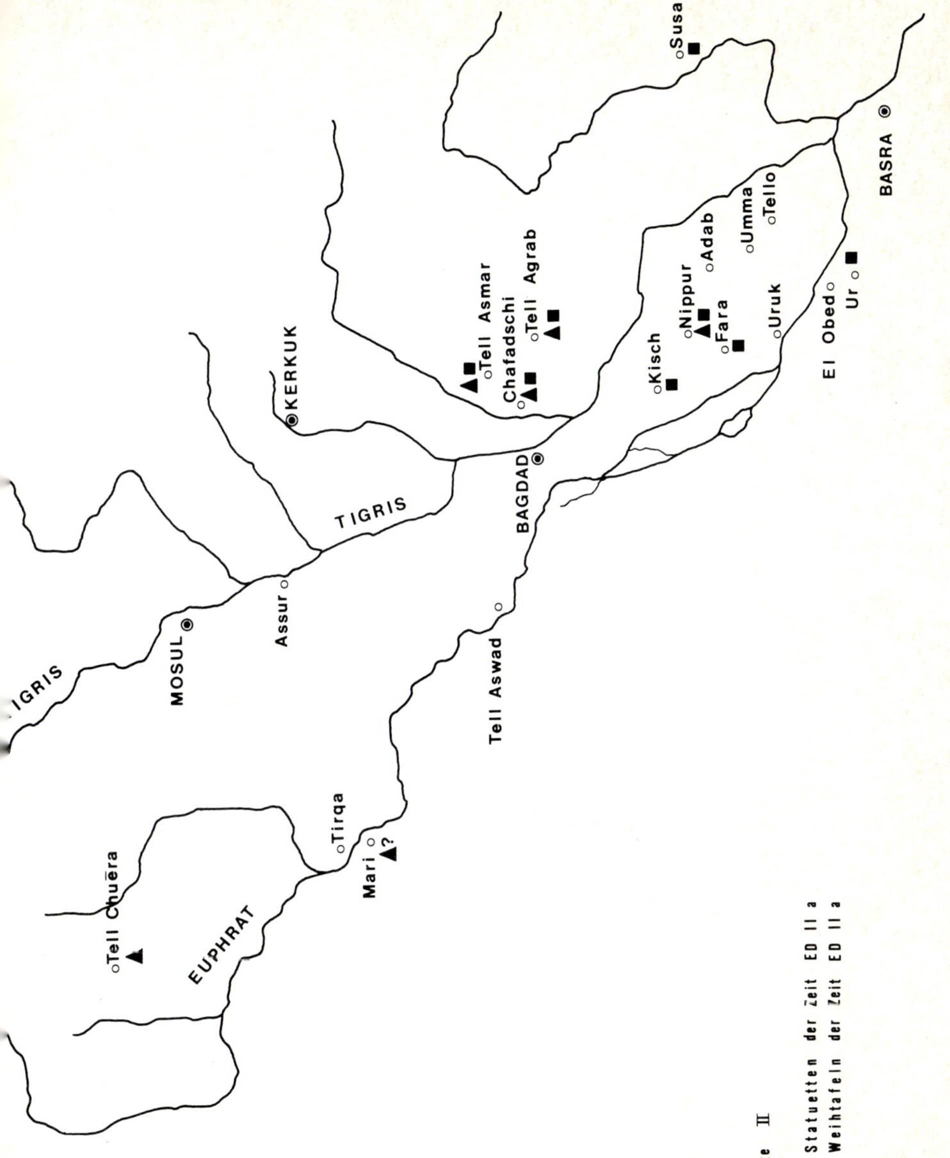

Karte II

▲ Statuetten der Zeit ED II a
■ Weihtafeln der Zeit ED II a

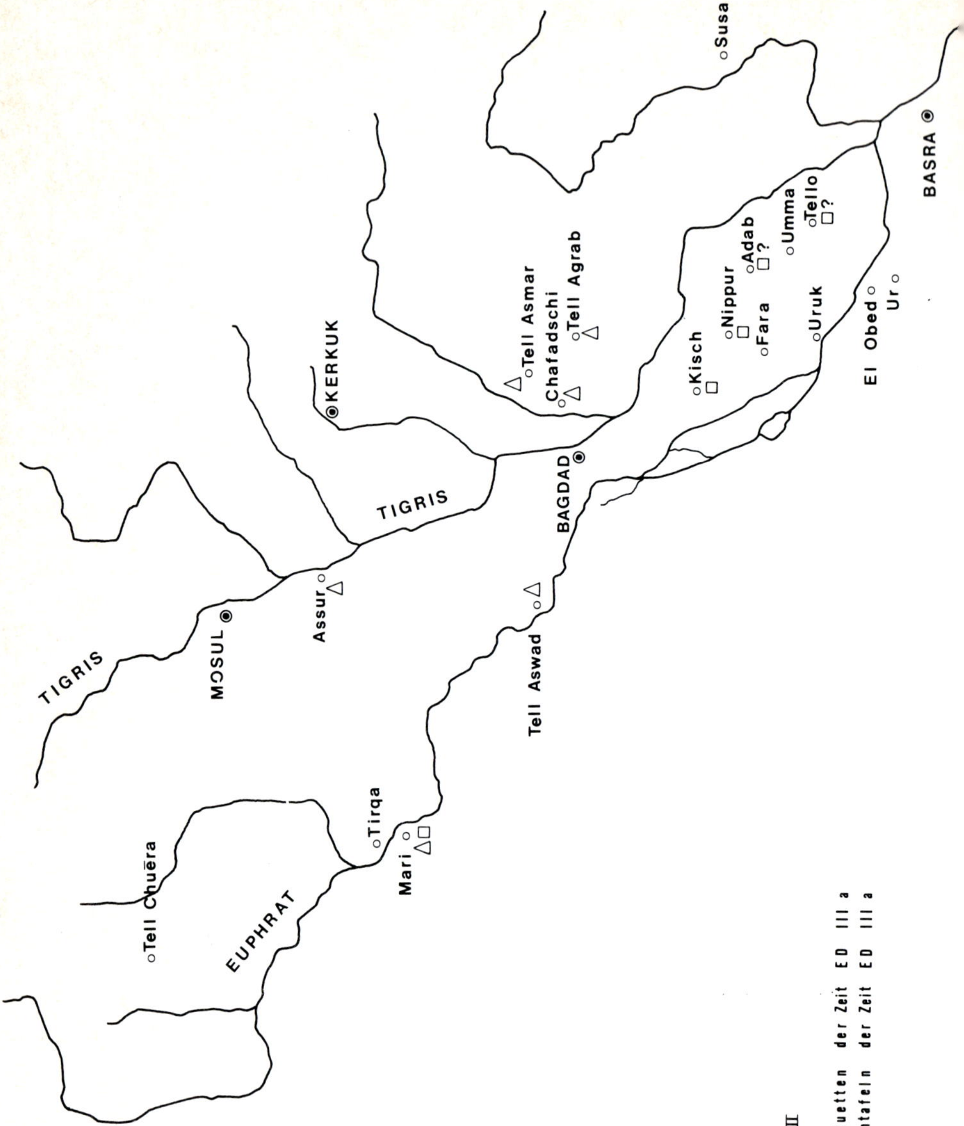

Karte III

△ Statuetten der Zeit ED III a

□ Weihtafeln der Zeit ED III a

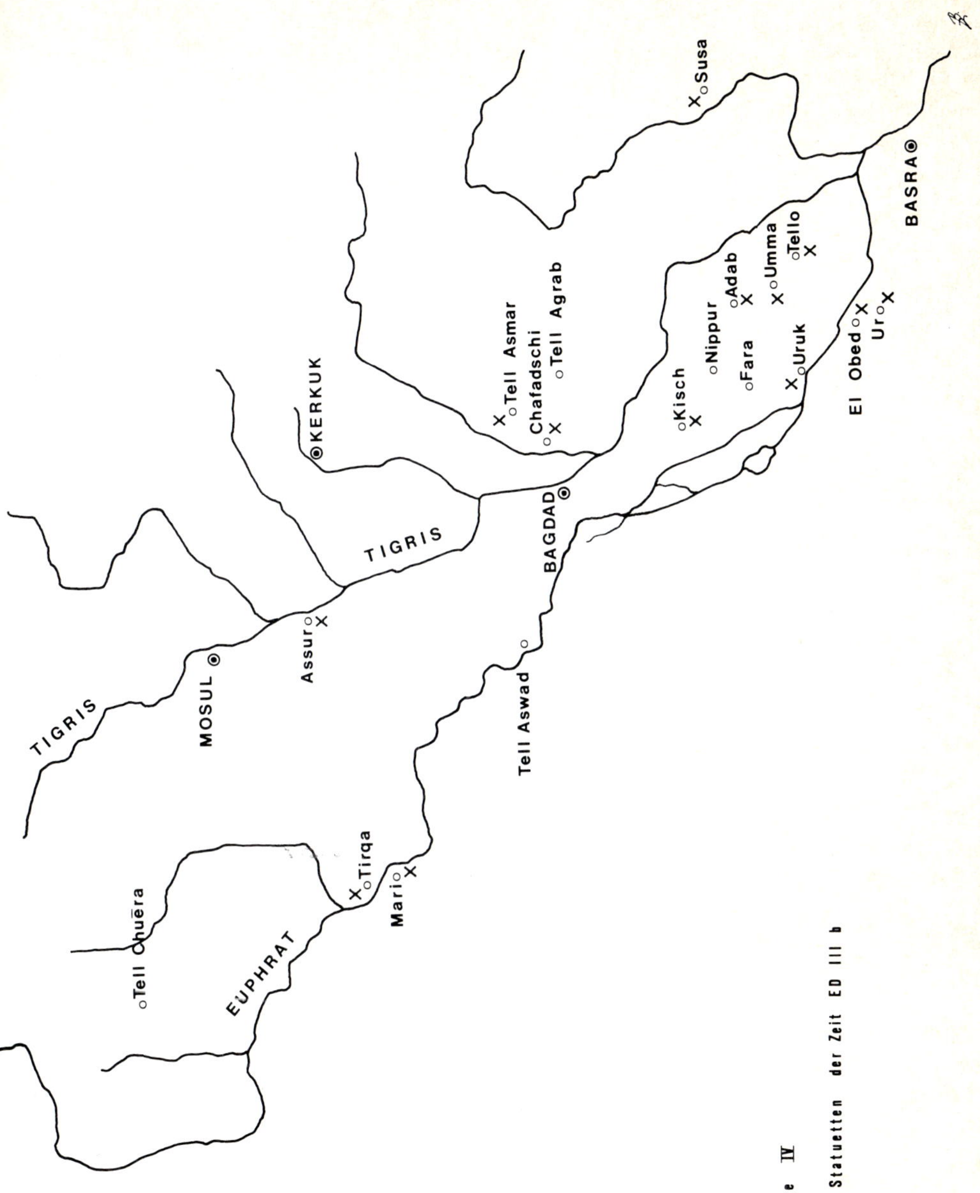

Karte IV

X Statuetten der Zeit ED III b

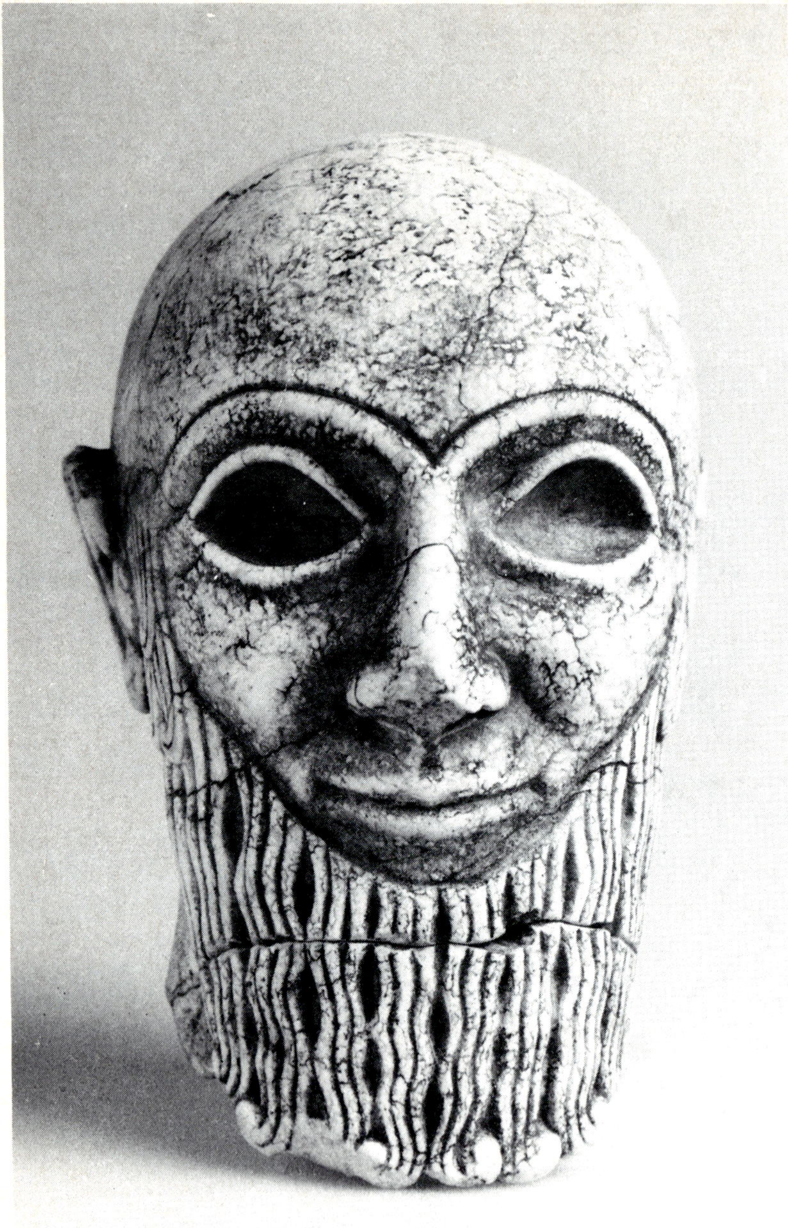

Abb. 1 Männlicher Kopf in Privatbesitz. Abbildungsmaßstab 1: 0,66
Höhe des Kopfes mit Bart 21,5 cm

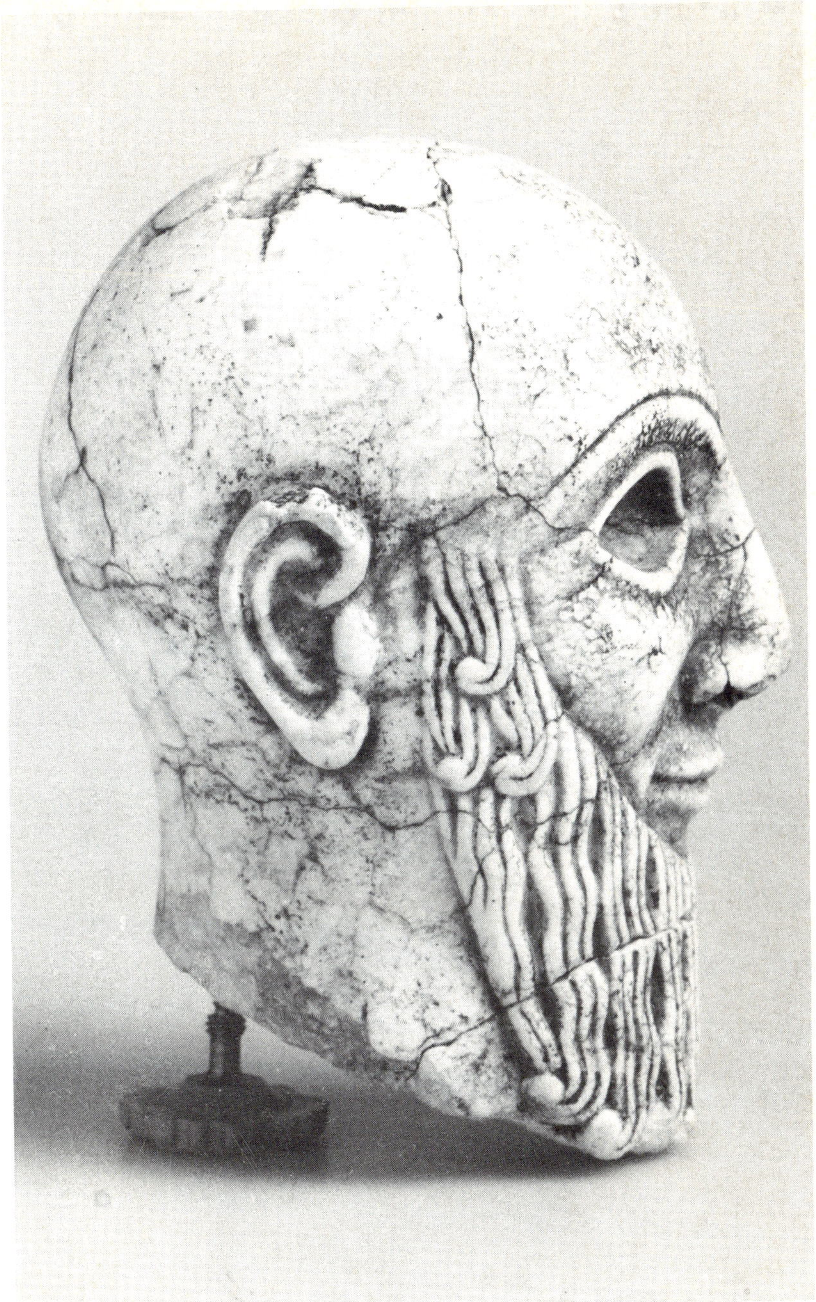

Abb. 2 Männlicher Kopf in Privatbesitz

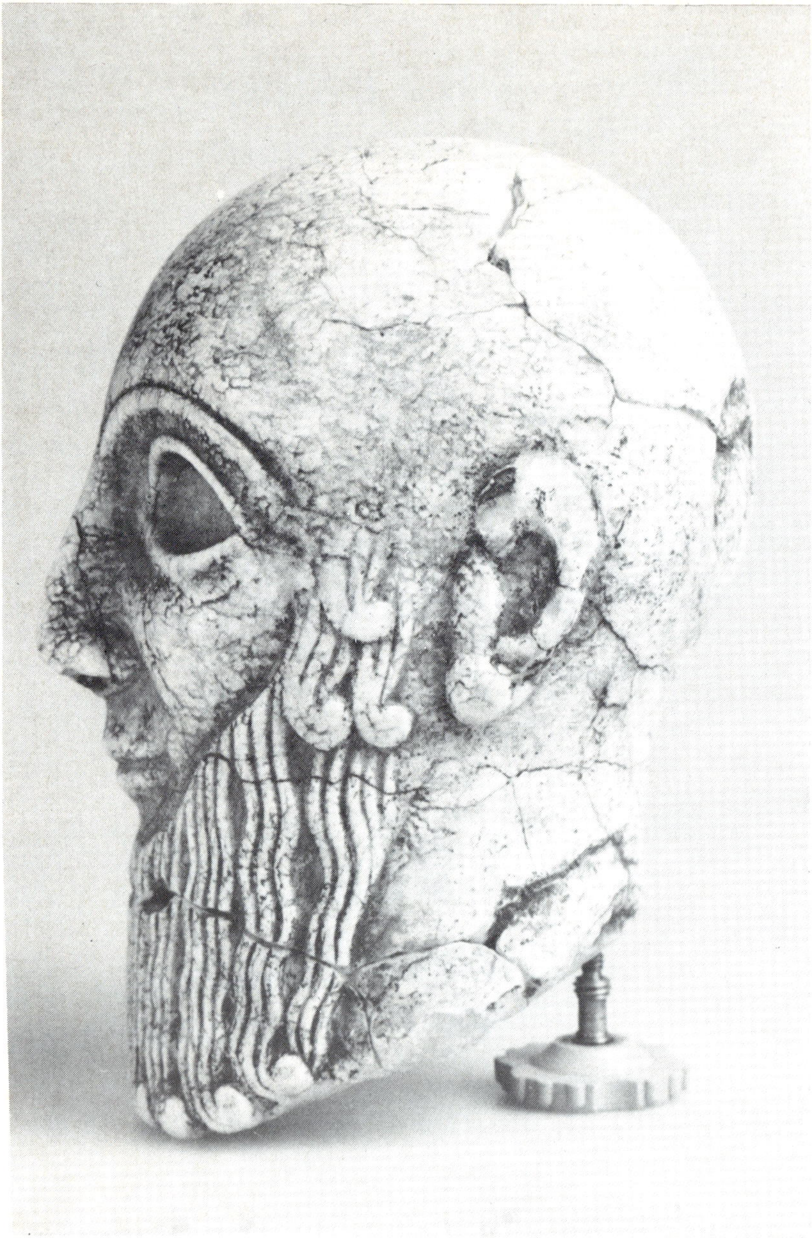

Abb. 3 Männlicher Kopf in Privatbesitz

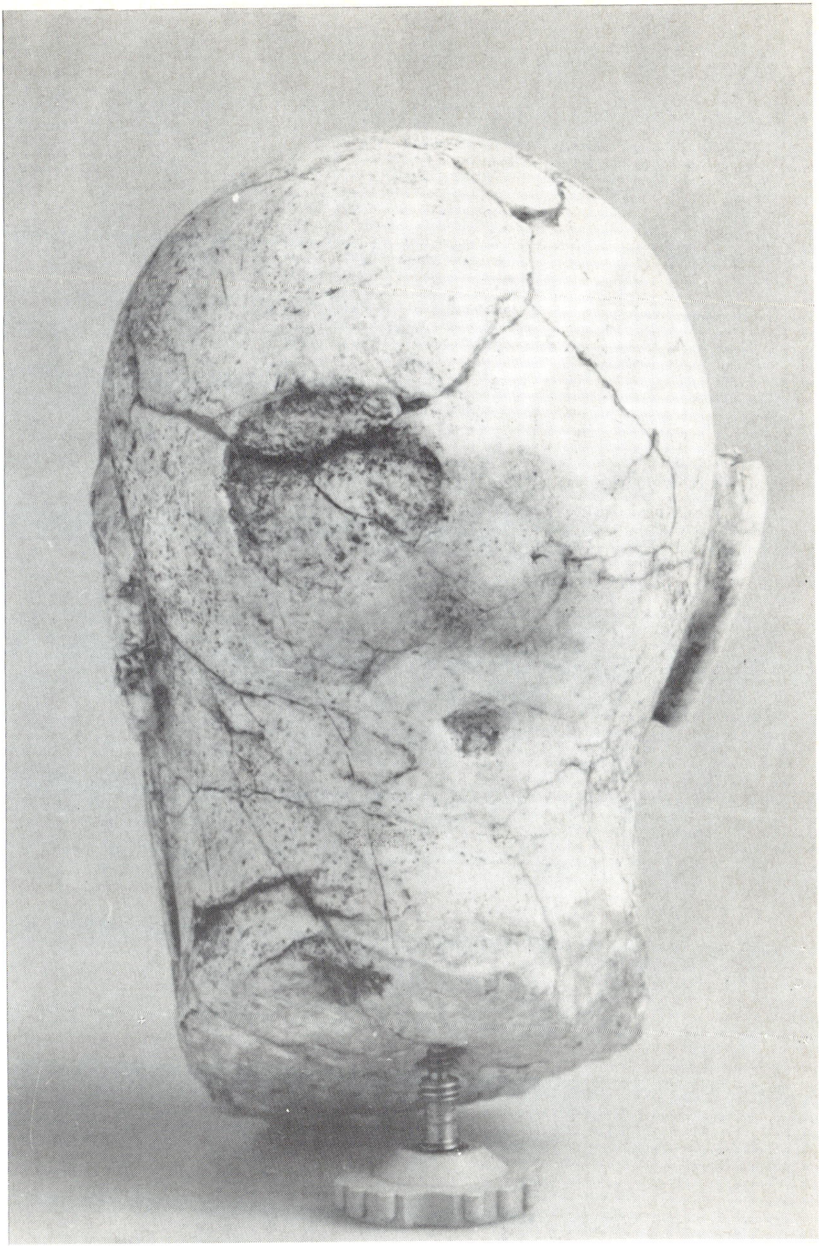

Abb. 4 Männlicher Kopf in Privatbesitz

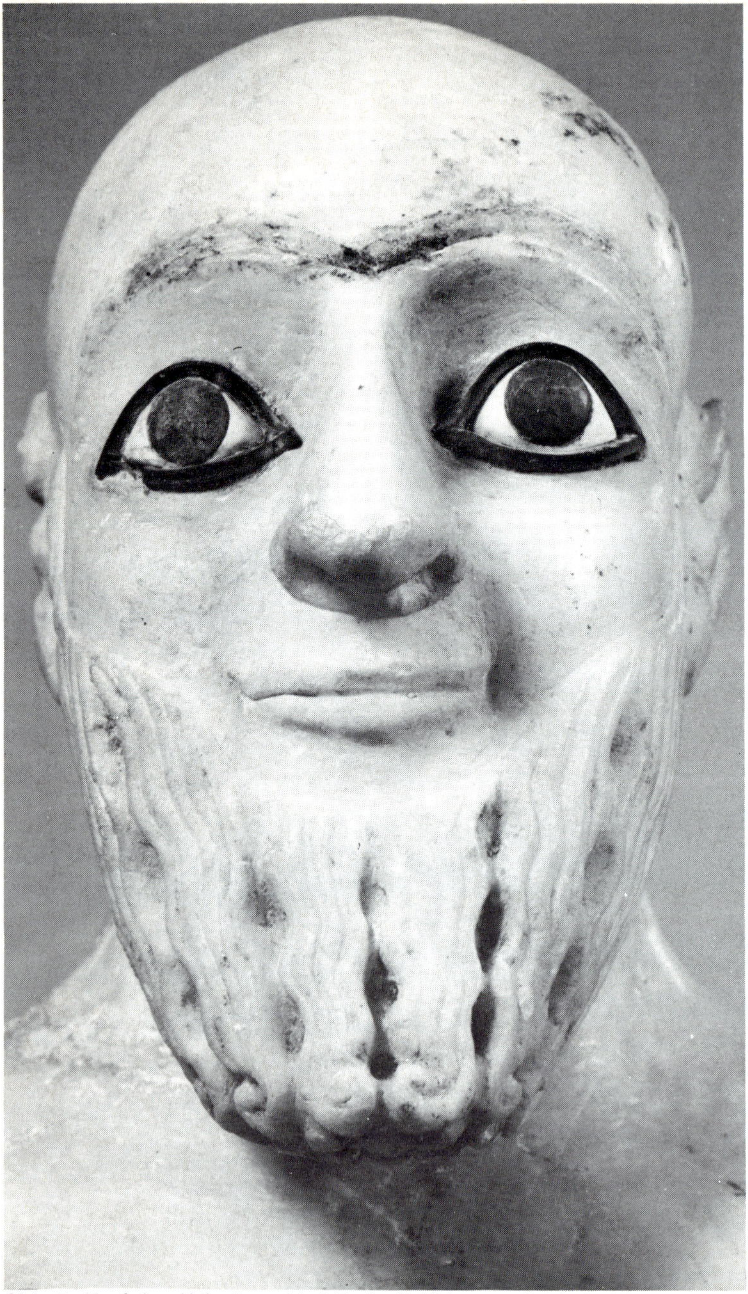

Abb. 5 Kopf des Abiḫ - il aus Mari. Paris. Abbildungsmaßstab 1 : 1,4
Höhe des Kopfes mit Bart 11 cm

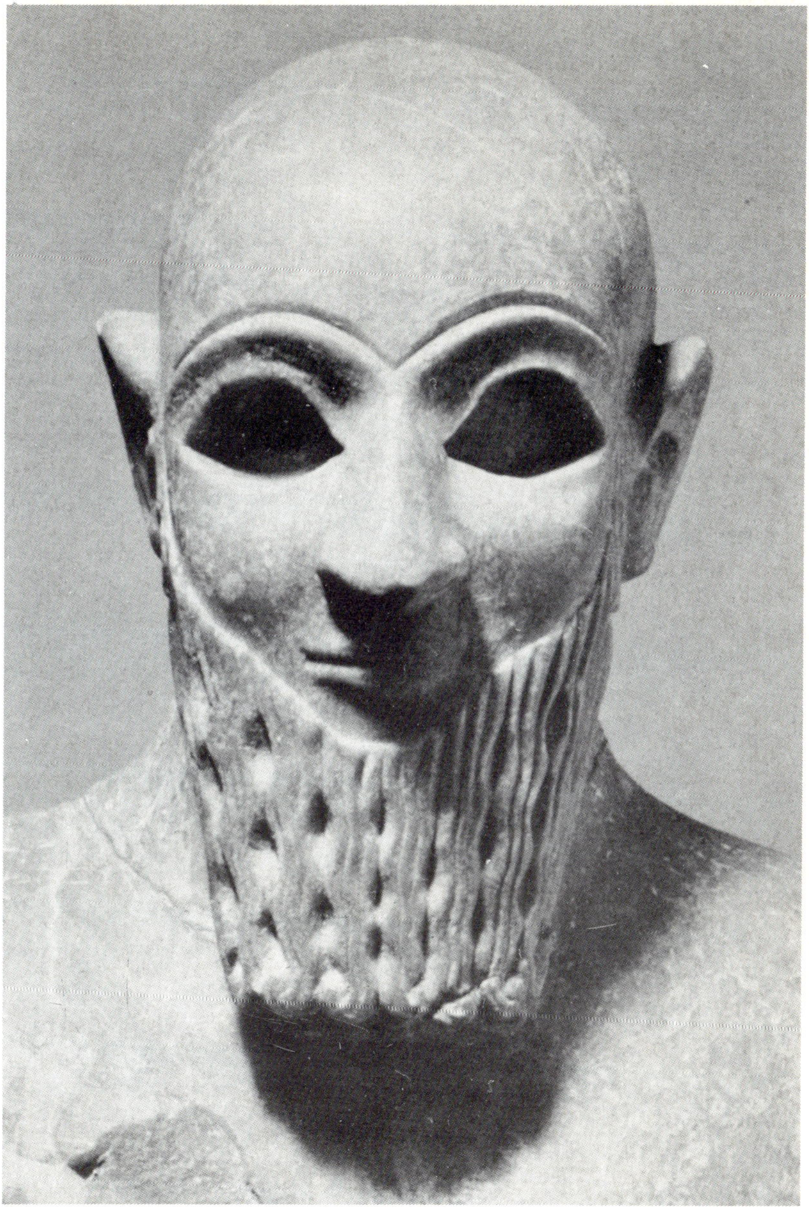

Abb. 6 Kopf des Iddin-Nârum aus Mari. Aleppo. Abbildungsmaßstab 1:1,37
Höhe des Kopfes mit Bart 9,5 cm

Abb. 7 Kopf des Iddin-Nârum aus Mari. Aleppo.

Abb. 8 Kopf des Ikunšamagan aus Mari. Damaskus. Abbildungsmaßstab 1 : 0,82
Höhe des Kopfes mit Bart 23 cm

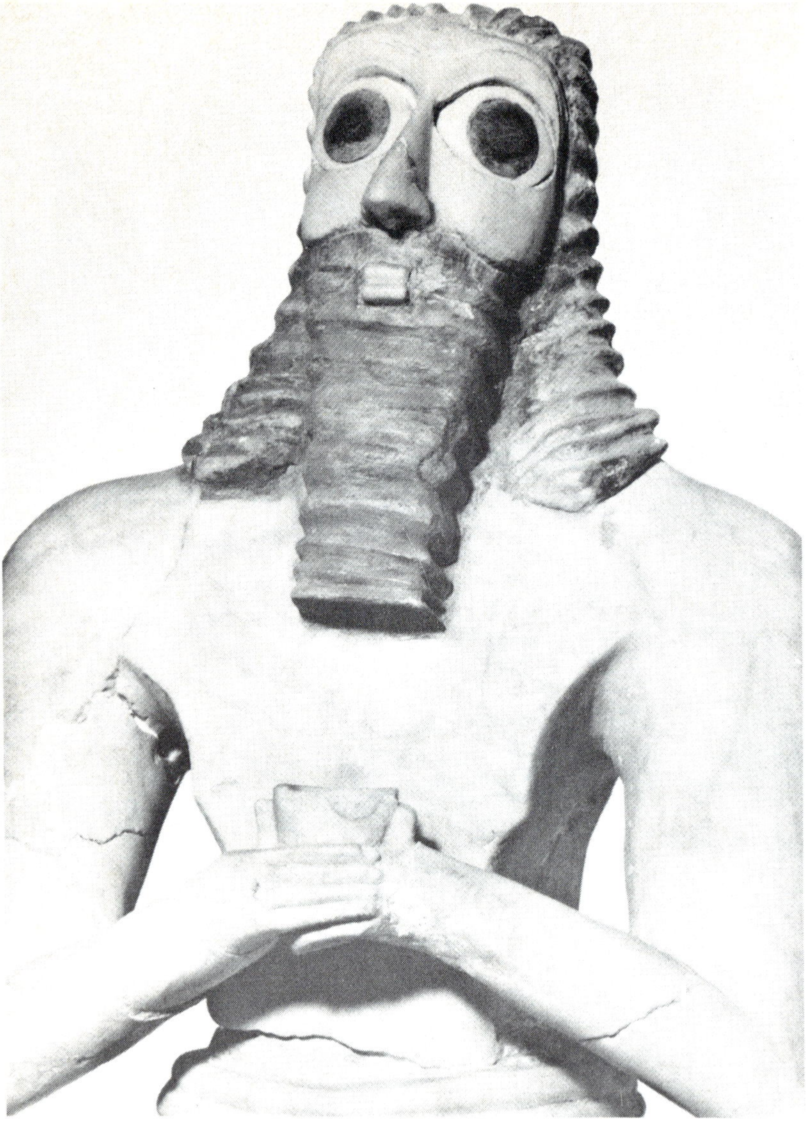

Abb. 9 Oberkörper eines Mannes mit Becher aus Tell Asmar. Baghdad.

Abb. 10 Weihplatte aus Chafadschi. Baghdad. Höhe 29,5 cm

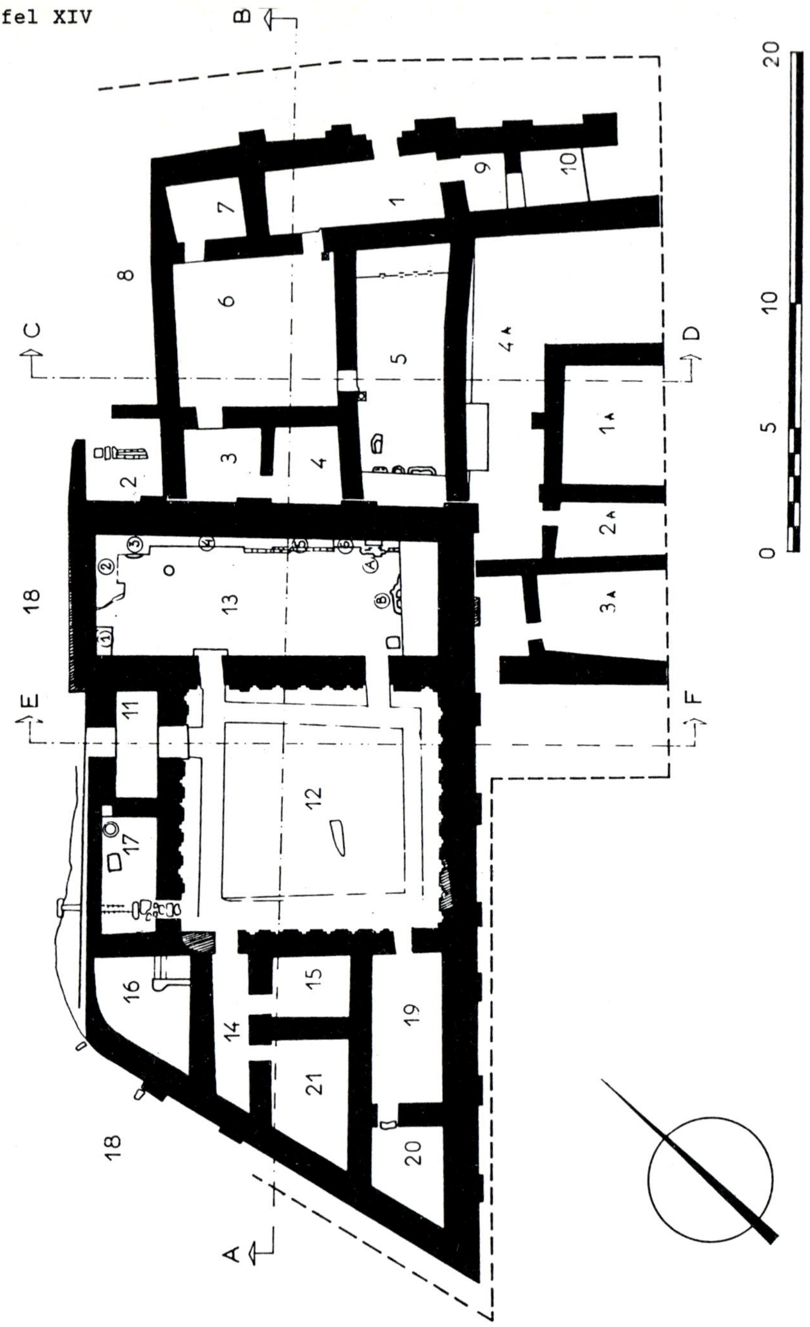

Abb. 11 Grundriß des Îstar und Ninizaza Tempels in Mari

Abb. 12 Statuette eines Mannes aus Mari. Höhe 41 cm